Meinrad Lienert

Erzählungen aus der Schweizergeschichte

Meinrad Lienert

Erzählungen aus der Schweizergeschichte

marixverlag

Bibliografische Information der Deutschen Nationalbibliothek
Die Deutsche Nationalbibliothek verzeichnet diese Publikation in der Deutschen Nationalbibliografie; detaillierte bibliografische Daten sind im Internet über http://dnb.d-nb.de abrufbar.

Der Text wurde behutsam revidiert und neu bearbeitet nach der Ausgabe Aarau 1930
Covergestaltung: Nicole Ehlers, marixverlag GmbH
Bildnachweis: Bildarchiv Foto Marburg, Ferdinand Hodler, Rückzug von Marignano, Gemälde um 1896/1998, Staatsgalerie Stuttgart
Redaktion: Dr. Bruno Kern, Mainz
Satz und Bearbeitung: Medienservice Feiß, Burgwitz
Der Text wurde in der ITC Century gesetzt
Gesamtherstellung: GGP Media GmbH, Pößneck
Printed in Germany

ISBN: 978-3-86539-205-3

www.marixverlag.de

Inhalt

Vorwort

Niemand scheint uns bedauernswerter zu sein als jene Menschen, die kein Vaterland haben. Gar köstlich ist's, im Lande seiner Ahnen wohnen zu können, aber auch tröstlich, selbst in weitester Ferne, zu wissen, dass es irgendwo auf Erden ein Land gibt, in das man als in seine eigenste Heimat, zu den Volksgenossen seiner Vorväter und Väter, zurückkehren kann, ja, dass man einen sicheren Boden weiß, mit dem man sich seit alten Zeiten verwachsen fühlt.

Das Land der Väter, das Vaterland. Wie sollten uns seine Schicksale, seine Geschichte nicht mächtig anziehen, wie sollten wir nicht wissen wollen, wie unsere ehrwürdigen Vorfahren unser Land, das Schweizerland, gewonnen, in so mancher Hinsicht fruchtbar und angesehen gemacht und Jahrhunderte hindurch immer segensreicher gestaltet haben!

So hoffen wir, die nachfolgenden kleinen Erzählungen aus unserer Geschichte und Sage dürften vor allem unserer Jugend, aber jedem Schweizer, der das Land seiner Ahnen, unser schönes Heimatland, von Herzen liebt, willkommen sein.

Meinrad Lienert

Die Pfahlbauten

In uralten, nebelgrauen Zeiten, in denen die Einwohner unseres heutigen Schweizerlandes erst so recht zu erwachen und die Augen in Gottes herrlicher Schöpfung aufzumachen begannen, lebte weitherum in den Gauen ein Volk, von dem man sagt, es seien Kelten gewesen.

Damals mussten es aber die Leute noch ohne elektrisches Licht und all das bequeme Hunderterlei machen, das wir heute nicht mehr meinen entbehren zu können. Sie hatten Jahrtausende hindurch überhaupt kein Licht, nicht einmal Kerzenlicht, und der Schneider, soweit er notwendig war, und der Bäcker, Metzger, Schmied usw. musste jedermann selber sein. Dass es gar Zuckerbäcker und dergleichen geben müsse, ahnte man damals noch gar nicht. Vielleicht sah man die wilden Bienen für solche an. Diese Urväter der Helvetier also hatten ihre Dörfer und Weiler, die aus kleinen, schilfgedeckten Hütten bestanden, statt auf die Hügel, wie wir heute etwa die Kurhäuser, an die Seen, nein, gleich in die Seen und großen Sümpfe hineingebaut, und zwar auf feste Pfähle, die sie mit ebenso rohen Kurz- und Langhölzern überdeckten und verbanden. Solche helvetischen Dorfschaften oder Niederlassungen gab es viele in so manchen blauen Seen, vor allem in jenen, die sich sanft, wie der Zürichsee, der Greifensee, der Pfäffikonersee, der Hallwylersee, aber auch der Neuenburgersee und andere, an die Ufer verlaufen. Dagegen hütete sich dieses Urvolk vor den großen Gewässern, die in die Berge eingebettet sind, unversehens abfallen und tief werden und bei jedem Sturm gleich zu wüten anfangen, wie etwa der Walensee und der obere See der vier Waldstätten.

Auf diesen Pfählen in See und Sumpf lebten also die Schweizerleute der Urzeit. Ihr Gewand waren die Felle der wilden, aber auch der gezähmten Tiere; denn sie hatten auch schon Rosse, Rinder, Schafe, Ziegen und sogar Hunde und Schweine. Ja, sie pflanzten an den Ufern Gerste, Weizen und Flachs. Wie es tagte, wagten sie sich ans Ufer und in die dichten, ungeheuren Wälder, die fast überall Berg und Tal bedeckten. Dort jagten sie denn auch unermüdlich die vielen wilden Tiere, von denen der Hochwald und das Unterholz voll waren, und die Buben und Mägdlein gingen nach allerlei Beeren und nach Haselnüssen auch etwa ein Stück weit in die Wildnis hinein. In den Tannen-, Buchen- und Ahornwäldern, unter Eichen und Föhren, taten sich eben nicht nur Hirsche, Rehe, Hasen, Rebhühner und prächtige Spiel- und Auerhähne um. Wildkatzen, Luchse und Füchse, Marder, Dachse und dergleichen Tiere, aber auch tierische Geschöpfe, die heute verschwunden sind, wie der riesenhafte Höhlenbär, der Urochs, der Wisent, Elentiere oder Elche, Wolf und Wildschweine, machten den Aufenthalt im urwüchsigen Dickicht unheimlich. Während aber die Pfahlbauleute, mutig und selber noch rauwollig und bärenstark, dem Wild nachstiegen bis zum Steinbock und Lämmergeier hinauf, hielten sich die Kinder doch lieber am Ufer. Wie vielerlei bekamen sie dort zu sehen!

Da stand, auf Fische und Frösche lauernd, der Reiher auf einem Bein auf dem Bord, dort bauten Biber im einmündenden Bach ihre wunderlichen Häuschen, und hoch über der urweltlichen Seelandschaft kreisten, Enten und Hühner aller Art bedrohlich, Adler, Falken und andere Raubvögel. Da hatte die Jugend immer kurze Zeit und mancherlei Arbeit. Man hütete die Torfschweine, Ziegen und Schafe; man fing Fische, wohl auch Forellen, und kletterte nach Holzäpfeln und steinharten, kleinen Birnen, nach Waldkirschen, und kurzum, der Tag verging der Jugend wie gehext.

Aber wenn's dann dämmerte, verzogen sich Buben und Mägdelein, mit ihren vierfüßigen Schützlingen, hurtig über den Steg nach ihrem Pfahldorf. Alsdann kamen auch ihre Väter von der Jagd, mit Wild beladen; denn auch sie trauten der Nacht am Ufer nicht. Da weideten sie denn ihre Jagdbeute vor den Hütten aus und werkten mancherlei. So machten sie sich Werkzeug, aus Stein zuerst und Horn und Knochen, und etwa gar Messer mit Hirschhorn- oder Holzgriffen, auch Schlagbeile. Sogar Sägen stellten sie aus Feuerstein her. Sie formten aus Horn und Knochen auch Nadeln und anderes mehr. Aus Lehm oder Ton aber bildeten die Pfahlbauleute allerlei oft recht gefällig anzusehendes Geschirr, wie Töpfe, Teller und was sie etwa für den Hausbedarf brauchten. Das machten sie alles von Hand; denn sie konnten noch nicht für alles, wie wir heute, nach der Maschine wie die Kinder nach der Mutter rufen. Es ging da in jeder Hinsicht höchst einfach zu, und das Abwaschen nach Tisch nahm nicht viel Zeit weg. Immerhin ein wenig eitel scheint man auch schon gewesen zu sein. Die Frauen, etwa auch die Männer, trugen diesen und jenen Schmuck aus Bernstein und Tierzähnen und in den Ohren große Ringe. Auch hatten sie Halsketten und gar Ringe um Arm und Bein aus Erz und Spangen und Haftnadeln für ihre Kleider aus Tierfellen. Nämlich nach und nach lernten sie auch das Erz, eine Mischung aus Kupfer und Zinn, kennen. Das änderte auch die Waffen. Man hatte nicht bloß mehr Messer und Schlagbeile aus Stein, Eberzähnen und sonstigen Knochen. Nun gab es schon erzene Schwerter, Pfeile, Sicheln, Angeln usw. Als dieses Urvolk gar das Eisen kennen und anwenden lernte, erhielt es auch

Scheren und noch vielerlei, was man gut brauchen konnte. Auch die Gerätschaften wurden immer ansehnlicher und zweckdienlicher. Nach und nach vervollkommnete man auch die frühesten Geflechte aus Stroh und Flachs, die für Fischnetze, Gewand, Decken und Matten dienten. Man wurde allmählich geschickter, geistig regsamer, so dass man schon eine Art Schrift kannte und etwa auch Tiere nachzuzeichnen versuchte. Auch das Geld kam mit dem Handel auf, der aber mehr ein Tauschhandel war. Den See befuhr man in ausgehöhlten Baumstämmen, in Einbäumen.

Wie's nun aber ans Zunachten* ging, da hockte die ganze Pfahlbaugesellschaft wohl auf ihren Pfählen vor den Hütten, in denen die Mütter das Nachtessen kochten. Die müden Jäger schauten ihren Töchtern zu, wie sie mit ausgerollten runden Flusskieseln auf einem breiten vertieften Steinblock ihr Getreide zermalmten oder mit den großen Nadeln die rauen Kleider flickten. Und da werden sie dann wohl auch in ihrer keltischen Ursprache eins über ihren stillen See hin in die grenzenlose Wildnis der Umgebung hinein gesungen haben. Und köstlich und tröstlich mochte es ihnen vorkommen, so in aller Sicherheit auf ihren tief eingerammten Pfählen leben, lieben und schlafen zu können.

Aber endlich wagten sich die Pfahlbauer ans Land, da sie nun viel bessere Waffen hatten und sich auch sonst, durch wachsende Einsicht, eher umzutun und zu wehren wussten. Also zerfielen oder auch verbrannten nach und nach die Pfahlbauten, und sie und ihre Bewohner blieben Jahrtausende lang verschollen. Eines Tages jedoch, und dann immer öfter, fand man an trockengelegten Ufern unserer Seen oder in ihren Untiefen allerlei merkwürdige

---

* Abendessen

Waffen, Töpfe, Zierrat u.a.m. Da ging unserer Zeit ein Licht auf, und mit einem Mal auferstanden jene Pfahlbauten und ihr Volk vor aller Augen.

O Volk der grauen Pfahlbauzeit, so alt bist du wie ewiger Schnee und älter als die Pyramiden. Bist du von uns Jahrtausende weit, es spiegelt deine Welt der See föhnklar in seinem blauen Frieden.

Weiteres von den Helvetiern

Die alten Helvetier waren noch ein Volk von Heiden. Sie glaubten an die Gottheit Sonne, an ihre Macht und Güte, an den stillen Nachtwandler ob den Bergen, an den Mond, an das Feuer, das so wohltätig und bösartig sein kann. Und sie glaubten an die Mutter Erde, die aus ihrem Schoß so viel Leben, Seltsames und Wunderbares hervorbringt. Alles das war ihnen Gott und Götter. Zu ihnen beteten sie, auf sie hofften sie. Aber sie hatten auch beständig Furcht vor ihrem Zorn. Daher opferten sie, um ihre Gunst zu gewinnen oder sie zu versöhnen, Rosse, Rinder, andere Haustiere und sogar Menschen. Diese Opferbräuche und sonstigen Gottesdienste hielten sie auf freien Anhöhen und in Wäldern, in heiligen Hainen ab. Ihre Priester hießen Druiden. Diese gingen barfuß, waren mit Efeu bekränzt und mit weißen Oberkleidern angetan. Jeden Frühling schnitten sie mit einer goldenen Sichel die Mistel, die ihnen als heilig und als ein starkes Zauber- und Heilmittel galt. Wald und Feld, Baum und Pflanze waren diesem unserm Urvolk von geheimnisvollen Wesen belebt. Vor allem aber war ihm die Eiche heilig. Die Druiden, seine Priester, waren ihm zugleich auch Ärzte, Richter, Prediger und Lehrer. Es gab auch zauberkundige Druidinnen.

Helvetien war in vier Gaue eingeteilt. Schon damals hatte man, wie bis fast in unsere Zeit hinein, unter den helvetischen Völkern adelige Herren, die zugleich reich waren, aber auch freie, unabhängige Bauern und Zinspflichtige und noch mehr völlig unfreie, versklavte Leute. Einzelne mächtige Häupter verfügten über sehr weitreichenden Landbesitz, auf dem ihnen hunderte, ja gar tausende von Unfreien arbeiten mussten. Die Adeligen hatten auch die höheren Würden und Ämter inne; aber es gab auch große Versammlungen aller Freien, an denen man bewaffnet teilnahm. Einen König oder Alleinherrscher duldete man jedoch nicht, und wer doch nach einem solchen Hochsitz trachtete, den bedrohte der Feuertod.

Die Helvetier wohnten also zuerst vielfach auf Pfählen in den Seen, dann in Dörfern auf dem Lande und nach und nach in festen Städten. Sie verkehrten auch schon mit den Nachbarvölkern im Tauschhandel, oder auch mit Geld; denn die Münze ist ein uraltes Verkehrsmittel. Für ihre großen Männer, die fast immer Kriegshelden waren, hatten sie viele Auszeichnungen. Man verherrlichte sie in Gesängen, und waren sie tot, beerdigte man sie gerne auf Hügeln und Waldhöhen. Schon gar oft hat man in unserm Schweizerlande Gräber gefunden, in denen solche keltischen Männer, mit den Waffen bei sich, von ihren Heldentaten ausruhten.

Aber wohl manches außergewöhnlich helle Kinderäuglein schaut einen auch heutzutage noch mit den Augen jenes urzeitlichen Volkes an, das einst unser Land weitherum allein bewohnte.

Diviko und Orgetorix

Immer und immer wieder kamen einst die Völker ins Wandern. Entweder glaubten sie in ihrer alten Heimat nicht mehr Platz genug zu haben oder dann, und das war vielleicht der Hauptgrund, hatten sie auf einmal den Wandertrieb in sich, nach einer Umwelt, die ihnen ein neues Gesicht zeigte und in der die Sonne wärmer schien und der Boden fruchtbarer war, kurz, wo es sich leichter und behaglicher leben ließ. So war es denn kein Wunder, dass zu Anfang des zweiten Jahrhunderts vor Christi Geburt an den Grenzen Helvetiens unversehens die furchtbaren Kimbern, ein germanischer Volksstamm, auftauchte. Dieses Volk wollte sich im keltischen Gallien, im heutigen Frankreich, eine neue Heimat erobern.

Ihnen nun schloss sich die streitbare Mannschaft der Helvetier an. Der noch junge Diviko war ihr Anführer. Im südlichen Gallien aber stießen die Helvetier, im Jahre 107 vor Christus, auf ein römisches Heer, das von ihnen geschlagen und völlig besiegt wurde. Die Anführer der Römer, jenes südlichen Volks, das damals die Welt zu beherrschen begann, mussten sich sogar bequemen, unter einem eigens hierfür aufgestellten Joch durchzugehen. Danach kehrten die Helvetier, reich an Beute, wieder in ihre Heimat zurück.

Sie kamen aber in der Heimat nach diesem Raubzug nicht mehr zur Ruhe. Nach und nach und immer häufiger drängten die germanischen Völkerschaften, ebenfalls aus Wanderfreude und Raublust, gegen und über die helvetischen Grenzen. Das beförderte in den Helvetiern die Sehnsucht nach jenem südlichen Land der Gallier, das nun den Römern untertan war und von dem die Alten, die einst unter dem jungen Diviko dorthin einen Raubzug gemacht hatten, so viel zu erzählen wussten. Diesen Völkerdrang in fremde Länder gedachte nun der mächtige Häuptling Orgetorix, auf dessen Gütern etwa zehntausend Zinsbauern und Knechte saßen, zur Befriedigung seines Ehrgeizes zu benutzen. Nachdem er sich unter den Vornehmen hinterrücks einen Anhang geschaffen, trat er in einer Volksversammlung auf. Dort sprach er: »Helvetier, ihr habt's nicht notwendig, euch hinter die Berge zu verschanzen. Ihr solltet euch die schönsten Gegenden in Gallien zur Heimat auswählen.« Jubelnd stimmte man ihm zu. Es wurde beschlossen, nach drei Jahren mit Weib und Kind aufzubrechen.

Bald aber wurde bekannt, dass Orgetorix ihr König werden wollte. Als man ihn verklagte und er sich mit dem Feuertod bedroht sah, brachte er sich um. Die Helvetier wollten aber dennoch nach Gallien ausziehen. Sie verbrannten ihre zwölf Städte und vierhundert Dörfer, damit ihnen eine Rückkehr ja nicht mehr einfalle, luden Weib und Kind, Hab und Gut auf große zweirädrige Wagen und brachen, nachdem sie sich mit Nachbarstämmen vereinigt hatten, an viermal hunderttausend Menschen, nach Gallien auf. Aber nur der vierte Teil dieser Volksmasse war waffenfähig.

Die Römer schickten ihnen ihren besten Feldherrn, den so berühmt gewordenen Julius Cäsar, mit einem starken und gutgeschulten Heer entgegen. Bei Genf stand er vor ihnen. Nun schickten die Helvetier Gesandte zu ihm, mit der Bitte um freien Durchzug, den er ihnen aber versagte. Da trachteten die Helvetier ihn zu umgehen; sie machten sich durch die Engpässe des Jura nach Gallien hinein und versuchten dort über den Fluss Saône auf Flößen zu kommen. Aber in zwanzig Tagen brachten es nur drei Gaue über den Strom. Und unversehens erschien Cäsar im Rücken der Helvetier und griff sie an. Da wollten sie wieder verhandeln. Also sandten sie ihren alten Anführer Diviko zum römischen Feldherrn. Dieser bat Cäsar, er möchte seinem Volk erlauben, sich in Gallien niederzulassen. Er dürfe ihnen ein Gebiet anweisen, an das sie sich halten werden. Andernfalls könnte es ihm ergehen wie dem römischen Consul Cassius, den die Helvetier einst besiegt hätten. Aber Cäsar wollte nicht auf den Vorschlag eingehen. Er sagte nur, sie könnten ihren Weg fortsetzen, aber vorher müssten sie ihm Geiseln stellen. »Geiseln!« rief Diviko entrüstet aus, »unsere Väter haben uns gelehrt, solche zu empfangen und nicht zu geben. Rom sollte es wissen.«

Jetzt musste das Schwert entscheiden. Bei Bibrakte im Burgund, westlich von Autun, kam's zur Schlacht. Aber den Kriegskünsten Cäsars und seinen wohleingedrillten Legionen war die unbändige Tapferkeit der schlecht ausgerüsteten Helvetier nicht gewachsen. Sie wurden, nachdem sie sich, sogar die Frauen auf ihren Wagen, verzweifelt gewehrt, völlig geschlagen. Und nun mussten die Überlebenden wieder nach Helvetien in ihre alte Heimat zurückkehren, in der sie doch alles selber verwüstet hatten. So zogen sie denn wieder heimwärts, nicht mehr als freie Herren ihres Landes, sondern als römische Untertanen.

Es erging aber auch den Völkern des Wallis und den Bewohnern der rätischen Alpentäler nicht besser; auch sie wurden von dem weltbeherrschenden Rom unterjocht.

Die Römer in Helvetien

Die Römer erbauten nun, wie überall, wo sie Eroberungen machten, Kastelle, also Festungen, in die sie Besatzungen verlegten. In wenig Zeit änderte sich in den helvetischen Landen gar vieles. Römer, besonders ausgediente Soldaten und Beamte, siedelten sich an, und mancher Römer baute sich ein Landhaus in der Art seiner Heimat, mit Mosaikböden, Wandmalereien und Badeeinrichtungen. Wälder wurden ausgerodet, Land entsumpft und in ergiebigen, fruchtbaren Boden verwandelt. So führte man in den Gegenden des Waadtlandes auch den Weinstock ein. Neue Dörfer und Städte entstanden. In neuerer Zeit hat man die Mauern und Theater und andere ruinenhafte Zeugen einstiger, von Römern erbauter Städte, wie der Stadt Vindonissa (heute Windisch) und Aventicum (heute Avenches) aufgedeckt. Auch durchzogen Heerstraßen, die man da und dort heute noch zu sehen bekommt oder gar ausgebaut hat, das Land.

Der Gottesdienst der Druiden auf Höhen und in heiligen Hainen wurde durch die heidnische Religion der Römer, mit ihrer Göttermenge in Tempeln, verdrängt. Römisch wurden Lebensart und Gesetz. Die lateinische Sprache oder vielmehr ihre angewandten Dialekte kamen allmählich ins helvetische Volk; die alte keltische Landessprache ging nach und nach, wie in Gallien, verloren. Mit dem römischen Leben kam, neben manchem Wohlbekömmlichen, auch allerlei Sittenschädliches nach Helvetien.

Und nun begab es sich in der Weltstadt Rom, dass die römische Leibwache, die Prätorianer, mit dem Kaiserthron in der Weltstadt am Tiberfluss ein loses Spiel anhob. Zwischen den Jahren 68 und 69 nach Christi Geburt riefen sie drei Römer hintereinander zu Kaisern aus. Einer dieser Herrscher, Galba hieß er, hatte die Anhänglichkeit der Helvetier gewonnen, da er ihre Abgaben erleichterte. Und nun wurde auch er von der Leibwache gestürzt. In helvetischen Landen, wo das noch nicht bekannt war, setzte man daher die Boten aus Rom, die einen neuen Kaiser ausriefen, gefangen. Das aber brachte den römischen Feldherrn in Helvetien, der ein Anhänger des neuen Kaisers war, namens Cäcina, in Wut. Er verwüstete mit seinen Truppen das Land, vor allem den Aargau und Baden, wo die Römer Bäder nach ihrer Art eingerichtet hatten. Die Helvetier stellten sich ihm zwar am Bözberg entgegen, wurden aber, da ihnen Ausrüstung und Übung fehlen mochten, besiegt. Tausende fielen, und Tausende wurden als Sklaven verkauft. Cäcina aber zog Rache schnaubend auf Aventicum, jener helvetischen Gaue Hauptstadt, los. In dieser Stadt packte alle das helle Entsetzen. Man schickte Gesandte zu dem Römer, die ihn versöhnen sollten. Aber er forderte die Enthauptung des angesehensten Mannes und Volksvorstehers in Aventicum, des Julius Alpinus. Obwohl sich Julia Alpinula, seine Tochter, vor den römischen Feldherrn hinwarf und ihn anflehte, ihr Leben für das ihres Vaters zu vernichten, musste der vornehme Helvetier sterben. Seine Tochter aber tötete der Gram über ihres geliebten Vaters Schicksal.

In dieser großen Not nun reiste eine Abordnung der Helvetier zum Kaiser Vitellius, um den angedrohten Untergang ihrer Stadt Aventicum abzuwenden. Aber der neue Kaiser empfing sie ungnädig. Seine Hauptleute gar verlangten die Ausrottung des helvetischen Volkes. Da wagte es ein edler Römer, gegen sie aufzutreten. Claudius Cossus, so hieß er, schilderte dem Kaiser das große Elend Helvetiens und ihre schreckliche Bangnis vor der unersättlichen Rachsucht Cäcinas. Und er redete so eindringlich und warf sich dem

Herrscher zu Füßen, und mit ihm auch die tief gerührten Krieger alle, dass Vitellius dem Lande Helvetien volle Gnade widerfahren ließ.

Die ersten christlichen Glaubensboten

Zu jener Zeit, in der also die Römer unser Vaterland beherrschten, waren, wie gesagt, seine Bewohner noch Heiden und verehrten die Gottheiten Roms. Aber nicht gar lange nach der Geburt unseres Heilands, Jesu Christi, kamen schon die ersten wagemutigen christlichen Glaubensboten nach Helvetien, wo sie dem Volk die frohe Botschaft des Evangeliums verkündigten.

Einer der ersten dieser Apostel war der heilige Beatus. Er war in England geboren, aus einem vornehmen Geschlecht. Bevor er seinen schweren Gang antrat, verteilte er all sein Gut unter die Armen. Er kam nach Rom. Bald darauf zog er mit seinem Schüler Achates in die Lande Helvetiens. In dessen großer Stadt Vindonissa, deren Ruinen man heute noch sehen kann, predigte er zuerst das Christentum. Also zog er durch die Gaue. Schließlich kam er auch in die Gegend des Thunersees. Diese verheerte, nach der Legende, ein furchtbarer Drache. Aber der hl. Beat wollte den Kampf mit ihm aufnehmen. Er ließ sich den Weg zu des Untiers Höhle zeigen. Und dann erblickte ihn der Drache. Feuer speiend wollte er sich auf den mutigen Glaubensboten stürzen. Da sank der auf die Knie und rief zu Gott um Hilfe. Und siehe, jetzt wurde der Lindwurm gebannt, und wie nun der Heilige das Zeichen des Kreuzes machte, fuhr der Drache aus der Höhle, und also schlugen seine Flügel, dass der ganze Wald aufrauschte. Aber er verschwand und wurde nie mehr gesehen.

Das Volk fiel nun in ungeheurem Erstaunen vor dem hl. Beat auf die Knie, denn es hielt ihn für einen Gott. Aber er hieß die Leute aufstehen, da er nur das schwache Werkzeug Jesu Christi, des gekreuzigten Heilandes, sei. Er bat jedoch, man möchte ihm des Drachen Höhle als Wohnstätte überlassen. Also blieb er darin und lehrte das Volk den neuen Glauben und beten und arbeiten.

Als er seinen Tod herannahen fühlte, bat er seinen Gefährten Achates, ihn, wenn er gestorben sei, am Eingang der Höhle zu begraben. Und dieser tat also und wohnte von nun an allein darin. Seither heißt diese die Beatushöhle.

St. Felix und Regula

Zu Beginn des vierten Jahrhunderts christlicher Zeitrechnung lebten in der Stadt Zürich, dem alten Turicum der Römer, die Geschwister Felix und Regula. Von diesen erzählt nun die Legende: Sie hatten sich eines Tages aus Rom vor einer Christenverfolgung, mit ihrem Diener Exuperantius, über die Alpen an den Zürichsee geflüchtet. An seinem Ausfluss, in Turicum also, hatten die Römer einen befestigten Wohnsitz, und auf dem Lindenhof stand ein Kastell und dabei ein Zollhaus.

Nun verkündigten Felix und Regula in der kleinen helvetisch-römischen Stadt das Christentum. Aber der römische Statthalter Decius ließ sie sich vorführen und gebot ihnen, dem neuen Glauben abzuschwören und den heidnischen Göttern zu opfern. Das taten sie jedoch nicht. Da drohte ihnen der Statthalter den Tod an. Darauf sagten sie: »Unsere Leiber sind in deiner Gewalt, nicht aber unsere Seelen; sie sind in dessen Gewalt, der uns erschaffen hat.« Nun warf man sie ins Gefängnis und quälte sie längere Zeit hindurch bis aufs Blut. Als auch das nichts nützte, befahl der hartherzige Römer, sie auf der andern, noch unbebauten Seite der Limmat mit dem Beile zu enthaupten. Dort, auf der Richtstätte, wo heute die Wasserkirche steht, wurden die Heiligen hingerichtet. Und siehe, da tat Gott ein Wunder an ihnen; denn St. Felix und St. Regula hätten, wie die Legende berichtet, ihre abgeschlagenen Häupter aufgehoben und vierzig Ellen weit am Ufer hinaufgetragen. Dort seien sie alsdann beerdigt worden, und über ihnen erhob sich später das große Münster. Die Stadt aber nahm die Bildnisse der Märtyrer Felix und Regula in ihr Siegel auf.

Die Alemannen, Burgunder und Franken

Alsdann aber, etwa vier Jahrhunderte nach Christi Geburt, kam die merkwürdige Zeit, die in der Weltgeschichte als die große Völkerwanderung bekannt ist. Die ganze Welt schien in Aufruhr und Bewegung wie bei einem großen Erdbeben. Volk um Volk machte sich auf, um eine andere, schönere Heimat zu suchen. Hatten die nordischen Völker schon lange gegen die südlichen Grenzen gedrückt, so gelang es ihnen nun, völlig über den Rhein und die lange römische Grenzmauer zu kommen. Eines Tages war es in unserm Lande so weit, dass deutsche Stämme in großen Horden, die Alemannen vorerst, sich darin festsetzten und dass die helvetisch-römische ansässige Bevölkerung entweder erschlagen wurde oder sich mit ihnen vermischte und also unter ihnen aufging. Aber alle überlebenden Männer wurden geknechtet.

Die Alemannen, die schon oft in die helvetischen Gaue eingedrungen waren und im Jahre 260 sogar die Stadt Aventicum, diesen militärischen Hauptplatz der Römer, zerstört hatten, eroberten nun, im Jahre 406 nach Christus, Helvetien vom Rhein bis an die Alpen. Sie siedelten sich in germanischer Weise an. Jeder Freie baute sich auf seinem zugeteilten Landbesitz ein Gehöft. Die deutsche Sprache wurde vorherrschend, und das Christentum musste noch einmal deutschen, heidnischen Göttern und Götzen weichen. Die Burgunder gewannen nach und nach bis ums Jahr 443 alles noch helvetische Land östlich und westlich vom Jura. Die burgundischen Stämme waren ein starkes Volk, aber von friedlicher, gutmütiger Art. Sie beließen daher auch den vorherigen Bewohnern der eroberten Landschaften ihre Gesetze und Sitten und nahmen da, wo sie minder zahlreich waren, sogar das Christentum und die römische, keltisch klingende Sprache von ihnen an. Deshalb sprechen die meisten Westschweizer heute die französische Sprache, die sich nach und nach im Munde der keltischen Gallier und Helvetier so eigenwillig, weich und süßlautig aus der römischen gebildet hatte.

Aber die Franken, ein anderer angriffslustiger Stamm, der am untern Rhein saß, drangen in Gallien, in das heutige nördliche Frankreich, ein und eroberten es unter ihrem König Chlodowig. Die Franken bekamen auch bald mit den benachbarten Alemannen Krieg und besiegten sie im Jahre 496 im Elsass. Sie beherrschten nun auch die alemannischen, also auch unsere Länder, und das bisherige Herrenvolk wurde dienstbar.

Zu dieser Zeit fiel Rätien, die südöstliche Schweiz Graubündens und darüber hinaus, an das Volk der Ostgoten. Nach dem Zerfall ihres Reiches wurden Rätien und das Tessin von den Langobarden regiert. Aber die eroberungssüchtigen Franken unterjochten nach langen Kämpfen bis zum Jahre 534 auch die Burgunder, und so kam also auch das östliche und westliche vormalige helvetische Gebiet unter das Szepter der Frankenkönige.

St. Fridolin, St. Kolumban und St. Gallus

Im Schutze der christlich gewordenen fränkischen Herrschaft nun getrauten sich manche Glaubensboten auch unter die heidnischen Alemannen zu gehen. Sie ließen sich's auf Leben und Sterben angelegen sein, unsere heidnischen, noch völlig ursprünglichen Vorfahren für das neue Evangelium zu gewinnen. Die bedeutendsten Heilsverkünder waren der heiligen Fridolin, der heiligen Gallus und der heiligen Kolumban.

Fridolin war der Sohn eines irischen Königs. Er kam aus seiner Heimat nach Frankreich, Burgund und anderswohin und predigte überall das Christentum. Endlich gelangte er an den Rhein, dahin, wo heute das Städtchen Säckingen liegt. Dort errichtete er, unter dem Schutze des Frankenkönigs, ein Frauenkloster und blieb in jener Gegend bis an sein Lebensende.

Das Kloster Säckingen vermehrte seinen Landbesitz durch die Schenkungen frommer Leute. Unter diesen waren auch zwei Brüder, Urso und Landulph. Sie blieben kinderlos, und daher vergab Urso dem eifrigen Glaubensboten Fridolin, mit seines Bruders Einverständnis, seinen Anteil an dem Lande Glarus.

Als nun aber Urso starb, wollte Landulph jenes Land, das sein Bruder dem Kloster Säckingen geschenkt hatte, wieder an sich ziehen, und da es Fridolin nicht zugab, berief ihn Landulph vor das Gericht des Gaugrafen Baldebert. St. Fridolin erschien wohl, aber der Richter sagte ihm, es helfe ihm nichts, wenn er die Schenkung Ursos nicht durch Zeugen dartun könne. »Ich will sie bringen«, rief der Heilige aus. Er ging zum Grabe Ursos und gebot vor allem Volk: »Im Namen Gottes, der über Tote und Lebendige herrscht, stehe auf, Urso, und zeuge für deine Schenkung!«

Und zur erschauernden Überraschung aller stieg Urso aus dem Grabe und folgte dem Glaubensboten sechs Meilen weit bis vor das Gericht nach Rankwil in Vorarlberg, das aus fünfzehn Grafen bestand. Da war auch sein Bruder Landulph zugegen. »Warum störst du mich in meiner Ruhe und beraubst mich des Gnadenlohnes für meine Schenkung, die ich zur Ehre Gottes machte?« sprach er ihn an. Da erschrak Landulph, und alsdann kam es dazu, dass er nicht nur auf seines Bruders Anteil am Lande Glarus zugunsten des klösterlichen Stifts Säckingen verzichtete, sondern dass er den Leuten Gottes auch seinen Gebietsanteil verschenkte.

Die Glarner aber nahmen in ihr Wappen den hl. Fridolin auf, so hoch verehrten sie ihn.

Ein anderer christlicher Apostel aus dem keltischen Irland war Kolumban. Mit zwölf gleichgesinnten Freunden, unter denen auch Gallus war, verließ er das Kloster Vangor in Irland. Er kam bis in die Vogesen. Und nachdem er weitherum auch anderswo Christum gepredigt hatte, gelangte er anfangs des siebenten Jahrhunderts nach Tuggen am obern Zürichsee. Die dortigen Einwohner waren noch Heiden. Als sie nun ihrem höchsten Gott Wotan opfern wollten, warf der heiligen Kolumban das Opfer kurzerhand in den See und zündete gar den Götzentempel an. Die Tuggener ergrimmten und verjagten den Heiligen und seine Begleiter, indem sie ausriefen: »Unsere alten Götter haben uns und unsere Väter bis dahin mit Regen und Wärme genug versehen; wir wollen sie nicht verlassen, sie regieren wohl.«

Die Glaubensboten zogen nun nach Arbon am Bodensee und von dort weiter in die heidnischen Lande. Bei ihnen befand sich auch der hl. Sigisbert, der darnach in Rätien das Kloster Disentis gründete. Kolumban aber starb im Jahre 613, hochbetagt und heilig, in Oberitalien.

Gallus, der krank hatte zurückbleiben müssen, ging nun zum christlichen Priester Willimar zu Arbon, wo er sich bald erholte. Von dort aus suchte er eine neue christliche Niederlassung zu gründen. Er entschied sich für das wilde Steinachtal, in dem er den Wald lichtete und den Grund zum nachmals so berühmten Kloster St. Gallen legte. Der Herzog des Landes, dem er die kranke Tochter wieder gesund gemacht hatte, wollte ihn zum Bischof von Konstanz erheben lassen. Aber Gallus verzichtete darauf. Er fuhr fort, mit seinen Jüngern die Wildnis in fruchtbringendes Land umzuschaffen, zu unterrichten und zu bekehren. Im Jahre 640 starb er als ein wahrhafter Heiliger. Seine Stiftung aber besteht bis auf den heutigen Tag, da sein gesegneter Name in Stadt und Kanton St. Gallen weiterlebt.

Die Stiftung des Münsters zu Luzern

Am Ausfluss der Reuß aus dem Vierwaldstättersee war vor Zeiten auch eine bescheidene Niederlassung. Aus geringen Anfängen bekam sie durch den Handelsverkehr, der seinen Weg über das Gebirge des Gotthards und den grünen, viel verzweigten Bergsee hatte, immer mehr Zuwachs und Bedeutung. Ein Licht, das auf einem Inselchen in der Seebucht angezündet worden sein soll, habe den Schiffen nachts den Weg gezeigt. Von dieser Leuchte, erzählt man sich, habe Luzern seinen römischen Namen erhalten.

Hier erbaute alsdann der Priester Wikard, der Bruder des Herzogs Ruprecht, der in Zürich das Großmünster stiftete, das Münster des hl. Leodegar. Er war sein erster Abt. Der Frankenkönig schenkte ihm Luzern und seine Gegend, über die er nun der Herr war. Aber ein späterer König der Franken, Pipin der Kleine geheißen, vergab Luzern samt dem Kloster nicht lange darnach an das klösterliche Stift Murbach im Elsass, das nun die Herrschaft übernahm.

Karl der Große und die Schlange

Im Abendland herrschte um das Jahr des Heils 800 der starke und mächtige Frankenkaiser Karl. Ihm verdankt das Christentum seine Ausbreitung und Befestigung über alle deutschen Länder vor allem. Weil er so glorreich regierte, gab man ihm den ehrenvollen Beinamen Karl der Große. Er wollte seine Völker fromm, gut und glücklich machen. Daher stiftete er Schulen und Kirchen. Die Schulen befanden sich damals meistens in Klöstern oder wurden wenigstens durch Geistliche gehalten. Kaiser Karl liebte es, in diesen Schulen Besuch zu machen und die Leistungen zu prüfen.

Als er das einst wieder tat, mussten sich die guten Schüler zu seiner Rechten, die schlechten zu seiner Linken aufstellen. Zu seiner Überraschung zeigte es sich nun, dass die schlechten und minder erfolgreichen Schüler größtenteils Söhne adeliger Herren waren. Jetzt wandte sich der erhabene Herr den Jungen der schlichten, einfachen Leute zu und sagte freundlich zu ihnen: »Fahrt fort in eurem Fleiß! Ihr sorget ja für euer eigenes Bestes. Der Lohn wird euch seinerzeit nicht fehlen. Ihr aber«, redete er gar ernst zu den links von ihm stehenden Schülern, »ihr vornehmen Herrchen, euer Adel soll wenig bei mir gelten, und ihr habt nichts Gutes zu hoffen, wenn ihr eure Trägheit nicht durch wahrhaften Fleiß gut macht.«

Eines Tags kam er auch in seine Stadt Zürich. Da nun wohnte er im Hause zum Loch. Als er mit seinen Getreuen beim Mittagsmahl zu Tische saß und gutgelaunt am großen Münster vorbei ins Land hinausschaute, musste er auf einmal aufhorchen. Gar laut erklang die Glocke, die er vor dem Hause an einer Säule hatte anbringen lassen und die läuten durfte, wer immer es sei, der sich bei ihm beklagen wollte. Sogleich musste ein Diener unten nachsehen, wer denn geläutet habe. Aber der Diener fand niemand. Als es jedoch gleich wieder und unaufhörlich läutete und der Diener nochmals nachschauen ging, sah er eine große Schlange am Strang hängen und die Glocke läuten. Der überraschte Höfling meldete das sofort seinem Herrn. Und nun stand Kaiser Karl auf und schritt vor das Haus hinunter, um zu vernehmen, was die Schlange allenfalls von ihm wolle. Wie er nun zu ihr kam, fiel sie vom Glockenstrange ab. Sie verneigte sich vor ihm, und alsdann raschelte sie davon, und er ging ihr mit seinem Gefolge nach. Und als sie nun am Ufer der Limmat, da, wo der See ausgeht, anlangten, hielt sie bei einem Neste an, auf dem eine große Kröte auf Eiern hockte.

Da merkte der Kaiser, dass die Kröte der Schlange ihr Nest geraubt hatte. Auf dem Platze hielt er sogleich Gericht und verurteilte die Kröte zum Feuertod.

Nach einigen Tagen, als der Kaiser wieder beim Mahl saß, raschelte die Schlange unversehens in den Saal herein. Zum Erstaunen der Tafelrunde wand sie sich auf den Tisch und ließ in des Kaisers Becher einen wundervollen Edelstein gleiten. Sich verneigend, war sie flugs wieder weg. Kaiser Karl freute sich der Dankbarkeit des Tieres. Den funkelnden Stein aber ließ er in den Ring seiner lieben Gemahlin setzen, und zum Andenken an dieses merkwürdige Vorkommnis erbaute man, da, wo man das Nest der Schlange fand, auf seine Weisung eine Kirche. Sie steht heute noch und heißt die Wasserkirche, da sie fast völlig von den Wassern der Limmat umflossen ist.

Der wunderbare Hirsch

Einst wohnten auf der Burg Baldern, auf den langgezogenen Waldhöhen des Albis, zwei Königstöchter. Sie hießen Hildegard und Bertha. Ludwig der Deutsche, ihr Herr Vater, ein Enkel Karls des Großen, hatte ihnen jenen Hochsitz in der Waldwildnis als Wohnung angewiesen, womit er ihnen einen großen Gefallen zu tun gedachte. Man hatte ja eine gar herrliche Aussicht aus den kleinen Fensterluken der Burg.

So saßen die königlichen Töchter denn recht oft an den Fenstern ihres abgelegenen Schlössleins und schauten sehnsüchtig auf den himmelblauen See von Zürich hinab und über ihn hinweg zum verschneiten Hochgebirge. Aber sie machten sich auch in die Waldungen hinein und belauschten das Leben der vielen Geschöpfe Gottes, die im Dickicht herumhüpften, schlüpften und flatterten. Oder sie pflückten Blumen, goldene Frauenschühlein, ein rechtes Schuhzeug für Elfen, und den zauberkräftigen Ziland (Seidelbast) und trugen sie in langwieriger Wanderung hinunter an den See und bis nach Zürich, wo sie am Grabe der heiligen Felix und Regula ihre Andacht hielten.

Oft gingen sie schon im dämmernden Morgen, aber auch gegen Abend, Zürich zu durch die Wälder, und da konnte es denn wohl vorkommen, dass sie den Weg fast verloren.

Eines Tags nun, als die frommen Schwestern wieder im dämmerigen Morgen sich mühselig durch den Wald hinarbeiteten, stand plötzlich ein schöner weißer Hirsch vor ihnen unter den Tannen. Der trug auf seinem Geweih brennende Kerzlein. Diese erleuchteten aber den Wald so gut, dass sie nun den Weg deutlich zu erkennen vermochten. Der Hirsch ging ihnen nun voran, und er verließ sie nicht, bis er sie sicher nach Zürich hinunter geführt hatte. Er blieb jedoch seltsamerweise auf dem linken Ufer der Limmat stehen und wollte seine Schützlinge nicht über den Steg zum großen Münster begleiten. Und da er von nun an die beiden Königstöchter immer, wenn es dunkel war, zu Tal brachte, aber immer auf der gleichen Stelle am linken Limmatstrand anhielt, erkannten sie, dass es Gottes Wille sein möchte, hier ein Gotteshaus erstehen zu sehen. Und nun erbaute ihr Herr Vater, der deutsche König, auf ihren Wunsch, da, wo der Hirsch mit den brennenden Kerzen auf der linken Seite der Limmat anzuhalten pflegte, das Fraumünster und ein Kloster dazu. Hildegard wurde dessen erste Äbtissin und ihre Schwester Bertha ihre Nachfolgerin.

Das Fraumünster-Kloster aber wurde ein gar mächtiges Stift. Alle Leute in und um Zürich und noch mancherorts, sogar viele im Lande Uri, wurden seine untertänigen Gotteshausleute. Und weil die Äbtissin als Fürstin regieren konnte, nannte man sie die Große Frau von Zürich.

Die Raben des hl. Meinrad

Auf dem Etzel, auf dem Berg, von wo man so schön den Zürichsee unter sich hat und seine lieblichen Inseln, die Ufenau und die Lützelau, und wo es einem ist, man brauche nur die Arme auszubreiten, um über die ganze Talherrlichkeit hinwegfliegen zu können, lebte im Eingang des neunten Jahrhunderts ein frommer Einsiedler, der Meinrad hieß. Es wird berichtet, er sei aus dem Hause der Edelherren von Hohenzollern gekommen und alsdann aus dem Kloster Reichenau im Bodensee und der Enden schließlich auf den Etzel gestiegen. Dort wohnte er in einer Hütte und hielt Gott und seine Heiligen im Sinne. Aber nach und nach wurde es ihm zu unruhig, da die Leute vom See herauf und von anderwärts zu ihm kamen und ihm Gebet und Betrachtungen gar sehr störten.

Also machte er sich eines Tags auf und wanderte über die wilde Sihl in jene Wildnis hinein, die man den Finstern Wald hieß, und die das Tal der Alp bis an die beiden Mythen ausfüllte. Man erbaute ihm eine Kapelle und ein Hüttlein und ließ ihn, in Gottes Namen, mutterseelenallein. Er aber betete und hatte Gott lieb von ganzem Herzen. Niemand als zwei Raben, die er vor einem Sperber gerettet hatte, waren immer um ihn.

St. Meinrad wusste durch Offenbarung, dass er als Märtyrer Gottes aus der Welt gehen müsse. Und so kamen denn eines Tages zwei Räuber, die ihn berauben wollten, und diese Bösewichte schlugen ihn tot. Vorher aber hatte er sie gebeten, sie möchten so gut sein, die zwei Kerzen, die er ihnen eingehändigt hatte, die eine zu seinen Häupten, die andere zu seinen Füßen, aufzustellen, sobald er gestorben sei. Und als er nun bleich und tot dalag, stellten sie die eine Kerze unangezündet zu seinen Häupten und gingen, um in der Kapelle nebenan die andere am ewigen Licht anzustecken. Wie sie aber damit zurückkehrten, sahen sie zu ihrem Erstaunen, dass die Kerze zu Häupten des Heiligen schon brannte. Da packte sie das Entsetzen, umso mehr als sich plötzlich die zwei Raben des erschlagenen Einsiedlers auf sie stürzten. Also machten sie sich so schnell als möglich davon, und die Raben flogen krächzend mit ihnen durch die Waldwildnis und hinab bis an den See.

Endlich kamen die zwei Unholde nach Zürich. Dort hielten sie sich für sicher. Niemand konnte ja wissen, dass sie den Heiligen im Hochtal der Alp ermordet hatten. Aber als sie eben an der Limmat in einem Wirtshause zu Tische saßen, schossen auf einmal zwei Raben durchs Fenster auf sie los, und das waren die Raben des hl. Meinrad. Und nun erkannte man, dass sie den frommen Einsiedler im Finstern Wald umgebracht hatten, und sie mussten ihre Untat mit dem Leben büßen.

Heute noch führen das Kloster und die Waldleute von Einsiedeln, die einen im gelben und die andern im roten Wappenschild, die zwei Raben des hl. Meinrad. Zum Gnadenbild Marias aber wallfahren immer und immer wieder fromme Pilger von nah und fern. Und deswegen sang ein klösterlicher Dichter:

»Zwei Kerzen brannten bei Meinrads Leiche,
Die erleuchten und wärmen so wunderbar
Millionen Herzen schon tausend Jahr.«

Notker

Im Kloster St. Gallen lebte ums Jahr 880 ein gelehrter und gottesfürchtiger Mann, namens Notker, der Stammler. Er galt als sehr weise, und selbst hohe Herren suchten seinen Rat.

Einst brachte ihm ein Bote einen Brief von Kaiser Karl dem Dicken. In diesem Schreiben aber stand, dass der Kaiser gerne wissen möchte, wie er seinem Leben und seiner Regierung am besten genugtue.

Notker war eben im Klostergarten, jätete das Unkraut und warf es weg. Darnach konnte der Bote auch noch zusehen, wie der Mann Gottes nützliche Gewächse dahin pflanzte und begoss, wo er das Unkraut entfernt hatte.

Und als er den kaiserlichen Brief gelesen hatte, legte er ihn beiseite und arbeitete weiter. Aber dem Boten, der auf eine Antwort warten musste, und der vergeblich eine gar lange Weile dagestanden und dem Mönch zugesehen hatte, verleidete es endlich, und so fragte er: »Heiliger Vater, was hast du nun meinem Herrn zu melden?« Da richtete sich Notker von seiner Schwerarbeit auf und antwortete: »Sage deinem Herrn, er solle tun, was du mich tun siehst, und weiter nichts.«

Der Bote brachte nun des Notkers kurze, merkwürdige Antwort zu Hofe, aber der Kaiser verstand sie gar wohl und trachtete darnach, in allen Dingen so zu tun, wie es ihm der weise Klosterherr angeraten hatte.

Die standhaften Schülerknaben

Einst besuchte der deutsche König Konrad I. das immer berühmter werdende Kloster St. Gallen, dessen Schulen die Zierde des Schweizerlandes und weit über den Bodensee hinaus, auch Deutschlands waren. Wohl hatte er von der Gelehrtheit der Mönche viel Rühmens gehört; er wollte aber auch wissen, ob bei den Schülern die Selbstzucht dem Wissen gleich sei, denn er hielt die Selbstbeherrschung für das kostbarste Gut des Menschen. Was tat er also? Wie nun die St. Gallischen Klosterschüler in großem Umgange an ihm vorbeizogen, ließ er unversehens einen Korb voll rotbackiger Äpfel über den Boden ausschütten. Er mag wohl gedacht haben: Aha, jetzt gleich geht der Tanz und die Balgerei um die Äpfel los, und die Schäfchen werden zu Wölfen. Aber zu seiner Verwunderung bestanden die Knaben musterhaft die gefährliche Probe. Keiner, auch nicht der jüngste, verließ seinen Platz. Ja, sie schienen die schönen Äpfel für nichts zu achten. Der erfreute König Konrad aber verschaffte den Klosterschülern nun einen frohen Tag. Auch bestimmte er, dass man den Schülern künftig alljährlich drei besondere freie Tage bewilligen müsse, zum Lohn für ihre Standhaftigkeit, denn diese bilde so recht den ganzen Mann.

Schon mancher, der sich nicht bedacht,
Hat sich um den Erfolg gebracht,
Und wurde als ein Tor verlacht.
Wer an sich hält und bleibt besonnen,
Mund zwingt und Hand, hat schon gewonnen.

Die Klausnerin

Im Anfang des zehnten Jahrhunderts lebte ein frommes Mägdlein, Wiborada geheißen. Es stammte von den Herren von Klingen am Bodensee ab. Dieses junge Geschöpf nun wollte sein Leben ganz Gott weihen. Eine unerklärliche Sehnsucht nach Einsamkeit und der Tod einer lieben Schwester bewogen die Jungfrau, Klausnerin zu werden. Sie begann schon zu Hause, sich für ein hartes Dasein vorzubereiten. Auf ihrem armseligen Lager hatte sie als Kopfkissen einen großen Stein, und gar oft betete sie die Nacht hindurch. So ums Jahr 915 ließ sie sich alsdann durch den Konstanzer Bischof Salomo nach St. Gallen bringen und dort neben der Magnuskirche in ein ganz kleines Steinhäuslein, in eine Klause, einschließen, in der sie kaum recht stehen, noch liegen konnte. Hier verblieb sie nun betend und in frommen Betrachtungen. Sie gürtete sich mit einer schweren Kette, die sie nie ablegte und die sich so nach und nach in ihren Leib eingedrückt habe, dass sie zuletzt von seiner Haut überwachsen worden sei. Wiborada kam in den Ruf großer Heiligkeit. Es lief ihr aber so viel Volk zu, dass sie ihre Klause über den Wasserfall des Steinach-Flüssleins, wo jetzt St. Georgen steht, versetzen ließ. Dort lebte sie bis ins Jahr 926.

Einst, als um jene Zeit die Ungarn, ein wildes Volk, auf ihren großen Raubzügen auch ins St. Gallische kamen und raubten, brannten und mordeten, fanden sie auch die in ihre Zelle eingemauerte Klausnerin, die nicht hatte fliehen wollen. Diese Einsiedlerin kam den fremden Kriegsgesellen gar wunderlich vor; denn sie wussten als Heiden nicht, was ihre Einmauerung bedeuten könnte. Und am Ende dachten sie, Wiborada habe sich mit großen Schätzen in das Steinhäuslein verschließen lassen. Also machten sich diese entmenschten Krieger aufs Dächlein der Klause, deckten sie ab und sprangen in die Zelle hinunter. Aber statt der erhofften Schätze fanden sie nur eine betende armselige Frau, die sie im Ingrimm ihrer Enttäuschung erschlugen.

Also wurde aus der Klausnerin eine Heilige.

Die geschickten Mönche

Das Abschreiben alter und neuer Bücher war eine der hauptsächlichsten Betätigungen vieler Mönche in den Klöstern. Hiefür nahm man Pergament, das aus Tierhäuten hergestellt wurde und dünn und weiß, aber haltbarer als unser Papier war. Galt es ein Prachtwerk, so schrieb man mit goldener und silberner Tinte. Es wurde etwa das Pergament mit Purpur gefärbt, und gar schmückte man das Buch mit Initialen oder besonders großen Anfangsbuchstaben, die man mit allerlei, oft gar bunten Figürchen, Blumen, Ranken und Zierwerk in jeder Weise, etwa auf Goldgrund, allerliebst ausmalte. Viele Bücher mit derartiger feiner Kleinkunst, die sich darin bis heute taufrisch erhalten hat, finden sich noch in Klöstern, wie etwa in St. Gallen und Einsiedeln.

Die Klosterherren arbeiteten sich dabei vielfach in die Hände. Diese stellten das Pergament her, jene zogen die Linien, wieder andere vergoldeten oder malten die Initialen usw. Es wurden die Bücher viel in fast zolldicke eichene Bretter, die man mit Elfenbein, Leder oder Metall überzog, eingebunden. Das alles und das Abschreiben in der alten zierlichen Schrift nicht zuletzt, war eine anstrengende, aber auch dankbare Beschäftigung. So schrieb man etwa die hl. Schrift und sonstige alte Handschriften, auch viele gar wertvolle aus der Heidenzeit, ab, so dass z.B. das Kloster St. Gallen eine Bibliothek von vierhundert Bänden besaß.

Die gute Königin Bertha

Also das ist eben doch so in der Welt, wenn die Männer, die immer gleich draufgängerisch werden und meinen, sie können es nicht machen ohne Krieg und Schwert, Wunden schlagen, so sind es die Frauen sanften Sinns und treuen Herzens, die sie wieder zu heilen trachten. So war es immer, und immer wird es so bleiben. Oft aber gibt's außergewöhnlich gutmeinende und gutwirkende Frauen, deren Andenken sich Jahrzehnte, ja Jahrhunderte lang im Volk erhält.

Solch eine Frau war auch die Gemahlin des Königs Rudolf II. Während dieser König von Burgund für die Vergrößerung seines Reiches Krieg führte, tat seine edle Gattin, die Königin Bertha, alles, was sie konnte, um die Nöte ihrer Länder zu lindern und womöglich abzustellen. Wo der Krieg Dorf, Stadt, Bauernhof verheerte, war die Königin gleich bei der Hand, Haus und Heim für das schwer geplagte Volk wieder herstellen zu lassen und ihm zu helfen. Sie schickte aber hiefür nicht bloß die Knechte und die Mägde aus und sagte: »Geht, und flickt den Schaden, so gut ihr's könnt, ich bezahl's!« Sie machte es wie ein rechtes Bürschlein im Handkettenspiel, das ausruft: Der König schickt Soldaten aus – er geht selbst! Sie begab sich also selber, allerdings mit tüchtigem Gefolge, in Stadt und Dorf, ja auch aufs Land zu den Bauern. Sie lehrte ihr Weibervolk Gärten anlegen und sie nützlich bepflanzen. Sie lieferte ihnen allerhand Sämereien wie Getreide usw. hiezu, und gar unterwies sie die Frauen darin, wie man Flachs und Hanf pflegen und hegen, aber auch, wie man ihn spinnen müsse. Damals nämlich band man den Flachs an eine Kunkel, aber man drehte ihn nur mit den Fingern zu einem Faden und wand diesen auf eine Spindel. Was war das daraus hervorgehende Spinnrad später doch für ein Segen!

Heute kann man das nicht mehr ermessen; denn heute will alles die Maschine machen. Aber nein, sie macht's wohl geschwinder, aber nicht besser, und viel haltbarer blieb der Faden, der einst noch durch unserer Großmütter Hand vom Spinnrad herkam.

So wurde denn die Königin Bertha eine große Wohltäterin und ein Wohlgefallen vor Gott und Menschen. Nicht nur ritt sie auf ihrem Ross im Land herum, wobei sie oft die Kunkel bei sich hatte und spann, um zum Rechten zu sehen; sie besuchte die Armen und Kranken bis in die elendeste Hütte hinauf. Es muss wohl eine gute Frau gewesen sein, diese königliche Gattin, dass man sich nach einem Jahrtausend noch ihrer erinnert, und nicht umsonst wird man sie die gute Königin Bertha genannt haben.

Sie war aber auch eine schlichte, natürliche Frau, die sich nichts vormachen ließ. Einst sahen ihre Höflinge, wie sie eine junge Bäuerin, die ihre Herde hütete und dazu fleißig spann, reichlich beschenkte. Siehe, da erschienen andern Tags all ihre Hofdamen mit der Spinnkunkel in der Hand vor ihr. Sie aber sagte lächelnd zu ihnen: »Meine lieben Damen, jene junge Bäuerin ist wie Jakob, der Sohn Isaaks, zuerst zu mir gekommen, und sie hat also meinen Segen schon vorweggenommen.« Damit wollte die Königin sagen: Wer zuerst kommt, mahlt zuerst, oder aber: Wer im Sinn hat, über den Bach zu kommen, nimmt den Anlauf hiefür selber und braucht keinen Anstoß.

Ja, das muss eine vorbildliche Frau gewesen sein. Von ihr her hat man heute noch ein Sprichwort für ungute Tage: »Es ist nicht mehr die Zeit, da Bertha spann.«

Die Bernhardinerhunde

Im Hochgebirge des sonnigen Kantons Wallis gibt's einen Berg, den man den Großen St. Bernhard nennt. Den Namen hat er erhalten vom hl. Bernhard, der auf dem Übergang oder Pass dieser rauen Bergwelt ein Kloster gründete.

Nämlich, über dieses Gebirge gingen immer gar viele Wanderer aus dem Schweizerland nach Italien und umgekehrt. Oft nun geschah's, dass sie in den Schneestürmen begraben wurden und umkamen, da sie sich verirrten und erfrieren oder verhungern mussten. Diese Falle des weißen Todes, wie man den Tod im Schnee nennt, wollte nun der hl. Bernhard, so gut als christenmenschenmöglich, unwirksam machen. So hatten denn die Mönche seines Hospizes auf dem Großen St. Bernhardsberg für immer die Pflicht, alle Leute, die den Berg übersteigen wollten, gastfreundlich in ihrer Herberge aufzunehmen und sie allenfalls auch zu verarzten, denn da gab's oft Todmatte, Halberfrorene und sonstige Hilfsbedürftige. Um aber die Wanderer, die sich im Schneetreiben verloren, ausfindig zu machen, hielten sich später die Mönche des Hospizes große, schöne und kluge Hunde, die für das Auffinden und die Rettung Verlaufener und Liegengebliebener besonders abgerichtet wurden. Diese Bernhardinerhunde retteten im Lauf der Zeiten vielen Menschen das Leben. Einer ihrer Art war weitum rühmlichst bekannt; denn er hatte bei siebzig Menschen das Leben erhalten. Barri hieß dieser Hund, und heute noch ruft man die Hunde der Bernhardinerrasse, die jetzt überall verbreitet ist, vielfach mit diesem Namen.

Die Habsburg

An der Aare bei Brugg, wo in gar alter Zeit die große helvetisch-römische Stadt Vindonissa stand, regierten schon vor tausend Jahren die Grafen von Altenburg. Sie sollen gewalttätige Menschen gewesen sein.

Bisher hatten sie aber an der Aare in einer baufälligen Burg gehaust. Deshalb erbaute Graf Radebot im Jahre 1019 auf dem nahen Wülpelsberg eine neue Burg, die Habsburg, nach der sie sich alsdann auch nannten. Nun wollte Radebots Bruder, der Bischof in Straßburg war, dass man die kleine Burg mit Mauern und Wallgraben umgebe, damit man drin umso sicherer wohnen könne, denn er hatte hiefür seinem Bruder viel Geld gegeben. Er war daher nicht zufrieden, als er auf der Burg bei ihm zu Gast war und die Habsburg ohne Mauern und Ringgräben vorfand. Unzufrieden legte er sich zu Bett.

Aber wie er nun am andern Morgen erwachte und zum Fenster hinausschaute, sah er die Burg von einem gar vielfachen Ring bewaffneten Volks umstellt. Er erschrak nicht wenig; denn er meinte, die Burg sei vom Feind belagert. Aber Graf Radebot rief zu ihm hinauf: »Herr Bruder, seid ohne Sorge! Alle diese wohlgerüsteten Leute sind unsere Freunde und eure Diener, die ich mit eurem Geld erworben. Was nützen uns feste Mauern ohne Freunde? Die besten Mauern sind ein tapferes Volk und treue Freunde.«

Der Landläufer von Glarus

Die Glarner und die Urner, zwei noch bodenechte Völklein zwischen den Wildwassern des Walensees und des Sees der vier Waldstätte, hatten einst ihrer Grenzen wegen arge Stöße miteinander. Zwar wollten die Herren von Lenzburg und Rheinfelden den bösen Handel schlichten, aber sie brachten es nicht fertig. Auf ihren Rat hin kam man jedoch überein, die zwei Standesläufer von Uri und Glarus hätten sich, jeder aus seinem Hoheitsgebiet, vor Tau und Tag, also sobald der Hahn zum ersten Mal krähe, aufzumachen und gegeneinander über die Hochalpen des Klausen, über den heute eine schöne Autostraße führt, zu wandern. An der Stelle aber, auf der sie sich begegnen würden, solle alsdann die Landesgrenze zwischen Uri und Glarus für immer und ewig sein.

Da nun beiden Teilen an den Alpen um den Klausen und der Enden gar viel lag, und da es die beiden Völker faustdick hinter den Ohren hatten und noch haben, sannen sie darüber nach, wie sie sich überlisten und also mit Glanz aus dem Handel ziehen könnten. Die Glarner, die wohl dachten, wer gut genährt sei, werde sich auch zeitig an die Arbeit machen, nahmen also einen dicken Hahn mit stolzen Schwanzfedern und mästeten ihn, bis er fast kugelrund wurde. Die Urner dagegen, die vielleicht nicht so üppig zu essen pflegten wie die Glarner, stellten ein beinmageres Gockelchen in einen Korb und ließen ihn fasten.

Als nun aber der Morgen über Altdorf aufging und der Urirotstock sich mit weißen Schultern aus der Nacht hinauszurecken begann, fing der Hahn der Urner zu krähen an; fast so gewaltig tönte es wie das Heerhorn, der Uristier.

Flugs machte sich der Urner Läufer auf und davon durchs wilde Schächental hinauf dem Klausenpass zu.

Unterdessen umstanden die Glarner Ratsherren unten im Linthal erwartungsvoll und recht ungeduldig den geräumigen Hühnerpferch, in dem sie ihren gut gefütterten Hahn hatten. Es tagte schon lange, der Tödi und der Selbstsanft bekamen morgenrote Köpfe, aber doch nicht ganz so rote wie die Ratsherren im Tal, die immer aufgeregter ihren dicken Gockel mit vielem Volk umstanden und einfach nicht begreifen konnten, wie der Hahn, dem sie's doch so gut gegeben, sich so verschlief. Nein, der Donnersgockel wollte einfach nicht krähen, und also kam auch der Glarner Standesläufer, dem's schon lange in allen Zehen juckte, nicht vom Fleck. Endlich gegen Mittag krähte der Hahn.

Jetzt aber stürmte der Glarner Läufer wie das wilde Heer davon, und obschon es bald schrecklich bergan ging, gab er nicht nach. Wenigstens auf die Passhöhe des Klausen hätte er's zu gerne noch gebracht. Aber als er höher kam, erschrak er gewaltig. Schon sah er den Urner Läufer, der eben die Hauptsache des strittigen Gebiets, den schönen glatten Urnerboden, hinter sich gebracht hatte, gemächlich gegen sich bergab kommen.

Aber der brave, zähe Glarner ermannte sich erst recht. Er blieb keineswegs stehen als ein zaghafter fauler Kerl, sondern nun hastete er auf Tod und Leben alpauf, um für sein Land noch zu retten, was zu retten war.

Wie sie nun nach Kurzem zusammenstießen und der Urner rief: »Hier ist die Grenze zwischen Uri und Glarus!« flehte ihn der Glarner Läufer inständig an, er möchte ihm noch ein Stück Weidland für seine gnädigen Herren überlassen. Da sagte der Urner Läufer: »Gut, so weit sollst du noch Grund und Boden gewinnen, als du mich zu tragen vermagst.«

Gesagt, getan. Gleich hatte der Glarner den Urner auf dem Nacken hocken, und also trug er ihn keuchend, schwitzend und dampfend den steilen Berg hinauf. Schon wollten die Jägerstöcke vor seine Augen kommen, da wurde es ihm plötzlich dunkel; er sank zusammen und war tot. Aber seine Treue und sein Starkmut bleiben im ganzen Schweizerland unvergessen.

Ida von Toggenburg und der Brudermord

Die Grafen von Toggenburg waren ein gar mächtiges Herrengeschlecht, das im Thurtal, um den Säntis und noch weiter herum viel Länderbesitz hatte. Sogar die Stadt Wil gehörte ihnen. Von diesem adeligen Hause wissen die Chroniken zwei recht traurige Geschichten zu erzählen.

Ums Jahr 1170 hauste Graf Heinrich auf der Toggenburg. Er war ein tapferer Herr, aber schrecklich jähzornig. Ida hieß seine treue Gemahlin. Eines Tags kam ihr der Ehering abhanden; denn ein Rabe hatte das goldig glänzende Ringlein durchs Fenster verschleppt. Nun aber fand ein Höfling den Ring, und der Graf sah ihn an dessen Finger. Da wurde er eifersüchtig und weiß vor Wut. Er ließ den armen Menschen, der ihm doch immer treu gedient hatte, am Schweif eines Pferdes totschleifen. Seine Gattin aber, die schuldlose Gräfin Ida, warf er aus der Burg in den Wallgraben hinunter.

Aber Gott war mit ihr; der schreckliche Fall tötete sie nicht. Sie konnte sich aus dem Graben herausarbeiten, doch kehrte sie nicht in die Burg zurück. Sie ging in den Wald, und in einer Höhle suchte sie sich so gut als möglich heimisch zu machen. Jahrelang war sie dort verborgen. Sie nährte sich von Beeren und Kräutern und von den Gaben, die ihr die Hirten zukommen ließen.

Eines Tags nun jagte Graf Heinrich in den Wäldern, in denen die Gräfin lebte. Da fand er, zu seinem Schrecken zuerst, – denn er meinte ein Gespenst zu sehen – und dann zu seiner Freude, die tot geglaubte Gemahlin Ida, deren Unschuld schon bekannt war, und die ihre fromme Ergebung in ihr hartes Schicksal noch besonders bewies. Jetzt wollte er sie gerne wieder auf seine Burg mitnehmen; allein sie war nun eine völlige nur Gott, ihrem Helfer, zugewandte Einsiedlerin geworden, und so zog sie sich für immer nach Fischingen in eine Zelle zurück. Im Jahre 1179 begrub man sie dort. Aber die fromme Gräfin Ida von Toggenburg ist im Volke unvergessen.

Es war darnach gegen die Mitte des dreizehnten Jahrhunderts, da herrschte in diesem hochadeligen Hause Toggenburg der edle und menschenfreundliche Graf Diethelm. Er hatte zwei Söhne, Diethelm und Friedrich, und eine Tochter. Friedrich, der jüngere Sohn, war von sanfter Gemütsart. Diethelm dagegen galt als ein roher, unbändiger Mensch, der es einmal wagte, seinen Vater gefangen zu setzen, ja, der die Ungeheuerlichkeit beging, auf seine Mutter einen Pfeil abzuschießen. Da ließ sich freilich von einem solchen Sohn wenig Gutes erwarten. Wider den Willen der Eltern heiratete er eine Tochter des Grafen von Welschneuenburg, ein ganz böses Weib. Diese wollte nun ihren jungen Schwager Friedrich überreden, er solle sich mit ihrer Schwester verehelichen. Auf den Rat seines Vaters tat er's jedoch nicht, weswegen ihn seines Bruders tückische Frau tief hasste. Und er wurde ihr noch viel verhasster, als ihm der alte Graf das Sädtchen Wil zu eigen gab. Nun reizte sie ihren sowieso unguten Gemahl so sehr, dass er in finsterm Ingrimm beschloss, seinen Bruder zu ermorden.

Da dieser auf einer andern Burg, Rengerswil geheißen, wohnte, waren die Brüder längere Zeit nicht mehr zusammengekommen. Nun lud ihn der verschlagene Diethelm zu sich ein, damit sie sich gründlich versöhnen könnten; es werde auf diesen Tag ein großes Gastmahl geben.

So folgte denn der ahnungslose Friedrich der Einladung und wurde auch gar freundlich empfangen. In der dritten Nacht aber überfielen ihn seines Bruders Knechte. Er wehrte sich und rief den Bruder um Hilfe, bis man ihn ermordet hatte.

Kaum war er tot, ritt Diethelm, um die Toggenburg und die Stadt Wil in Besitz zu nehmen. Aber die Kunde vom Brudermord kam ihm durch flüchtige Diener Friedrichs zuvor, und Burg und Stadt blieben ihm verschlossen.

Die Eltern aber, die das grässliche Verbrechen zutiefst ins Herz und ins Leben getroffen hatte, schenkten die Toggenburg und die Stadt Wil dem Kloster St. Gallen, in dessen Münster man den toten Grafen Friedrich begraben hatte; denn nie und nimmermehr sollte dieser schöne Besitz ihrem ruchlosen Sohn Diethelm und seinem fluchbelasteten Hause zukommen.

Der alte Graf Diethelm und seine Gattin starben bald vor Gram. Ihr unsteter Sohn Diethelm, der Brudermörder, wurde auch von seinem bösen Weib verlassen, da ihn nun das Unglück verfolgte; denn der Kaiser tat ihn in die Reichsacht und der Bischof von Konstanz in den Kirchenbann. So war er verachtet und gehasst, und niemand wollte mehr etwas mit ihm zu schaffen haben.

O hüte dich vor jähem Zorn!
Er ist wie eines Stieres Horn,

Das nicht Vernunft im Zaume hält,
Das jedes rote Tuch anfällt.
Nie lass dem Jähzorn freie Bahn,
Der, ach wie schnell, richt' Unheil an.

Die Gründung der Stadt Bern

Die Herzöge von Zähringen waren tatkräftige Männer. Um die Vorherrschaft des Adels zu brechen, gründeten sie Städte. Die Bürger, die sie drein setzten, statteten sie mit gewissen Freiheiten aus. So entstand auch Freiburg im Üchtland.

Eines Tags nun fragte Herzog Berchtold seine Jagdgenossen, ob sie ihm eine wehrhafte Hofstatt für eine neue Niederlassung wüssten. »Ja, Herr,« antworteten die Jäger, »die Hofstatt im Sack, da wo eure Burg Nideck steht, das wäre ein wohlgeeigneter Platz; die Aare umfließt ihn ja fast ganz.« Es stand dort aber ein alter Eichenwald.

Der Herzog beschlief also den Rat seiner Weidmannen und beschloss alsdann, am angeratenen Ort wieder eine Stadt zu erbauen. Vorher wollte er im dortigen Hochwald unter den uralten Eichen noch einmal jagen. Und als man nun einen großen Bären erlegte, ordnete er an, dass die zu gründende Stadt Bern heißen solle; »denn«, habe er gesagt, »herzhaft und stark wie der Bär soll auch die Bürgerschaft der Stadt sein«.

Also wurde im Jahre 1191 Bern auf des Zähringers Befehl durch Kuno von Bubenberg erbaut. Nach und nach gewann die Bürgerschaft der Stadt immer mehr Vorrechte. Sie kam dazu, Schultheiß und Rat, wie auch ihr Gericht selber zu wählen und anderes mehr. Jeder Bürger musste ein Haus in der Stadt haben. Edle, Freie und Handwerker wohnten da nebeneinander, auch von anderswoher zogen bürgerliche Geschlechter in die Stadt Bern, die so herrlich liegt, und die es bis zur heutigen Bundesstadt gebracht hat.

Der Drache

Seit alter Zeit erzählt man sich, es habe einst, so um Mitte des dreizehnten Jahrhunderts, im Unterwaldnerland ein Drache, oder, wie ihn die Leute auch nannten, ein ungeheurer Lindwurm sein Unwesen getrieben.

Er hielt sich in zerfallenem Gemäuer auf und ließ sich oft im Ried sehen. Zuweilen überfiel er die Viehherden, und die Leute wagten sich nur in Scharen durch seine Gegend; denn niemand vermochte den Drachen zu bezwingen. Die Umgebung des Ungetüms, sonst Wylen geheißen, verödete, und so bekam sie den Namen Odwylen.

Da hörte von der Not seines Volkes auch Struthan von Winkelried, der aus seiner Heimat verbannt war, weil er seinen Gegner im Zweikampfe getötet hatte. Er versprach, den Drachen zu besiegen, wenn er für immer wieder heim dürfe. Man sagte ihm's zu, und er kehrte nach Hause zurück. Alsbald bekleidete sich Winkelried mit einem Harnisch, auch ergriff er einen Spieß, den er vorne mit Dornen umband, die er mit einem Schafsfell umhüllte.

So trat er dem Lindwurm entgegen. Der stürzte sich auf ihn und wollte ihn verschlingen. Aber der tollkühne Unterwaldner bekämpfte ihn, und endlich stach er ihn tot.

Struthan Winkelried aber dankte Gott, und siegesfreudig hob er sein Schwert hochauf und ließ es in der Sonne funkeln. Da rann des Drachen giftiges Blut auf seinen verwundeten Arm nieder, und so musste auch er sterben. Sein Volk aber vergaß seine große Tat, durch die es doch wieder freie Wege und Stege bekam, nimmermehr.

Die Ansiedlung der Gemeinde Davos

Vor Zeiten soll der Freiherr Walter von Vaz in Graubünden ein gar verwegener Jäger gewesen sein. So kam er auf seinen Jagden auch etwa in jene menschenlosen, von Wäldern bedeckten Hochtäler, in denen er die Quellen des reißenden Landwassers vermutete. Er hatte fast immer ein gesundes und umtunliches Jagdgefolge junger Leute, die ihm aus dem obern Wallis zugezogen waren, um sich. Einige dieser Burschen nun, die ihres Herrn Wunsch nach der Auffindung der Landwasserquellen kannten, machten sich also auf und kamen unter großen Mühen in eine gar felsige und urwäldliche Welt, zuletzt in ein ebenes Tal voll Lärchen und Tannen. Dort fanden sie, unweit voneinander, zwei Seen. Als sie wieder zum Herrn von Vaz zurückkamen, berichteten sie ihm von ihrer Entdeckung und priesen dabei jene Gegend gar sehr.

Bald stieg der Freiherr selber in das abseitige Bergtal hinauf, und alsdann beschloss er, es zu besiedeln, und setzte also seine tüchtigsten Leute, seine Jagdgefährten aus dem Wallis, dorthin. Jeder wählte sich sein Land aus nach Belieben, baute drauf seine Hütte und hatte bald auch Frau und Kinder darin. So entstanden die zwölf ersten Höfe der Landschaft Davos.

Alsdann kamen immer mehr Leute in das weite Tal. Es bildete sich eine Gemeinde, und der Landesherr bezog von ihr Lohnzins an Käsen, Schafen und Fischen aus den forellenreichen Seen oder an Geld. Das Talvolk wählte einen Ammann*, und die Freiherren erteilten den Davosern das Recht, ihr Gemeinwesen selber zu regieren.

Heute ist Davos, und schon lange, ein weltbekannter Luftkurort, an dem schon Tausende und Abertausende wieder gesund geworden sind. Aber die einst eingewanderten Leute aus dem Oberwallis, die freien Walser, haben dort und auch anderwärts im Bündnerland, für immer ihre Heimat gefunden.

Von den Ritterzeiten

Einst, lange schon vor der Gründung der schweizerischen Eidgenossenschaft und auch noch ein paar Jahrhunderte darnach, galt vielfach anstatt des Rechts und seiner Ordnung die Kraft und Gewalt des Stärkern. Kaiser und Könige hatten ihre große Not, dem Faustrecht, wie man das hieß, das allgemeine Recht und Gesetz entgegenzustellen. Freilich, die gleichen Rechte für alle Menschen, die uns eine spätere Zeit brachte, um die aber viele Völker bis in unsere Tage hinein blutig ringen mussten und müssen, kannten auch diese Großen, die obersten Landesherren, noch nicht.

* Entspricht etwa einem Bürgermeister

Also in jenen Zeiten gab es im ganzen Abendland Ritter genug, und ein edles Verhalten nannte man ritterlich handeln. Es muss also um dieses Rittertum in seinen Anfängen und in seinem ganzen Wesen etwas Edles, Hochstrebendes, für die menschliche Gesellschaft Wohltätiges gewesen sein. Ein rechter Ritter war ja verpflichtet, sich für das Gute, die gekränkte Unschuld und alles, was nottat und eines Edelmannes würdig erschien, mit seinem Leben einzusetzen. Grafen, Freiherren und Edle dieser und jener Stufe fühlten sich als Ritter. Überhaupt der Adel. Auch im Schweizerland hatte dieser, fast bis hinauf zum ewigen Schnee, seine festen Herrensitze, als Schlösser, Burgen und Burgställe, in denen er sich sicher dünkte, und von wo aus diese Herren Ritter, wie später die Stadtbürger aus ihren Mauern, das Volk ihrer Gegenden versklavten und untertänig machten. Einst lebten die Ritter ihren schönen Ritterpflichten nach. Sie bekämpften das Böse und verteidigten das Gute und waren die großen Beschützer der Frauen. Großes Heldentum zeigte sich da. Ja, sie eroberten zur Zeit der Kreuzzüge, unter unendlicher Mühsal und unter Geringachtung ihres Lebens, mit ihren freien und unfreien Kriegern, Jerusalem im fernen Osten und das heilige Grab Jesu Christi. Aber das Rittertum entartete, so dass es nach und nach allerorts Raubritter gab, die von ihren Burgen aus die freien Bauern beraubten und knechteten, die reisenden Kaufleute überfielen und bestahlen oder zu regelmäßigen Abgaben zwangen. Kein Ross, kein Kälberschwanz war vor diesen vornehmen Wegelagerern mehr sicher, bis etwa wieder ein Kaiser und König oder ein sonstiger mächtiger Fürst kam, der diesen Räubern das Schelmenhandwerk legte, solang's ging, oder bis sich die geschundenen Völker erhoben und sich selber Recht und Ellbogenweite verschafften, wie nachmals die Eidgenossen.

Ich will euch aber noch ein wenig erzählen, wie man Ritter werden konnte.

Also das begann fast von Kindsbeinen an. Nämlich, man verbrachte einen Knaben adeligen Stamms auf die Burg eines andern Herrn vornehmer Abkunft. Hier hatte er als »Bube« die Anfänge der Rittertugenden zu erlernen und zu üben. Er musste Herren und Frauen dienen. Da konnte er sich im Sport des Gehorchens üben; denn, sagten sich wohl die Ritter, wer nicht recht gehorchen lernt, lernt auch nie recht befehlen. Und da ist viel Wahres dran. Auch konnte sich der Junge besonders im Rittersport des Maulhaltens üben, was ein anspruchsvoller, aber gar dankbarer Sport ist. Kaum war der »Bube« etwa 14 Jahre alt, erhielt er ein Schwert, und nun hieß er Knappe. Jetzt hatte er immer um seinen Herrn zu sein, sei's auf der Jagd oder gar bei Turnieren, wie man die spielerischen Zweikämpfe oder Duelle zwischen den Adeligen hieß. Aber in der Schlacht musste er erst recht bei seinem Ritter sein. Da gab's Anlass genug, zu zeigen, wes Fadens man sei und ob man sich für diesen blutigen Sport des Dreinhauens eigne. Bei solcher Gelegenheit, oft gleich nach dem Kampf oder nachher bei feierlichen Turnieren und dergleichen bekam alsdann der verdiente Knappe den Ritterschlag. Er hatte hiefür niederzuknien, und ein Ritter schlug ihn dreimal mit dem Schwert sanft auf Nacken und Schultern, worauf er mit Handschuh, Panzer, Helm und Sporen ausgerüstet wurde. Er hatte ein Ross zu besteigen und erhielt auch Wappenschild und Lanze.

Das war ja ganz schön und brachte dem jungen Ritter große Möglichkeiten für das damalige Leben und bei jenem geltenden Herrenrecht. Er konnte sich im Guten wie im Bösen auszeichnen, aber gewiss konnte er den Großhans machen.

Die andern Leute aber, die sich nicht als freie Bauern zu behaupten verstanden, die wohl Kraft und Mut besaßen, aber die Übermacht und also das Glück gegen sich hatten, oder die nicht als erstarkende Bürgerschaft, hinter hohen städtischen Mauern, sich nach und nach völlig frei, ja selber zu landbeherrschenden Tyrannen zu machen wussten, diese andern Leute waren und blieben eben den vielseitigen Großhansen gegenüber die zaghaften Kleinhanse. Sie waren ihnen mit Gut und Blut als Leibeigene, als Hörige ausgeliefert. Nur wenige zinspflichtige Bauern hatten es auf Lehengütern erträglicher. Es galt demnach das Wort: Willst du nicht mein Sklave sein, schlag ich dir den Schädel ein! Also auch in unfern alemannischen Landen gab es solche Ritter und Herrenburgen im Überfluss. Es war für die Völkerschaften keine erfreuliche Zeit, und es ist heute über das Rittertum eben kurzweiliger zu lesen, als es einst zwischen ritterlichen und aber auch städtischen Zwingburgen zu leben war.

Graf Rudolf von Habsburg

Jetzt aber möchte ich doch von einem Ritter erzählen, der unter so vielen minderwertigen seiner Tage eine wirkliche Zierde der Ritterschaft war und der, wie man so sagt, hunderte von nichtswertigen wettmacht.

Also Rudolf von Habsburg, der auf seiner Burg im fruchtbaren Aargau saß, war ein vorsichtiger, weiser und gerechter Herr. Eines Tages, als er auf der Jagd und hinter einem schweißenden Hirsch her sein mochte, traf er an dem Flüsslein Reppisch einen alten geistlichen Herrn. Es war der Leutpriester von Dietikon, der mit dem Allerheiligsten zu einem Sterbenden wandern wollte. Aber der kleine Fluss war hochangeschwollen und weckleingelb. So konnte es der greise Priester nicht wagen, das Wildwasser zu durchwaten.

Kurzentschlossen sprang Graf Rudolf, da er die Not des Geistlichen, der doch einem Todkranken das Abendmahl bringen sollte, sah, vom Pferd. Ohne weiteres half er dem Alten auf den Sattel, und nun vermochte dieser mit dem starken Gaul gar wohl durchs Hochwasser zu kommen, und so gelangte er denn auch zu seinem Ziel.

Am Morgen darnach führte der Priester das Ross dem Grafen wieder auf sein Jagdschloss zu, sich vielmals bedankend. Aber der Habsburger sprach: »Bewahre Gott, dass ich oder jemand aus meinen Leuten dieses Ross fürderhin reite, da es doch das Allerheiligste getragen hat. Wollt Ihrs, ehrwürdiger Vater, nicht für Euch selber brauchen, so verwendet es im Dienste Gottes, denn ich habe es dem gegeben, von dem ich Leib und Seele, Gut und Ehre und alles, was ich bin, zu Lehen habe.«

So behielt denn der geistliche Herr das schöne Pferd, und, indem er den Grafen segnete, wünschte er ihm alles Gute und verkündete sein Lob landauf und landab.

Die zwölf Schimmel und die unheimlichen Fässer

Graf Rudolf von Habsburg war aber nicht nur ein gottesfürchtiger und gerechter, er war auch ein überaus kluger, ja listiger Herr. Er verstand es fuchsartig gut, diesem und jenem aufgeblasenen Turmfalken Hühner und Hennen vorwegzunehmen. Also gelang es ihm nach und nach, seines Hauses Herrlichkeiten gewaltig zu vermehren. Besonders dem Freiherrn Lütolf zu Regensberg, der um die Stadt Zürich herum zu Berg und Tal seine Burgen hatte, womit er das aufstrebende Gemeinwesen arg einschnürte, stellte er ein Bein, wo er konnte, und luchste ihm einen Besitz um den andern ab. Hiefür hatte er klugerweise das Bündnis, das die Zürcher dem Regensberger feierlich, aber vergeblich angetragen haben sollen, mit ihnen abgeschlossen, zu gegenseitiger Hilfeleistung.

Es war aber keine geringe Sache, dem mächtigen Freiherrn von Regensberg, der dazu eine starke adelige Verwandtschaft hatte, beizukommen. Mit Gewalt ließ sich nicht viel ausrichten. Aber da half nun der Graf sich und den mit ihm verbündeten Zürchern durch seine Schlauheit.

Nachdem er die Burg Baldern gewonnen, galt es auch die Ütliburg zu nehmen. Sie stand zuoberst auf dem Ausläufer des Albis, hoch über Zürich, da, wo einst die Helvetier vom See her ihre letzte Zuflucht hinter Erdwällen suchten. Diese Burg war jedoch ihrer Lage wegen fast nicht zu erobern und zudem von einem ansehnlichen Tross von Reitern des Regensbergers bewacht. Gar oft ritten diese freiherrlichen Dienstmannen aus, um in den Wäldern zu jagen oder irgendwo im Tal auf einen guten Fang zu lauern. Am liebsten taten sie aber den Zürchern Abbruch, wo sie konnten.

Was machte nun Graf Rudolf? Er hatte auch gehört, dass die Burgbesatzung fast täglich auf zwölf milchweißen Schimmeln ausritt; also begab es sich, dass er eines Abends mit ebenfalls zwölf weißen Rossen, denn auch er hatte eins unter sich, auf den Ütliberg ritt, von dem aus man fast das ganze Ringsum der Schneeberge unseres Vaterlands sehen kann. Es war ihm aber nicht um die Aussicht zu tun, sondern er versteckte sich mit seinen elf Reitern, denen noch eine Schar behender Zürcher nachstieg, auf der zugänglichen Seite der stolzen Hochwacht, der Ütliburg. Da mussten sie so freilich übernachten und warten bis gen Mittag des andern Tags.

Dann aber tat sich auf einmal das Burgtor auf, und es ritten die zwölf Reiter des Regensbergers auf ihren Schimmeln, guter Dinge, aus dem Gemäuer, und bald verloren sie sich unterhalb in den Waldungen.

Wie sie nun weit genug weg waren, brach Graf Rudolf flugs mit seinen Reitern aus dem Busch, und also jagten sie, so schnell es bei dem unwegsamen Berggelände ging, auf die Ütliburg zu. Hinter ihnen her aber rannten mit großem Geschrei die Zürcher, die sich ja über Nacht mit verborgen hatten.

Jetzt dachten die in der Burg zurückgebliebenen Burgknechte nichts anderes, wie sie die zwölf Reiter auf ihren schneeweißen Rossen dahersprengen sahen, als es sei ihr eigener Reitertross, hinter dem eben die Zürcher, die ihnen wohl aufgelauert hätten, her wären. So machten sie denn das Burgtor sperrangelweit auf, und im Galopp schossen der Habsburger und seine Reitgenossen in den Hof hinein.

Heijo, jetzt merkte der Torwart, dass er diesmal den Riegel zu früh zurückgestoßen hatte, aber, bevor er sich darüber Gedanken zu machen vermochte, war ihm der

Kopf glatt abgeschlagen, und nun stürmten auch noch die Zürcher in die Bergfeste hinein. So hatte man auch die Ütliburg gewonnen, was man bald darnach in der Stadt unten merkte; denn die brennende Burg leuchtete in alle Lande hinaus.

Aber noch war das Städtchen Glanzenberg an der Limmat, unterhalb Zürich, sowohl dem Grafen Rudolf als auch den Bürgern Zürichs ein Gräuel, da es den Kaufleuten und jedermann den Weg gen Basel und ins Reich verlegte und eben eine Zoll-, ja Pfandstätte war, wo man allenfalls recht ungebührlich gerupft werden konnte. Zu gerne hätte es der Graf zerstört, um die Freiherren von Regensberg, denen es zugehörte, zu schwächen. Jedoch mit Gewalt war dem festen Städtchen, das wie ein Wasserhuhn halbwegs im Schilf der Limmat zu nisten schien, nichts anzutun. Nun, so probierte man's auch hier mit List.

So fuhren denn eines Tags die Zürcher mit einigen ansehnlichen Weidlingen*, die allerlei Waren an Bord hatten, vor allem auch eine ganze Anzahl Weinfässer, die Limmat hinunter. Wie sie nun gegen das Städtchen Glanzenberg kamen, dort wo der Fluss zügiger wird und wendet, erhoben die zürcherischen Ruderknechte ein Mordsgeschrei; denn es waren ihnen einige Kisten und Körbe ins Wasser gefallen, und es schien, als ob die rasche Limmat auch die Schiffe zum Sinken bringen könnte, da sie wohl zu sehr beladen waren.

Jetzt hatte man im Städtchen die helle Freude an diesem Pech der ungern gelittenen Zürcher. Man gedachte hier einen guten Fang zu tun, und alles freute sich mächtig auf die vollen Weinfässer. Man tat also das Tor des Städtchens so weit als möglich auf, und die Stadtknechte des Regensbergers, sowie das wenige Volk, stürzten sich hinaus, und

* Kähne

alles rannte am Ufer hinauf, um die schlanken Weidlinge der schreienden und fluchenden Zürcher mit Haken, Rechen und dergleichen ans Ufer zu ziehen. Ei, das sollte einmal ein großartiger Fischzug werden.

Kaum aber waren sie daran, sich mit den landenden Ruderknechten herumzuschlagen, so sprangen die Deckel der Weinfässer in den Schiffen unversehens auf, und hinaus schlüpften und hüpften gar flink die geschicken Zürcher, 's Donnerwetter, wie machten da die Glanzenberger Augen! Aber es half ihnen nichts mehr, dass sie sich vor dem Grimm der Zürcher in ihr offenes Städtlein zurückretten wollten; von dort heulte es jetzt ebenfalls gottsjämmerlich auf; denn unterdessen war der schlaue Habsburger, der sich mit seinen Reitern im Unterholz versteckt gehalten hatte, durchs offene Tor in ihr Wassernest eingebrochen. Die kleine, talsperrende Feste wurde rasch eingenommen und alsdann verbrannt. So ging auch dieses letzte Bollwerk vor Zürich den Freiherren von Regensberg verloren. Ja, es kam schließlich so weit, dass der letzte Herr auf Regensberg froh sein musste, von den Zürchern ins Burgrecht der Stadt aufgenommen zu werden, welcher doch einst seine Ahnen so gefährlich gewesen waren.

Der Kaiser, der Gerber und die Bäckersfrau

Graf Rudolf von Habsburg, dessen Geschlecht das große Kaiser- und Königreich Österreich-Ungarn bis nach dem Weltkrieg von jüngst beherrschte, brachte es also bis auf den Kaiserthron des deutschen Reichs; denn man wollte einen klugen und tatkräftigen Gebieter haben.

Als Graf Rudolf nun Kaiser war und eines Tags durch seine Reichsstadt Basel ritt, erblickte er einen Weißgerber, der sich eben mit einem stinkenden Kuhfell herumplagte. Leutselig grüßte ihn der hohe Herr und sagte lachend zu ihm: »Nicht wahr, das würde dir besser gefallen, hundert Marken Einkünfte und eine brave, hübsche Hausfrau dazu zu haben, als diese stinkenden Häute zu gerben?« – »Herr,« antwortete der Gerber, »ich danke Euch für die gute Meinung, aber ich habe, gottlob, beides schon.« Das ist schwer zu glauben, dachte der Kaiser, und also hielt er den Weißgerber für einen Schalk und Prahler, und er beschloss, ihn in seinem Heim zu besuchen.

Der aufrechte Handwerksmeister war aber auch nicht auf den Kopf gefallen. Er merkte des Kaisers Absicht wohl, ging heim und richtete in Haus und Hof alles für den hochherrschaftlichen Besuch ein. Und richtig, als Kaiser Rudolf plötzlich, wie hereingeschneit, mit seinem Gefolge bei ihm erschien, fand er des Weißgerbers Haus und Heim gar prächtig herausgeputzt. Die gute Stube sah völlig festlich aus, und der lange Tisch war über und über mit den besten Speisen bedeckt. Auch der Gerber selber und seine schöne Frau hatten sich in Samt und Seide gekleidet, und die Frau Gerbermeister glänzte von Schmuck wie ein Kirchenleuchter.

Da sah der Kaiser nun wohl, wie reich der Baslerburger war, den er im schäbigen Arbeitsgewand sein wenig verlockendes Geschäft hatte verrichten sehen. »Wie kann denn ein so reicher Mann,« rief er verwundert aus, »ein so übel riechendes und schmutziges Handwerk treiben?!« – »Herr,« gab der Weißgerber bescheiden zurück, »Ihr seht, wie wohlhabend mich dieses Gewerbe gemacht hat. Den Schmutz kann man abwaschen. Wäre es also besser, ich würde müßig gehen? Der Müßiggang aber macht arm, und die Armut lässt sich nicht so leicht abwaschen.«

Der Kaiser freute sich des redlichen, fleißigen Handwerkmannes und lobte ihn laut vor seinem vornehmen Gefolge.

Es gibt aber noch ein fröhliches Geschichtlein von diesem Kaiser Rudolf, dem Habsburger.

Einst, als er in der Stadt Mainz am Rhein Hoflager hielt, ging er, wie er so etwas öfters tat, als ein schlichter Lanzknecht angezogen, durch die Stadt, um da und dort nachzusehen, wie's die Leute treiben und ob alles seinen rechten Weg gehe. Er fing aber bald zu frieren an; denn es war bitter kalt und Bein und Stein gefroren. Ohne Weiteres trat er also in eine Bäckerei und stellte sich mit dem Rücken an den Ofen, um sich gründlich zu wärmen.

Doch die Bäckersfrau, die eben dazu kam, wollte das durchaus nicht dulden. »Geh, troll dich weiter, du schäbiger Hund!« schnauzte sie den Kaiser an, den sie für einen gemeinen Kriegsmann hielt, »geh, mach dich fort zu deinem Bettlerkönig, der mit seinen Reisigen, Knechten und sonstigen Fresssäcken das ganze Land aufzehrt. Und wenn du dich nicht gleich drückst«, kreischte sie auf, einen Zuber aufnehmend, »so gieße ich dir den ganzen Kübel voll eiskalten Wassers über deinen lausigen Kopf!« Und als nun der Kaiser und König sich gar auf die Ofenbank niederließ und keineswegs tat, als ob er gehen wollte – denn ihn belustigte das schimpfende Weib –, so bekam er richtig den Zuber voll eiskalten Wassers über den Kopf und seine ganze Person, so dass er troff wie ein Dach im Tauwetter. Nun aber erhob er sich schweigend, kehrte in sein Lager zurück und kleidete sich um.

Als er nun zu Tische saß, erzählte er sein Abenteuer und stimmte in das Gelächter der andern herzhaft ein. Dann aber nahm er eine umfängliche Flasche feinsten Weins und schickte sie, und dazu noch eine große Schüssel mit den wohlmundigsten Gerichten von der Hoftafel, durch seine Diener zu der groben Bäckersfrau. »Geht«, sagte er, »tragt ihr das alles mit meinen Grüßen zu und sagt ihr, das sende ihr der alte Kriegsknecht, dem sie am Morgen so gastfreundlich den Kopf gewaschen habe, und er lasse sich für das erfrischende Bad schön bedanken.«

Man kann sich denken, was das böse, ungastliche Bäckersweib für ein Gesicht aufsetzte, als sie vernahm, wem sie am Morgen mit einem so eiskalten Regen aufgewartet hatte. Sie bekam's mit einer wahren Todesangst. So rasch sie konnte, eilte sie ins Hoflager und warf sich dem Kaiser, Verzeihung erflehend, vor die Füße.

Der gutgelaunte, großzügige Herrscher verzieh ihr, jedoch machte er hiefür zur Bedingung, dass sie noch einmal alles das sagen musste, was sie ihm am Morgen zugeschrien hatte.

Das ging ihr übel ein; aber der Kaiser gab sie nicht los, und gern oder ungern musste sie dranhin, und wo sie in ihrer Schimpferei ein Wort vergessen hatte oder vergessen wollte, half er ihr wacker nach.

Heißa, hatten da die vornehmen Kriegsleute im Lager ein ungewohntes Freudlein! Sie wollten sich kranklachen. Das Volk aber, als es dieses Stücklein seines gnädigen

Herrn vernahm, freute sich seiner Einfachheit und seines guten Herzens.

Wackerbold

Einst war es so: Wenn einer im alten Zürich seine Mitbürger mit Maß und Gewicht betrog oder sonst einen Frevel beging, der keine schwere Strafe am Leibe nach sich zog, so kam er wenigstens in die Schnelle. Dies war ein Korb, der an einem Galgen hing, an dem man mit einem Strick »auf und ab« mit ihm spielen konnte. Unter der Schnelle befand sich immer eine größere Pfütze. Wer nun in diesen Korb zu hocken kam, musste sich von jedermann angaffen, hänseln und, kurz, mit Schimpf und Spott behandeln lassen. Man gab ihm weder zu essen noch zu trinken; dagegen konnte, wer's auf der Schnelle nicht mehr aushielt, ungehindert herabspringen und sich davon machen. Dabei musste er in die unter der Schaukel liegende Dreckgumpe hineinpurzeln, wobei er auch nicht gut wegkam.

Da war denn einmal ein Bäcker in der Stadt Zürich, der seine Brotlaibe immer zu leicht machte und so die armen und die reichen Leute betrog, ärger als ein Milchfälscher; denn das Brot ist das Wertvollste, was wir in unsern Ländern zu essen bekommen. Dieser Bäcker hieß Wackerbold. Schon öfters hatte man ihn bestraft, aber er wollte sich nicht bessern. Endlich kam's dazu, dass man ihn auf die Schnelle setzte. Wie er nun so im Korb kauerte und mit ihm, aber nicht freudvoll, hin und her schaukelte, strömten die Leute herbei und machten sich über ihn lustig, und zwar trieben sie's so übermütig, dass es der unredliche

Bäcker auf der Schnelle nicht länger aushielt, und also ließ er sich in die kotige Lache plumpsen. Wie er sich dann aber pustend und schnaubend aus dem schmutzigen, übel riechenden Wasser herausmachte und triefend nass nach Hause eilte, ging der Tanz der Umstehenden erst recht los. Bis in seine warme Bäckerstube hinein verfolgte den Erzschelm das Hohngelächter der Stadt.

Und nun saß er daheim und brütete seitdem alleweil darüber, wie er der Stadt, die ihm also und freilich nach Gebühr mitgespielt hatte, etwas recht Böses zu Leid tun könnte. Und eines Tags wusste er, was er wollte. Er füllte sein Haus von oben bis unten mit Holz an, was niemandem bei einem Bäcker weiter auffallen konnte. Und alsdann, in einer finstern, recht stürmischen Nacht zündete er das Holz an.

Mit einem Mal brannte das Haus lichterloh, und der Sturm jagte gar bald die Flammen und brennende Schindeln über die Dächer hin. Niemand vermochte dem Feuer zu wehren; die Stadt Zürich verbrannte vom Niederdorf bis zum Oberdorf.

Wackerbold aber hatte sich auf und davon gemacht.

Auf dem Zürichberg begegnete ihm eine Frau. Diese fragte ihn: »Weshalb fliehst du hinweg, während doch alle andern Leute der Stadt zu Hilfe eilen, dem Feuer zu wehren?« Da erwiderte er: »Weib, sag' denen von Zürich, ich, der Wackerbold, habe das Feuer angemacht; denn als ich aus dem Korb in den Morast gefallen sei, habe ich mich wieder waschen müssen, und nun habe ich dieses Feuer angezündet, um mich zu trocknen. Wenn sie jetzt weinen, so mögen sie sich erinnern, dass sie damals über den gelacht haben, der sie nun zum Weinen bringt.«

Niemand hörte mehr etwas von diesem rachsüchtigen Unhold.

Die Herkunft der Schwyzer und anderer Schweizer Stämme

Da wollen wir nun hören, wie die alte Chronik diese Sage zu erzählen weiß: Es war im Lande gen Mitternacht eine große Hungersnot. Da beschloss die Landsgemeinde, dass jeder zehnte Mann die Heimat mit Weib und Kind verlassen müsse. Also zogen sie in drei Haufen, unter drei Häuptlingen, sechstausend streitbare, riesenhafte Männer, hinaus in die Welt, und zwar südwärts. Sie schlugen sich durch die deutschen Stämme der Franken am Rhein, von denen sie viel Raub mitnahmen. Endlich kamen sie an einen See im finstern Wald, wo eine gebrochene Burg stand und eine Fähre am Wasser war. Und da ihnen die Gegend gefiel, verblieb ein Teil des Volkes im Tal vor den Hakenbergen, und da sich dessen Anführer, Swyt und Schei, über den Namen ihrer neuen Heimat nicht einigen konnten – jeder wollte, dass sie nach ihm heiße – gerieten sie mit dem Schwert gar hart aneinander, und also erschlug Swyt seinen Bruder Schei. Nun heißt das Tal bis auf den heutigen Tag nach jenem sagenhaften Häuptling Schwyz, wovon nachher der ganze Kanton und gar auch noch die Eidgenossenschaft ihren Namen erhielt.

Die zwei andern Häupter des Wandervolkes, Rumo und Resti aber, so berichtet die Chronik, zogen mit ihren Stämmen über den See. Rumo soll Stans gebaut und das Unterwaldnerland bis an den Brünig, den man den schwarzen Berg hieß, und das Gebiet bis ins Entlibuch besiedelt haben. Ja, Resti sei gar mit über tausend Leuten ins Weißland, dahin, wo auf das Oberhasli die Schneeberge hinunterdräuen, gezogen. Diese drei Stämme aber seien, so erzählt man sich seit alter Zeit, aus dem hohen Norden, aus Schweden gekommen.

Die Landvögte

Lange, lange Zeit saßen nun die Bewohner der drei Länder, die Urner, die Schwyzer und die Unterwaldner um ihren so wunderlich verzweigten, herrlich-grünen Bergsee. Aber sie hatten, man weiß heute nicht mehr warum, vielleicht weil sie dem tiefen Wasser und seinen Tücken nicht so ganz trauten, ihre Dörfer, Schwyz, das einst Kilchwegen hieß, Altdorf und Stans, nirgends hart an den See, sondern eine artige Spannweite davon weg gebaut. Jedoch hatten sie überall ihre Haben oder Hafen, zu Brunnen, zu Flüelen und zu Stansstad und Alpnach. Und alle diese jungen Dorfschaften umgaben keine Mauern, denn die Leute dieser Täler waren nicht gerne eingesperrt. Sie brauchten gehörig Ellbogenweite und dachten: Was soll ich mich in ein enges Wams einschnüren, wenn's mir hemdärmlig wohler ist! So gab es denn und gibt's bis heute in den Urständen der Schweiz keine ummauerten Ortschaften oder Städte.

Eines Tags aber schickten die österreichischen Herzoge ihre Vögte als Statthalter in die Länder um den Bergsee, da sie diesen das gleiche Joch aufzulegen gedachten wie ihren Nachbarn unten am See, von Luzern an über noch viele Landschaften, über ein gar ausgedehntes Gebiet, über den Zürcher- und Bodensee hinaus. Obwohl noch diese und jene großen Herren, wie die Grafen von Lenzburg, und reiche Klöster, wie das Fraumünster in Zürich, gar vielen Eigenbesitz in diesen Bergtälern hatten, und obschon ihnen viele Talleute hörig oder doch zinspflichtig und nicht völlig frei waren, gab es doch, vorab im Lande Schwyz, immer noch freie Bauern, die niemandem als dem Reich, d.h. dem Schirm und der Herrlichkeit des deutschen Kaisers unterstellt zu sein meinten. Und da man ein Feuerhorn in weiter Ferne nicht zu stark scheut, so machten sie sich wohl auch aus dem Kaiser nicht übermäßig viel und gingen unbehindert und aufrecht ihre Wege. Auf diese altgefreiten Bauern und Herrenbauern aber hatten es nun die Herzöge von Österreich als die Herren der gar nahen österreichischen Vorlande, abgesehen. Sie wollten sich dieselben erst gefügig und alsdann mit all den drei Ländern für immer untertänig machen.

Das merkten aber die Leute um den See der Waldstätte gar wohl; doch sie hatten sich und ihre Augen und Zungen in der Gewalt, was noch weit mehr wert ist und vermag als ein Knüttel mit hundert eisernen Zacken. Sie blieben ruhig, verstellten sich und dachten: Kommt Zeit, kommt Rat.

Nämlich, um die freien Bauern völlig unterzukriegen, setzte man ihnen Vögte ins Land, und zwar auf Burgen, die man hiefür hatte erbauen lassen. In diesen kleinen Festungen hielten sich die Landvögte für wohlgeborgen, und von diesen Burgen aus plagten sie das untertänige Volk und wollten sie auch die Freien mürbe machen und knechten.

Wie sie mit diesen umgingen, davon wollen wir wenigstens zwei Stücklein erzählen.

Im Melchtal, in Unterwalden, wohnte ein redlicher, betagter Landmann, Heinrich an der Halden. Dessen Sohn Arnold, der sich in etwas verfehlt haben sollte, gedachte nun der Landvogt von Unterwalden, namens Beringer von Landenberg, zu strafen. Er schickte seine Knechte aus, die eben dazu kamen, wie der alte Heinrich an der Halden mit seinem Sohn zwei starke Ochsen an den Pflug spannte. Gleich wollten die Knechte des Vogts, seinem

Gebot folgend, die Ochsen als Strafe für die Verfehlung Arnolds wegnehmen. Wie sie aber daran gingen, dieselben auszuspannen und dazu gar spöttelten: »Wenn die Bauern Brot essen wollen, so mögen sie den Pflug selber ziehen«, ließ Arnold dem einen der Knechte seinen Stecken also über die freche Hand sausen, dass er ihm einen Finger abschlug. Alsdann machte er sich über Berg und Tal davon, denn der Landvogt sollte ihn nicht so leicht erwischen. Er soll nach Uri zu seinem Vetter Walter Fürst geflohen sein.

Da sagte der Vogt Landenberg: »Zwar ist mir der Junge draus; henun, so pack ich den Alten!« So ließ er den Heinrich an der Halden, den Vater, gefangen nehmen. Und da ihm der Greis nicht angeben konnte noch wollte, wo der Sohn sei, beraubte er ihn nicht nur der Ochsen, er ließ ihm sogar die Augen ausstechen. Das ganze Land entsetzte sich, aber man biss einstweilen nur die Zähne grimmig zusammen und machte eine Faust im Sack und dachte: Wart nur, Tyrann, bald bist du alt genug!

Aber Uri und Schwyz hatten auch ihre Vögte. Der böseste und mächtigste hieß Hermann Geßler von Brunegg. Bald saß er da, bald dort in seinen beiden Vogteien; aber in Küssnacht soll er seine feste Burg gehabt haben. Auch hatte er, wie der Landenberg, noch Untervögte. Sie mussten ihm das Volk dienstbar machen helfen.

Eines Tags ritt dieser Geßler durch das Dorf Steinen, das im anmutigen, von der Rigi-Hochfluh überwachten Tal des Lowerzerseeleins liegt. Als er zum neuen Hause Werner Stauffachers, des Landammanns* von Schwyz, kam und diesen just auf dem Bänklein an der Hausmauer sitzen sah, hielt er bei ihm an und fragte ihn, wem das neue Haus gehöre. Da antwortete der schlangenkluge Stauffacher, der

* Vorsteher eines »Standes«, d.h. einer Region die man später Kanton nannte

sich ehrerbietig erhoben hatte, bescheiden: »Herr, dieses Haus ist, nächst Gottes, meines Herrn, des Kaisers und Euer und mein Lehen.« Geßler aber erwiderte: »Ich bin an meines Herrn, des Königs Statt, Regent im Lande; ich will nicht, dass die Bauern Häuser bauen ohne meine Bewilligung und leben, als wenn sie Herren wären.« Und finstern Angesichts ritt er davon.

Den Stauffacher stach diese harte Rede ins Herz; er fühlte, dass ihr Schlimmes nachkommen möchte. Seine Frau Margarete Herlobig aber machte sich hinter ihn, nachdem sie des Vogts Worte vernommen hatte, und sagte zu ihm: »Lieber Mann, du weißt, wie mancher Biedermann in den Ländern über des Vogts grausames Joch klagt. Beratet Euch, wie Ihr Euch schützen könnt. Gott wird Euch nicht verlassen. Hast du nicht vertraute Leute in Uri und Unterwalden?« — »Ja, ich habe solche,« entgegnete Stauffacher.

Und eines Tags machte er sich auf und ging ins Land Uri. Dort beriet er sich mit Walter Fürst und dem flüchtigen Arnold von Melchtal, wie man die drei Länder aus der Gewalt der Vögte und Österreichs zu bringen vermöchte. Also wissen Chronik und Sage zu berichten.

Der Schwur im Rütli

Immer schwerer begann das Joch der Vögte das Volk der drei Länder zu drücken. Die Abgaben und Fronen für die Unfreien vermehrten sich; aber auch die vormals freien Bauern und Eigensassen kamen nach und nach unter die Fuchtel der österreichischen Zwingherren, so dass ihnen angst und bange wurde um die alten Freiheiten. Sie trugen es lange. Als es immer schlimmer wurde, taten sie sich da und dort heimlich zusammen und hielten Rat, wie man sich der Bedränger erwehren könnte. Die Landvögte merkten wohl auch, dass etwas gegen sie ging; aber sie lachten der Umtriebe und fühlten sich mit ihren stark bewaffneten Knechten und in ihren Burgen völlig sicher. Der Untervogt auf der Insel Schwanau im Lowerzersee soll sogar ein Mägdlein von Arth, das ihn einfach nicht liebhaben wollte, eingekerkert haben. Und als es doch nichts von ihm wissen wollte und er es quälte ohne Ende, sprang es in den See und ertrank. Dieses und gar vieles andere Böse machte aber das Maß übervoll.

Werner Stauffacher von Steinen, dieser vor allen andern Talleuten der drei Länder tatkräftige und umsichtige Mann, veranlasste hinterrücks Zusammenkünfte, und zuletzt beschloss man, auf der stillen, einsamen Waldwiese, die man das Rütli heißt und die der See unter dem Seelisberg so schön umfasst, in der Nacht des schwyzerischen Landespatrons St. Martin, im Jahre 1307, zusammenzukommen.

Als es nun völlig zugenachtet hatte, fuhr Landammann Werner Stauffacher mit zehn Genossen im Kahn so geräuschlos als möglich über den See, während von Uri her Walter Fürst mit ebensovielen Getreuen aus den Flühen aufs Rütli herabstieg. Dort trafen sie Arnold von Melchtal schon anwesend, mit seinen zehn Begleitern aus Unterwalden nid* dem Wald.

Also taten sie sich zusammen und ratschlagten, wie sich ihre Not mit den Landvögten abstellen ließe. Sie kamen überein, diese am kommenden Neujahrstag in allen drei Ländern gleichzeitig anzugreifen und ihre Burgen und damit auch die österreichische Herrschaft für immer abzustellen. Was sie dem Reich und seinem Kaiser und was

* Unterhalb (daher der Name Nidwalden)

Unfreie unter ihnen und Zinspflichtige andern Herren schuldig seien, hätten sie zu halten, aber niemand brauche länger der Landvögte von Österreich Joch zu tragen.

Und dann schwuren sie sich das alles mit einem heiligen Eid zu.

Gar schön hat das ein großer deutscher Dichter, dessen Herz ganz bei den Eidgenossen auf dem Rütli war und der nun einen naturgesetzten Denkstein am Berg vor der stillen Wiese hat, gesagt, wie es die Urväter damals meinten: »Wir wollen sein ein einzig Volk von Brüdern, in keiner Not uns trennen und Gefahr. Wir wollen frei sein wie die Väter waren, eher den Tod, als in der Knechtschaft leben! Wir wollen trauen auf den höchsten Gott, und uns nicht fürchten vor der Macht der Menschen!« Und als die Männer der drei Länder den Bund geschworen hatten, nach welchem sich die Schweizer für alle Zeiten Eidgenossen nennen, kehrten sie still in ihre Heimstätten zurück und rüsteten heimlich auf den Tag der Befreiung.

Aber es gibt wohl keinen Schweizer und Eidgenossen, der nicht einmal wenigstens in seinem Leben auf dem Rütli, das jetzt der schweizerischen Jugend gehört und geweiht ist, gestanden haben möchte. Und nie fährt ein Schweizerknabe oder ein Schweizermädchen an dem lieblichen Gestade des Hochgebirgs vorbei, ohne laut oder leise zu singen:

»Von ferne sei herzlich gegrüßet,
Du stilles Gelände am See!«

Der Tell und die Befreiung der Waldstätte

In jenen Tagen lebte zu Bürglen im Lande Uri ein weitum bekannter Schütze, der Tell genannt. Dieser Mann liebte die Freiheit über alles, und deswegen hasste ihn der Landvogt Geßler.

Eines Tags ließ der Vogt zu Altdorf eine Stange aufstellen und einen Hut dran hängen. Auch stellte er Wächter dazu, die Obacht geben sollten, ob jedermann seinem Gebote nachkomme; denn er hatte auskünden lassen, das Volk müsse sich vor dem Hute auf der Stange tief verneigen, als wäre es der Kaiser selbst. Da kam eines Morgens auch der Schütze Tell, die Armbrust auf der Schulter, mit seinem Knaben nach Altdorf gegangen. Er tat aber, als sähe er Hut und Stange nicht, und aufrechten Ganges wollte er daran vorbeischreiten.

Die Wache vertrat ihm den Weg und hielt ihn an. Und siehe da, eben kam der Landvogt Geßler dahergeritten, mit seinem bewaffneten Gefolge. Wie er nun vernahm, dass der Tell dem Herrenhute auf der Stange die Ehre nicht erwiesen hatte, wurde er voll grimmigen Hasses gegen den Urner Schützen. Er ließ sich kurzerhand einen Apfel bringen, und nun gebot er dem Tell, zum Entsetzen der herbeigeeilten Dorfleute, seinem Knaben den Apfel vom Haupt zu schießen.

Wohl bat jetzt Tell um Gnade, aber der Vogt bestand hartnäckig auf dem Schuss; Tells Knaben aber hatte man schon mit dem Apfel auf dem Kopfe unter eine Linde gestellt. Das sah der Vater mit Schrecken; aber als er nochmals umsonst des Vogtes Herz zu erweichen gesucht hatte, packte er seine Armbrust, flehte aus seinem Innersten zu Gott um Beistand, und jetzt stand er zielend wie ein Mann aus Stein und, ha! — der Apfel fiel von seines Knaben Haupt und war mitten durchgeschossen. Das Volk jauchzte auf wie toll vor Freude.

Aber Geßler, der bemerkte, dass der sichere Schütze noch einen zweiten Pfeil aus seinem Göller* genommen hatte, fragte ihn jetzt mit bösen Augen, warum er das getan habe. »Herr«, antwortete ihm da der Tell zornglühend, »hätte ich mit dem ersten Pfeil mein Kind getroffen, deiner hätte ich mit dem zweiten gewiss nicht gefehlt!«

Diese kecke Rede wurmte den Landvogt gar sehr. Er ließ den Tell binden. Man nahm ihn mit nach Flüelen, und dort schiffte ihn Geßler mit sich ein. Er wollte mit seinen Edlen und Knechten nach Küssnacht fahren und dort den freiheitssüchtigen, gefährlichen Schützen für immer in ein finsteres Verließ werfen lassen. Als sie nun auf dem Urnersee dahintrieben, stürzte unversehens der Föhn von den Bergen. Heulend, pfeifend, jauchzend fuhr er zwischen den Felsenhängen durch, und im Hui hatte er den See also aufgepeitscht, dass die Wellen wie schwarze Rosse mit weißen Mähnen dahinrasten und an dem starren, steilen Wände hinaufsprangen.

Jetzt, dachte der Landvogt, ist's ganz bös, wir müssen allesamt ertrinken; denn der Kahn, an den sie sich klammerten, tanzte nur so auf der aufgewühlten Flut. Da sagte man dem Vogt, der starke Tell sei auch als ein guter Schiffsmann bekannt, man sollte ihn ans Ruder stellen. Sogleich ließ ihn Geßler losbinden, und nun musste er sich daran machen, das Schiff durch den Sturm zu bringen und so alle zu retten. Er legte sich mit all seinen Kräften ins Zeug, und wirklich vermochte er das Schiff beim Axenberg auf

* Köcher

eine vorstehende Felsenplatte hinzudrängen. Wie er ihr nahe kam, packte er blitzgeschwind seine am Boden des Fahrzeugs liegende Armbrust, ein mächtiger Sprung – und er stand auf der Platte, während des Landvogts Schiff in die wilden Wasser zurückgerissen wurde. Lange nachher konnte dann auch Geßler mit seinem Gefolge in Brunnen landen. Aber als er nach Küssnacht ritt, erschoss Tell den Tyrannen in der hohlen Gasse, und sterbend vom Ross sinkend, rief Geßler aus: Das ist Tells Geschoss!

Am Neujahrstag 1308 erhob sich das Volk der drei Länder. Die österreichischen Landvögte mussten fliehen, und ihre festen Hochsitze, die Burgen, wurden zerstört, und auf den Bergen gingen nachts als Zeichen der Befreiung des Landes Freudenfeuer auf.

In einem Geschichtlein wenigstens will ich euch erzählen, wie 's an diesem Tage hergegangen ist.

Der Landvogt Landenberg, der auf der herrlich gelegenen Burg ob Sarnen im Obwaldnerländchen hauste, hatte es so eingerichtet, dass ihm die Landleute alljährlich am Neujahrstag unfreiwillige Gaben bringen mussten. Als er nun am Vormittag des Jahres 1308 mit seinen Knechten zur Kirche ritt, begegneten ihm eben zwanzig Männer, die Kälber, Ziegen, Schafe, Nüsse, Käse und andere gute Sachen bei sich hatten. Der Vogt war hoch erfreut über die reichen Neujahrsgeschenke und bedeutete den Hirten, sie möchten nur hinaufgehen ins Schloss und auf ihn warten, bis er vom Gottesdienst zurückkehre.

Also gelangten die Obwaldner in den Burghof. Kaum waren sie aber drin, nahmen sie die Stecheisen, die sie unter ihren Hirtenhemden verborgen bei sich trugen, hervor, steckten sie auf ihre langen Stöcke und fielen über die überraschten Torwächter her. Alsdann bliesen sie ein Harsthorn, und bald stürmten dreißig weitere Talmänner durchs offene Tor, die sich in einem nahen Unterholz verborgen gehalten hatten. Die Burg war in ihren Händen. Sie setzten ihr sogleich den roten Hahn aufs Dach, und als der Landvogt das, aus der Kirche kommend, sah, machte er, dass er schleunigst davonkam, und man ließ ihn ungeschoren ziehen. Die Burg Rotzberg aber in Nidwalden soll mit Hilfe einer Magd, die ihrem Liebsten mit einem Seil hinauf half, dem dann eine Schar junger Burschen nachstieg, eingenommen worden sein, und die Burg auf der Insel Schwanau zu Schwyz im Lowerzersee habe Werner Stauffacher mit seinen Leuten zerstört, während die Urner die Zwingburg Zwinguri, die der Landvogt Geßler erbauen ließ, niederrissen.

Kaiser Albrechts Tod

Als Kaiser Albrecht, der zugleich Herzog von Österreich war, die Austreibung seiner Vögte aus Uri, Schwyz und Unterwalden vernahm, ergrimmte er und beschloss blutige Rache. Er kam selbst in den Aargau, um ein Heer zu sammeln. In seinem Gefolge nun befand sich auch Johann von Schwaben, sein Neffe, dessen Vormund er war. Johann war jetzt in dem Alter, das ihn zum Antritt seines vom König verwalteten Erbgutes berechtigt hätte. Immer wieder suchte er seinen kaiserlichen Oheim dazu zu bewegen, ihm sein Ländergebiet zukommen zu lassen, aber vergeblich. Es schien, als wolle ihm Albrecht das Erbe überhaupt vorenthalten; er sagte nur so zu ihm: »Es kommt noch wohl zu seiner Zeit.« Auch ein Geschenk des Kaisers von hundert auserlesenen Pferden vermochte den Unmut des Neffen nicht zu mildern; denn gar gewaltig ärgerte es den jungen

Mann, dass man ihn im Lande spöttisch den Herzog Johann ohne Land hieß.

Eines Tages saß der Kaiser Albrecht zu Baden auf dem Stein beim Mittagsmahle, und da, unter andern Hofleuten, auch sein Mündel, der Herzog Johann, dabei war, ergriff er einen Blumenkranz, und, ihn seinem jungen Brudersohn aufsetzend, sprach er lächelnd: »Herr Vetter, das soll Euch noch besser freuen, als Land und Leute zu regieren.« Herzog Johann fasste das als verächtlichen Hohn auf und sann auf blutige Rache. Seine von seinem Vater ihm verordneten Räte, Walter von Eschenbach, Rudolf von Balm, Rudolf von Wart und Konrad von Tegerfelden, verschworen sich mit ihm gegen ihren Kaiser.

Am Tage darnach, es war am 1. Mai 1308, ritt der Kaiser mit geringer Begleitmannschaft von Baden nach Brugg, seiner Gemahlin entgegen. Nun waren auch die Verschworenen bei ihm. Als sie an die Fähre an der Reuß bei Windisch kamen, wussten sie's so einzurichten, dass sie mit Kaiser Albrecht allein im Schiff über den Fluss gesetzt wurden und also das andere Gefolge auf die zweite Überfahrt warten musste. Wie man nun vom Wasser weg weiter ritt, rief Herzog Johann: »Jetzt ist's Zeit!« Sogleich fiel Freiherr von Eschenbach dem Pferd des Kaisers in die Zügel, und als der seinen Neffen Johann zu Hilfe rief, stieß ihm dieser selbst den Speer in den Hals mit dem Ausruf: »Hier ist der Lohn des Unrechts!« Also machten sich auch die andern über ihn her und ermordeten ihn; nur Rudolf von Wart stand völlig betäubt da, ohne die Waffen zu erheben. Der Kaiser Albrecht aber verschied im Schoße eines armen alten Weibes, an der Stelle, wo später seine Tochter Agnes das Kloster Königsfelden erbaute. Die Mörder aber ergriffen die Flucht, von Entsetzen gepackt.

Von Herzog Johann erzählt man sich, wie er ruhelos die Länder durchirrt habe und irgendwo in einem Kloster als zerknirschter Büßer gestorben sei. Er und seine Mittäter entgingen also dem Richtschwert, aber nicht dem richtenden Gewissen. Der Ritter Rudolf von Wart jedoch, der allein sich nicht tätlich am Mord des Kaisers beteiligt hatte, wurde durch Verrat eines Verwandten an die Nachfahren des Habsburgischen Fürsten ausgeliefert. Wohl flehte seine Frau Gertrud verzweifelt um Gnade. Alles umsonst. Wart wurde zum Tod verurteilt, durch ein Ross zur Stelle des Königsmordes geschleift und dort aufs Rad geflochten. Er litt unsäglich, und erst am dritten Tag konnte er sterben. Seine Gattin aber wich nicht von ihm. Sie hielt betend und ihn tröstend ohne Speise und Trank bei ihm aus, obwohl sie der Gemarterte immer wieder bat, ihn doch zu verlassen, da ihn ihre Anwesenheit noch mehr peinige. Und als er nun tot war, ging sie gebrochenen Herzens in ein Kloster. Sie war wohl auch ein Opfer der in alten Zeiten weitherum gebräuchlichen Blutrache.

Überfall des Klosters Einsiedeln

Schon seit alten Zeiten lebten die Äbte der Meinradszelle und die Waldleute, wie man die Umwohner des Klosters nannte, mit den Schwyzern auf der andern Seite der Mythen im Unfrieden. Immer wieder fuhren die Landleute aus den Tälern um Schwyz mit ihrem Vieh, aber auch mit vielen Rossen, auf die Alpen, ja bis in das Tal der Alp und bis hart ans Kloster heran und ließen sie da weiden. Das wollten aber die Mönche zu Einsiedeln nicht dulden; denn sie hatten vom Kaiser das Land, das die Schwyzer mit ihren Herden bestachen, einst als eine herrenlose Wildnis geschenkt bekommen. Die Schwyzer aber kümmerten sich nicht um diese Einrede; denn sie behaupteten, schon ihre Vorväter hätten diese Weidegänge genutzt, und der Kaiser habe sie also zu Unrecht verschenkt.

Da ergab sich eine langwierige Fehde, bei der zwischen den Landleuten von Schwyz und den Gotteshausleuten des Klosters oft und blutig hin- und hergestritten wurde.

Nun war aber ein tatkräftiger Abt Johannes von Schwanden in Einsiedeln; dem ging die Geduld aus, und also beschwerte sich das Stift mit Klagebriefen bei geistlichen und weltlichen Herren. Und da die Schwyzer dort zu kurz kamen, wurden sie wild und dachten: Nun wollen wir den Handel, den wir scheint's mit der Feder nicht zu gewinnen vermögen, mit der Faust erledigen. Kurzum, so genau weiß man nicht mehr, was sie gedacht haben; aber das ist gewiss, dass sie in der eiskalten Dreikönigsnacht 1314 unter Anführung Werner Stauffachers, ihres Landammanns, über die Waldhöhen des Katzenstricks ritten und das Kloster überfielen, was sich die Mönche in ihrem friedlichen Schlafe allweg nicht träumen ließen. Der Abt freilich schien das kommende Schadenfeuerlein gerochen zu haben, denn er hatte sich in seinen festen Schlossturm zu Pfäffikon am Zürichsee zurückgezogen. Das war nun eine gar' böse Sache mit diesem nächtlichen Überfall. Die Schwyzer wirtschafteten im Kloster und bis in die Kirche hinein gar gewalttätig und übel, und die aufgeschreckten Klosterherren waren in großen Ängsten. Aber, nein, ans Leben ging's ihnen nicht. Die Schwyzer zwangen jedoch einige von den adeligen Mönchen, die sie für die wichtigsten halten mochten, sie über die verschneiten, unwegsamen Anhöhen ins Tal von Schwyz zu begleiten, wobei sie ihnen erlaubten, sich an den Schwänzen ihrer Pferde festzuhalten. Sie wollten wohl die Klosterherren als Geiseln bei sich haben bis zu einem allfälligen für sie wohlbekömmlichen

Austrag der zwei Jahrhunderte alten Fehde mit dem Kloster im Finsternwald.

Das Kloster Einsiedeln aber verlor nachträglich jene strittigen Alpen, Reichsrecht hin, Reichsrecht her; denn gar bald nachher geschah der Kampf von Morgarten. Und da er für die Landleute von Schwyz überaus günstig ausging, waren sie nun noch viel mehr, ja insgesamt Meister im Land und brauchten niemanden mehr viel nachzufragen. Und das taten sie auch nicht.

Aus jenem Überfall aber ist unschwer zu erkennen, dass die alten Schwyzer eine recht angriffslustige, ja raue Gemeinschaft waren und keineswegs nur sanfte Hirten. Sie wollten eben Ellenbogenweite haben. Wo der Kopf nicht recht durchkommen mochte, da halfen sie mit der Faust mannskräftig nach. Auch kann man aus den Klagebriefen des Klosters schließen, dass die Bewohner der Landschaften um die Mythen damals nicht nur große Herden braunen Rindviehs hatten, sondern dass sie auch die Hirten sehr großer Rossherden waren und dass manche unter ihnen wohl ebenso gut reiten konnten als ihre Widersacher, die Ritter und Herren der österreichischen Vorlande.

Ein Freund in der Not

Durch König Albrechts gewaltsamen Tod verzögerte sich Österreichs Kriegszug gegen die drei Länder Uri, Schwyz und Unterwalden, die ja seine Vögte verjagt hatten. Auch regierte jetzt ein Kaiser im Reich, der ihnen günstig gesinnt war. Jedoch was von Weitem wie eine Lerche aussieht, kann sich nach und nach zu einem Geier auswachsen. Herzog Leopold

I., Kaiser Albrechts Sohn, ließ weder seine Rache, noch die Absicht auf die endgültige Unterwerfung der Eidgenossenschaft einschlafen. Hierüber war man aber in den Waldstätten auch unterrichtet. Man rüstete also zu Schutz und Trutz. Man hatte ja das Kriegshandwerk seit Altem gar wohl los, da man in Italien und der Enden schon manchen Strauß ausgefochten und allerhand Waffenzeug nach Hause gebracht hatte. Es war auch, nebst berggewohnten Pferden, alles da, was man allenfalls handlich zu verwenden wusste. Nicht nur rohe Knüttel, auch Spieß, Schwert und die gefürchtete Halmbarte oder Hellebarde. Und gab's um die Dorfschaften keine Mauern, die Berge ringsum waren weit höhere und haltbarere Mauern als jene um Stadt und Herrenschloss.

Freilich, so wohl ausgerüstet wie das herzogliche Heer Leopolds, das sich, starrend von geharnischten Reitern, an den Grenzen zusammenzog, war man im Bergland nicht. Doch hatte man etwas, das die beste Waffe ist, die's gibt: Vertrauen auf Gott und eine unbändige Kraft. Gleichwohl waren die drei Länder bös dran; denn obwohl der Feind an der Grenze des Landes Schwyz lag, wussten sie doch nicht, wo er ins Land einzubrechen gedenke.

Aus dieser Not half ihnen der edle Heinrich von Hünenberg, ein Burgherr unweit Zug, der gezwungen im österreichischen Heer mitzog. Er war ein Freund der Eidgenossen und hätte gern das ihnen drohende böse Wetter von ihnen abgehalten, da sie ihm früher einen großen Dienst erwiesen. Und da er wohl wusste, wo das Land Schwyz angepackt werden sollte, fiederte er etliche Pfeile mit Pergamentstreifen, auf denen geschrieben stand: Hütet euch auf St. Othmar am Morgarten! Diese Pfeile schoss er über die Letzimauer zu Arth, wo die Schwyzer, mit Zuzügen aus den zwei verbündeten Waldstätten, sich bereit hielten. Wie sie diese Botschaft vernahmen, machten sie sich heimlich in die Wälder der Talzwinge und Hänge bei Morgarten hinauf und hielten sich dort verborgen.

Die Schlacht am Morgarten

Im Jahre des Heils 1315, am fünfzehnten des Wintermonats war's, da rückte der österreichische Herzog Leopold mit dem Heer seiner Ritter, Edelknechte, Städter und sonstigen Heerbannpflichtigen in aller Herrgottsfrühe am unheimlich tiefen Agerisee hinauf. Und da es ein schöner Tag und gar noch sein Namenstag soll gewesen sein und weil er den großen Eifer sah, mit dem seine Edelleute an die Bauern der drei aufrührerischen Bergländer hinwollten, war er guten Muts und dachte: Ich will diesen Erzrebellen nun ein für allemal den Meister zeigen, und Weib und Kind sollen nicht des Lebens sicher sein; denn man hat es meinem hochseligen Vater und seinen Vögten wüst gemacht. Und da just sein Hofnarr, der Kuoni von Stocken, neben ihm herritt, fragte er ihn wohlgelaunt: »He, du Schalksnarr, wie gefällt dir mein Plan, da oben durch den Engpass von Morgarten ins Land Schwyz einzufallen?« Da antwortete der Narr: »Herr Vetter, er gefällt mir nicht recht.« – »He, warum denn nicht?« wollte der Herzog wissen. »Darum, Vetter«, gab der Schalk zurück, »weil du zwar sehr wohl ausgedacht hast, wie du ins Land hinein, aber nicht, wie du wieder herauskommen willst.«

Der Herzog beachtete diese Rede jedoch nicht viel, denn er mochte seines Erfolges ziemlich gewiss sein.

Wie nun das österreichische Heer an den Abstürzen der Waldberge, immer den tiefäugigen See zur Seite, hinzog, rollten und sprangen aus den Buchenwäldern herab auf einmal gewaltige Steinblöcke und Holzstämme; wie wütende Tiere, nein, wie Lawinen und Erdbrechen schossen sie über die steilen Hänge herunter und mitten in die Reitertrosse der vorausrückenden Ritterschaft hinein.

Das löste einen gewaltigen, aber keinen lustigen Tanz aus. Die schwer getroffenen oder doch aufgeschreckten Rosse stiegen und taten wie besessen. Mensch und Tier verlor den Kopf, und es gab ein Durcheinander wie in einem aufgestörten Ameisenhaufen. Und es sausten und hüpften immer wieder Steine und Holz an den Steilhängen herab, die, wie es heißt, ihrer fünfzig Geächtete, also aus der Heimat verwiesene Männer, gerüstet hatten und nun loslösten. Sie hofften eben, man werde sie für ihre Hilfe wieder ins Land Schwyz aufnehmen.

Wie nun der Herzog und seine Ritterschaft sich von ihrer Überraschung erholen und ordnen wollten, da sie merkten, dass sie's mit einer geringen Schar Feinde zu tun hätten, brach plötzlich aus den Wäldern der Talenge von Morgarten das Heer der Schwyzer, mit den Fähnlein von Uri und auch Unterwalden. Es brüllte der Stier von Uri, und es tuteten weithin die Harsthörner von Schwyz und Unterwalden, und schaurig mag's von den Flühen widerhallt haben: Haarus, haarus!

Da dachte wohl der Herzog Leopold: Jetzt hat's geschellt! Und es schellte auch. Nämlich, die Knüttel und die Hellebarden des Hirtenvolkes begannen Helm und Panzer der Ritter zu dengeln, dass es krachte und stob. Und es waren die Reiterei und das Fußvolk des österreichischen Zuzugs gar übel dran; denn immer noch sprangen die Steine und Baumstämme der Verbannten unter sie hinein. Auch bereiteten jetzt die raufäustigen Schwyzer und ihre Helfer den überraschten Rittern und ihrem Beistand aus den Untertanenschaften ein Ende mit Schrecken.

Kurz, nicht lange dauerte es, so befand sich des Herzogs Leopold Heer, und er mit ihm, in vollster Auflösung und Flucht, und es wurde ein großer Sieg der Eidgenossen.

Gar viele Österreicher kamen auch im Agerisee um. Ein einziger Reiter soll's fast bis ans andere Ufer gebracht haben. Aber als er schon im Schilf und fast am Bord war, habe er ausgerufen: »Sei's dem Herrgott nun lieb oder leid, ich komme doch davon!« Da sei das Ross ausgeglitten und er doch ertrunken.

Die Schwyzer aber und ihre Eidgenossen warfen sich auf die Knie und dankten Gott für den guten Ausgang der Schlacht. Die Herren vom Adel hatten es da einmal erfahren müssen, dass auch ein Bauer obenauf kommen kann, wenn er zum Ersten ein mannhaftes Herz, zum Andern einen klugen Kopf und zum Dritten und Letzten ein scharfes Schwert hat.

Bald nach diesem Sieg vom 15. des Wintermonats 1315, der die erste unsichtbare, aber dennoch abschreckende Mauer nicht um die Dörfer, wohl aber um die drei Länder war, erneuerten die Waldstätten Uri, Schwyz und Unterwalden das alte Bündnis vom Jahre 1291 (man kann diesen Bundesbrief heute noch zu Schwyz im Archiv sehen) zu Brunnen. Aus diesen glorreichen und glückhaften Anfängen entstand dann nach und nach, freilich mit manchem Ach und Krach innerhalb und außerhalb unserer Grenzen, die heutige schweizerische Eidgenossenschaft. Zum Andenken an den Schwur im Rütli aber und an den Bundesbrief vom 1. August 1291 gehen alljährlich am 1. August Freudenfeuer über die Berge unseres Vaterlandes, und die Glocken läuten. Und wo es immer in einer Kapelle im abseitigsten Talwinkel ein Glöcklein und also eine Stimme hat, will sie dabei sein, zu Dank und Lob an Gott, der das Ringen der Ahnen um die Freiheit so siegreich machte.

Sag, Vater, was läuten die Glocken heut Nacht?
Dass nimmer der Stolze den Stillen verlacht.
Sag, Vater, was gehen die Jauchzer durchs Land?
Weil immer ein Held noch den Drachen bestand.
Sag, Vater, was lodert vom Berge im Wind?
Das heilige Feuer der Freiheit, mein Kind.

Die Belagerung von Solothurn

So mächtig die Herzöge von Österreich waren, mit den Eidgenossen der drei Waldstätte hatten sie's doch verspielt. Sie konnten ihnen in ihren Bergen einfach nicht beikommen. Die Niederlage bei Morgarten bewirkte aber, dass auch andere Untertanen von Österreich abzufallen anfingen und nur mehr das Reich über sich anerkennen wollten. Besonders taten das die Städte. Solch eine Stadt war auch das Kleinod an der Aare, die Stadt Solothurn.

So kam denn der Herzog Leopold von Österreich im Jahre 1318 dazu, diese Stadt zu belagern. Er gedachte sie auszuhungern. Und das möchte ihm vielleicht gelungen sein.

Da gab's lange Zeit hindurch Regenwetter; die Aare schwoll gewaltig an. Nun wollte der Herzog die Brücke, die zur Stadt hinüber ging, nicht verlieren; denn er hoffte, mit ihrer Hilfe bald in Solothurn einziehen zu können. Also schickte er viele seiner Kriegsknechte auf die Brücke, die sie mit gewichtigen Steinen beschweren mussten. Auch hatten sie die vom Strom angetriebenen Baumstämme und anderes abzuweisen.

Plötzlich aber riss der Fluss die Brücke weg und warf die Leute des Herzogs in die Fluten. Das sahen die eingeschlossenen Solothurner gar wohl. Sie eilten sogleich mit Stangen ans Ufer, und mit allerhand Fangzeug; auch bemannten sie Schiffe und retteten so, mit Einsatz ihres Lebens, den größten Teil der im Fluss treibenden Österreicher. Und nachdem sie dieselben getrocknet und gespeist hatten in ihren Mauern, wurden sie dem Herzog wieder ins Lager zugeschickt.

Leopold erstaunte über diese Hochherzigkeit. Am Tag darnach ritt er mit mehreren seiner Edelleute vor die Stadt und begehrte Einlass. Und als man ihn hatte einreiten lassen, schenkte er den Solothurnern sein Banner und gestand ihnen, dass ihr Edelmut sein Herz gewonnen und alle Feindschaft überwunden habe.

Der kluge Luzernerjunge

Wie nun die Luzerner inne geworden waren, wie gut es den drei Ländern Uri, Schwyz und Unterwalden mit den österreichischen Gewalthabern geglückt war, dachten auch sie: Wer wagt, gewinnt. Also fassten sie Mut und schlossen sich den drei Waldstätten an, die sie gar gern aufnahmen, denn das stärkte sie. So war also der schöne Bergsee rundum frei von Österreich.

Aber viele vornehme Familien zu Luzern, die es in der Hofburg zu Wien hochzubringen hofften, waren mit diesem eidgenössischen Bündnis ganz und gar nicht einverstanden. Sie wollten es daher wieder rückgängig machen. Deswegen verabredeten sie einen nächtlichen Überfall auf die Anhänger des Bundes und bestimmten hiefür die Nacht des Aposteltags Peter und Paul 1333. Um sich alsdann in der Dunkelheit eher zu erkennen, wollten sie rote Ärmel tragen.

Sie versammelten sich also zur abgemachten Zeit an einem abseitigen Platz. Wie sie nun beisammen waren und sich noch näher verabredeten, kam von ungefähr ein Knabe hinzu, der die bewaffneten Verschworenen gewahrte und ihren bösen Anschlag hörte, worüber er sehr erschrak. Aber als er sich wegschleichen wollte, erwischte man ihn, und er musste, bei Gefahr seines Lebens, schwören, keinem Menschen zu sagen, was er gehört habe. Alsdann ließ man ihn laufen.

Er ging jedoch nicht heim. Er wollte nachschauen, ob irgendwo in einem Wirtshause noch Licht sei. Es gab noch Licht auf der Trinkstube der Metzger. So lief das Bürschlein denn ins Gasthaus hinauf und setzte sich hinter den Ofen.

Hier spielten, aßen und tranken die Gäste, ohne den Knaben zu beachten. Da stellte sich der vor den großen Kachelofen und redete mit lauter Stimme: »Ofen, o Ofen!« – »Was ist's mit dir?« fragten die Gäste verwundert, »bist du närrisch, Bub?« Aber der Junge rief nochmals: »O Ofen, o Ofen! Ich muss dir etwas Schreckliches kundtun. Viele Bewaffnete haben sich unten bei der Trinkstube der Schneider am See versammelt und ratschlagen soeben, wie sie in dieser Stadt die Bürger des neuen Bundes ermorden wollen!«

Wie das die Gäste hörten, machten sie sich flink auf die Beine. Sie liefen in die Häuser und störten auf und warnten. Man bewaffnete sich, und in kurzer Zeit waren Tor und Gassen mit handfesten Bürgern besetzt. Die Verschworenen, die merkten, dass man von ihrem Anschlag Wind bekommen hatte, verzogen sich; doch wurden einige noch erwischt und gefangen genommen. Man zwang sie, zu bekennen und die Mitschuldigen anzugeben. Auch hatte man rasch Boten in die drei andern Waldstätten abgeschickt, so dass am Morgen aus den drei Ländern schon ein Hilfsvolk von dreihundert Mann einzog. Auf ihre Fürsprache begnadigte man alsdann aber die Verschworenen.

Rudolf von Erlach und die Schlacht bei Laupen

Herzog Albrecht von Österreich zog eines Tags durch den Aargau, und zwar mit einem bedeutenden Kriegsheer. Er hatte nichts Geringeres im Sinne, als mit dem Adel, der über das Anwachsen der Freien in den Berggegenden und Städten beunruhigt war, die Stadt Bern zu erobern.

Bei diesem Anlass kam ein Edelmann, namens Rudolf von Erlach, in eine zwiespältige Lage. Er war Lehensmann des österreichischen Grafen von Nidau und Erzieher seiner Söhne. Zugleich aber war er Bürger von Bern. Er bat deshalb den Grafen, ihn aus seinem Dienste zu entlassen, da er nicht gegen seine Vaterstadt kämpfen könne. »Heja«, sagte gleichgültig der Graf von Nidau, »wohl kann ich von 240 mir ergebenen Rittern einen einzigen Mann verlieren. Geh du nur!« — »Ihr sagt, ich sei nur ein Mann«, antwortete Erlach, »wahrlich, so will ich mich denn auch als ein Mann wider Euch zeigen.« Alsdann schied er und ging nach Bern. Die Berner aber wählten ihren aufrechten Mitbürger Rudolf von Erlach zum Feldhauptmann.

So zog er denn mit seinen sechstausend Mann, bei denen auch Fähnlein aus den drei Waldstätten und Zuzüger von Solothurn waren, nach dem bernischen Städtchen Laupen, das der Adel mit seinem Heere belagerte. Wie sie nun in der Nähe des Feindes waren, ordnete Erlach seine Truppen. Hierbei rief er ernsthaft in seine Berner: »Wo sind jetzt die frischen Gesellen, die Hofierer und Tänzer, die zu Bern Tag und Nacht durch mit Federhüten und Kränzen so umtunlich sind, dass ihretwegen niemand schlafen kann? Die sollen jetzt zum Tanz vortreten und vor ihr Banner als eine feste Mauer.« – »Da sind wir, Herr«, riefen die kecken Burschen, »und tapfer wollen wir zu Euch stehen.«

Am 21. Brachmonat 1339 kam's zur Schlacht. Gleich beim Angriff flohen viele Berner. Da rief Rudolf von Erlach: »Freunde, mutig dran, nun werden wir siegen; denn die Spreu ist vom Weizen gestoben!« Als die Flüchtigen das hörten, kehrten sie beschämt um, und es wurde nun von den Bernern unter ihrem tapfern Anführer und den Hilfsmannschaften ein entschiedener Sieg errungen.

Der übermütige Ritter

Jordan von Burgistein war ein arger Feind der Berner. Der Krieg des Adels mit Bern passte ihm daher sehr gut. Doch zog er selber nicht ins Treffen, sondern blieb daheim auf seiner Burg. Nur einen Boten schickte er nach Laupen, der ihm berichten sollte, wie die Schlacht ausgegangen sei.

Als nun dieser Bote die Flucht einer Anzahl Berner sah, meinte er, diese haben es verspielt, und hastig rannte er zu seinem Herrn heim und meldete ihm einen großen Sieg des Adels über Bern. Da rief der Ritter von Burgistein schadenfroh aus: »Hei, das war ein guter Schmied, der die Waffen des Adels geschmiedet hat!« Er meinte hiermit aber sich; denn man sagte ihm nach, er sei der Erste gewesen, der den Krieg des Adels gegen Bern angestiftet habe.

Am Morgen darnach erhielt der Ritter von Burgistein aber andern Bericht, und seine Freude verwandelte sich in Leid. Wie nun die siegreichen Berner des Ritters freche Rede vernahmen, rückten sie nach acht Tagen vor seine Burg. Jordan von Burgistein guckte eben zum Fenster hinaus nach den Bernern vor seinen Mauern. Da schoss ein Berner ihm einen Pfeil ins Gesicht, und der Ritter sank tot zusammen. Der Schütze aber rief zu ihm hinauf: »Ei, das ist auch ein guter Schmied gewesen, der diesen Pfeil geschmiedet hat.« Die Frau des Ritters ergab sich darauf, und die Burg wurde zerstört.

Die braven Nidwaldner

Luzern und Nidwalden lagen im Jahre 1340 miteinander im Streit über allerlei Rechtsamen* am Bürgenstock. Die Rechtsamen, die von Luzern angesprochen wurden, verweigerten die Unterwaldner nid dem Kernwald.

Während man sich stritt, entstand zu Luzern eine große Feuersbrunst. Wie die Nidwaldner das Feuer gewahr wurden, schifften sie sich, eine ansehnliche Mannschaft, ein und ruderten, was sie vermochten, drauflos, um den Luzernern löschen zu helfen. Diese aber hatten die Tore

* Rechte, Vorrechte

der Stadt geschlossen. Man traute eben den Nidwaldnern nicht und meinte, sie führen Arges im Sinn. Von den Mauern herab fragte man sie, was man von ihnen zu erwarten habe. Den Nidwaldnern tat dieses Misstrauen doch weh, und sie antworteten: »Liebe, getreue Eidgenossen, euer Leid ist unser Leid; wir sind gekommen, euer Leib und Gut, Weib und Kind und was euch lieb ist, zu retten und zu schützen, soweit unser Leben langt, und löschen zu helfen, als wenn unsere eigenen Häuser brennen würden.«

Jetzt taten die Luzerner die Tore weit auf, und alsdann trugen die Nidwaldner nicht wenig zur Stillung des Brandes in der Stadt bei. Alsdann bewirtete man sie und verehrte ihnen Geschenke.

Als hernach der langwierige Streithandel um die Rechtsamen am Bürgenstock auswärtigen Schiedsrichtern übergeben worden war und diese den Luzernern recht gaben, so wurden sie in der nachmaligen Ausübung ihrer Rechtsamen im strittigen Gebiet von den Nidwaldnern nie gestört.

Halt immer gute Nachbarschaft!
Gen Unglück ist kein Mensch gefeit.
Was nicht vermag des Einen Kraft,
Vollbringt man spielend oft zu zweit.

Die Mordnacht von Zürich

Die Stadt Zürich erhielt im Jahre 1336 durch den alles vermögenden Ratsherrn Rudolf Brun eine neue Verfassung. Ihr zufolge wurde eine neue Regierung und Brun im Jahre darauf zum Bürgermeister auf Lebenszeit gewählt. Mehrere Räte der alten Regierung verwies man aus der Stadt. Sie flohen fast alle nach Rapperswil, wo sie Graf Johann gut aufnahm. Von dort aus verschworen sich diese mit adeligen Herren der österreichischen Vorlande, die auf die Macht der Stadt Zürich immer eifersüchtiger wurden. Sie kamen überein, in einer Nacht den Bürgermeister Brun samt seinem Anhang zu ermorden und alsdann eine andere Regierung einzusetzen. Man bereitete alles gut vor für die Nacht des 23. Hornung* 1350. So hatte man nach und nach bei achthundert Söldner in die Stadt gebracht und hielt sie in den regierungsfeindlichen Familien verborgen.

Am Abend vor der bestimmten Nacht versammelten sich die Verschworenen der Stadt in der Herberge zum Strauß. Hiebei verabredeten sie auch ein Erkennungszeichen für die Nacht. Wer zu den Verschworenen gehörte, sollte sagen: »Ich heiße Petermann.« Ein Bäckerjunge, namens Eckenwieser, lag hinter dem Ofen der Wirtsstube und hörte alles, auch das Losungswort.

Flugs machte er sich davon und berichtete alles seinem Meister. Dieser tat's sogleich dem Bürgermeister Brun zu wissen. Erschrocken schickte Brun den Bäcker weg, dass er Sturm läute. Er aber schnallte seinen Harnisch an und wollte aufs Rathaus eilen. Da sprach sein Diener zu ihm: »Herr, gebt mir Euren Rock und zieht dafür den meinigen

---

* Februar

an. Man wird mich für Euch ansehen, und Ihr könnt so eher entkommen. Werde ich erschlagen, so sterbe ich willig für Euch und die gute Stadt Zürich. Ich will leiden, was Gott verordnet hat.«

Der Bürgermeister folgte seinem Rat; der treue Diener ging voraus, Brun hinten nach.

Als sie gegen das Rathaus kamen, fanden sie schon viele Verschworene davor. Diese hielten den daherschreitenden Diener für den Bürgermeister und erstachen ihn. Brun hingegen sagte auf ihre Anrede: »Ich heiße Petermann!« und kam so glücklich aufs Rathaus, wo er sich einschloss und mit großem Lärm die Bürger zu Hilfe rief. Und sie eilten auch herbei. Es entstand ein Kampf, in dem die Verschworenen unterlagen. Viele suchten sich zu flüchten und ertranken dabei im See; viele wurden gefangen und nachher mit dem Tod, mit Verbannung und Geld gestraft.

Aber am 1. Mai des Jahres 1351 trat Zürich dem Bund der vier Waldstätte bei. Ihm folgte schon am 4. Juni 1352 das Land Glarus und am 27. gleichen Monats und Jahres die kleine Stadt Zug mit ihrer Landschaft und am 6. März 1353 auch Bern. Sie taten sich wohl alle zusammen aus dem Gefühl heraus, sie vermögen vereint mehr und es sei schwerer, über einen Strom zu kommen als über einen Bach.

Diese Länder und Städte blieben nun 128 Jahre hindurch allein verbündet. Man nannte sie deswegen später die acht alten Orte.

Gersau, Zug und der Falke des Herzogs

Der Stand Zug ist heute noch der kleinste Kanton der Schweiz, ein Ländchen, das, wie die tüchtigen Hausfrauen, wenig von sich reden macht, dafür aber dem Schweizerhause eine rechte Ehre war und ist.

Es gab aber damals doch noch ein kleineres Land im Bunde der Eidgenossen, und das war der Freistaat Gersau, ein gar sonnenwarm in einer Bergnische des Vierwaldstättersees gelegenes Landschäftchen mit einem Dorf. Dieser Seewinkel, der im Herzen des Schweizerlandes liegt, damals aber von der Umwelt völlig abgeschlossen war, hatte seinen eigenen Rat und Landammann und sogar den Blutbann. Es konnte sich selber regieren. Es stand nur unter dem Schirm der vier Waldstätten, denen es im Kriegsfall und zwar dem ersten, der es um Zuzug anrief, Heerfolge leisten musste. Trotzdem es hiefür kaum mehr als ein halbes Hundert Mann aufbrachte, zeichnete es sich in den vielen Kriegen und Kriegszügen der Eidgenossenschaft doch auch aus. So gewann ein Gersauer das Banner der Hohenzollern in der Sempacher Schlacht. Aber Anfang des neunzehnten Jahrhunderts wurde das kleine Gemeinwesen dann doch, trotz seinem Protest, von der Tagsatzung dem Stande Schwyz einverleibt. Und da sie doch nicht die ganze Schweiz bekriegen konnten, schickten sich die wackern Gersauer darein.

Kehren wir aber in die alte Zeit und zur kleinen Stadt Zug zurück, die wie ein reizendes Riesenspielzeug an ihrem apartschönen See liegt. Also um Mitte des vierzehnten Jahrhunderts, zur Zeit des Herzogs Albrecht, war Zug noch österreichisch, und da es so nahe beim Lande Schwyz und den Eidgenossen überhaupt war, hatte die Stadt, trotz ihres geringen Umfangs, doch eine große Bedeutung, da sie den Österreichern als geeigneter Waffenplatz gegen die Waldstätten diente.

Diese Stadt war also den Eidgenossen im Weg, und so rückten sie eines Tags vor ihre Mauern und belagerten sie, indem sie aber zugleich den Zugern die Aufnahme in den Bund zusagten, wenn sie ihnen die Tore öffnen würden. Die Zuger wollten zuerst nichts davon wissen. Als aber die Not stieg, verstanden sie sich zu dem Vorschlag der Eidgenossen; doch vorher wollten sie noch ihren Herrn, den Herzog, anfragen, ob er ihnen in einigen Tagen Entsatz zu schicken gedenke oder nicht. Auf diese Bedingung gingen die Eidgenossen ein.

So sandten denn die Zuger einen vornehmen Bürger, namens Hermann, nach Königsfelden zu Herzog Albrecht.

Er fand ihn, wie er im Kreuzgang des Klosters spazierte. Nun stellte ihm der Zuger die Not seiner Stadt vor und sagte ihm, wie man dort Willens sei, ihm Treue und Liebe zu halten und Gut und Blut für ihn zu opfern und sich nichts Besseres wünsche, als in seinem Schutz zu leben. Und er beschwor ihn, Dass er der getreuen Stadt zu Hilfe ziehe und sie also von dem Versprechen, das sie den Eidgenossen gegeben, befreie.

Herzog Albrecht ließ den Zuger ruhig reden, ohne ihn zu unterbrechen. Indessen ging des Herzogs Falkner vorbei. Diesen nun fragte er, ob er für die Falken gesorgt hätte. Da seufzte der Bürger von Zug und sagte: »Ach, gnädiger Herr, liegen Euch denn die Vögel näher am Herzen als die rechtschaffenen Männer von Zug?«

Da antwortete der Herzog: »Geht nur heim und übergebt die Stadt! Es wird mir nur die Mühe kosten, zu den Plätzen, die man mir weggenommen, eine Stadt mehr zurückzuerobern.«

Mit diesem Hofbescheid kehrte Hermann heim. Aber wie nun seine Mitbürger das alles von ihm vernahmen, wurden sie zornig. Sie öffneten den Eidgenossen die Tore und beschworen mit ihnen den ewigen Bund.

Das Erdbeben von Basel

Am 18. Weinmonat* 1356 kam über die Juragegend und vorab über die Stadt Basel ein trauriges Schicksal. Friedlich lagen die Bürger der damals schon weitbekannten Stadt Basel ihren Geschäften ob und dachten an nichts Böses. Da zeigten sich am Abend deutliche Vorboten eines Erdbebens, was die Leute stark beunruhigte. Und mit einem Male erfolgten zehn heftige Erdstöße, bis die Stadt zusammenstürzte. Viele Leute konnten sich aufs Land hinaus retten. Auch das Münster wurde stark beschädigt; Türme und Glocken fielen in den Rhein. Basel war ein Schutthaufen; denn was noch auf den Trümmerwällen stand, war zerrissen und drohte ebenfalls einzustürzen. Nur etwa hundert Häuser sollen sich erhalten haben. Mehr als dreihundert Menschen waren getötet worden. Die Bürgerschaft aber musste auf offenem Feld lagern. Groß war das Elend. Auch über achtzig Burgen zerstörte das Erdbeben in der Umgegend.

Zu dieser Zeit war Herzog Albrecht von Österreich in Unfrieden mit Basel. Deswegen rieten einige Herren dem Herzog, er solle den Anlass benutzen und die schwer getroffene Stadt einnehmen. Albrecht aber wandte sich entrüstet zu ihnen und sprach: »Da sei Gott vor, dass ich die

* Oktober

bekriege, die das Unglück so schwer heimgesucht hat.« Er befahl vierhundert Männern aus dem Schwarzwald, eilends in die Stadt zu ziehen, um auf seine Kosten den Schutt wegräumen zu helfen.

Bald begann man mit dem Aufbau eifrig. Aber tief erschüttert von dem großen Unglück, verbot man nun zu Basel Kleiderpracht, Tanz und Spiel. Zum Andenken an das fürchterliche Ereignis wurde alljährlich auf den 18. Oktober ein feierlicher Umgang angesetzt, wobei Rat und Bürger in grauen Röcken erschienen, die nach dem Umgang den Armen zukamen. Das ist der Ursprung der noch jetzt üblichen Austeilung des sogenannten Schülertuchs.

Die mitleidigen Zürcher

Der Sommer des Jahrs 1363 war so ungewöhnlich heiß, dass alles Gras verdorrte, so dass man im folgenden Winter viel Vieh mit Efeu, Tannreisern und Stroh von den Dächern füttern und vieles schlachten musste, bevor es verhungerte. Jetzt kam ein grimmiger Winter nach. Er dauerte vom St. Niklausentag, dem 6. Dezember, bis zum Karfreitag. Alle Seen und Ströme froren zu; man konnte über den Rhein, die Reuß, Aare und Limmat und auf dem Zürichsee und andern wie auf Landstraßen mit Güterwagen und Schlittengefährten fahren. Die Bäume, Reben und Wintersaaten erlitten schweren Schaden. Tausende von Vögeln und wilden Tieren aller Art kamen um.

Damals zogen die Wildenten und andere große und kleine Vögel in großen Scharen in die Stadt Zürich hinein. Sie wackelten und beinelten durch die Gassen und fraßen mit

Haushuhn und Gans zusammen. Sie wurden so zahm, dass sie sich mit den Händen fangen ließen. Sogar die sonst so scheuen Hasen wagten sich in die Dörfer hinein und bettelten vor den Häusern. Niemand tat all den armen Geschöpfen etwas zu Leid; man sorgte für sie, so gut es ging. Die Obrigkeit der also in Wahrheit guten Stadt Zürich nahm die leidenden Tiere in ihren besonderen Schutz und gebot demnach bei Strafe: »Es soll niemand diese armen hungernden Tiere, die zu den Menschen ihre Zuflucht nehmen, schießen, werfen oder auf irgendeine Art kränken.«

Die adeligen Räuber

Einst geriet die Stadt Basel mit einem benachbarten Adeligen, der ein Raubritter war, mit dem Herrn von Falkenstein, in eine böse Fehde. Dieser schlimme Räuber plünderte von seinem hoch gelegenen Schloss aus die ihres Weges ziehenden Kaufleute aufs Schändlichste aus und tat auch den Bürgern und Bauern seiner Gegenden viel Schaden und Unrecht. Und da er sich mit noch andern Raubrittern verbunden hatte, meisterte er so ziemlich alles außerhalb der Stadt Basel. Aber als er einem Kaufmann dieser Stadt im Jahre 1374 eine große Ladung des damals so hochgeschätzten Safrans wegnahm, überlief es den Baslern. Sie verbanden sich mit dem Grafen von Nidau gegen den Räuber und seinen Anhang. Dieser zog nun mit seinem Freund, dem Grafen von Kiburg, zur Feste Falkenstein, wo der Erzschelm eben mit seinen noblen Raubgesellen beisammen saß und herrlich und in Freuden tafelte. Und nun wurde die Burg erobert, und der Graf von Nidau ließ die armen

Knechte Falkensteins und der andern Raubritter alle enthaupten; den Ritter von Falkenstein selbst und seine Ritter aber nahm er nur gefangen und tat ihnen nichts. »Denn«, sagt die Chronik, »wer den Bösen dienet, dem wird auch böser Lohn; man henkt die kleinen Dieb, die großen lat man gon*.« Und das Sprichwort sagt: Ein Rabe hackt dem andern die Augen nicht aus.

Den gestohlenen Safran gab der Graf von Nidau den Baslern auch nicht heraus, sondern er war eben selber ein Raubritter und teilte sein Gewürz mit dem Grafen von Kiburg.

Allein auch diese Ritter fanden ihren Lohn. Die Grafen von Kiburg kamen also zu armen Tagen, dass sie darnach an Leib und Gut verdarben. Der Graf von Nidau aber wurde im folgenden Jahr, als er zu Büren zu seinem Schloss hinausschaute, von einem vorüberziehenden englischen Kriegsgesell mit einem Pfeil erschossen.

Die Gugler

Herzog Leopold, der bei Morgarten die Schlacht verlor, hatte eine seiner Töchter an einen französischen Herrn Ingelram von Coucy verheiratet und ihm als Heiratsgut einige österreichische Landschaften im Aargau versprochen. Da er aber wohl versprach, jedoch nicht hielt, so machte sich im Jahre 1575 der Sohn des Herrn von Coucy auf, um das seiner Mutter versprochene Heiratsgut, die Mitgift, den Herzögen von Österreich einfach gewaltsam wegzuneh-

* »lässt man laufen«

men. Hiefür hatte er eine Menge Kriegsvolk in Sold genommen, das vorher in langen Kriegen zwischen England und Frankreich gedient hatte und nun arbeitslos herumzog. Die Arbeit dieser Söldner war eben der Kriegsdienst bei den raufllustigen hohen Herrschaften. Unter diesen gefährlichen landstreichenden Banden waren besonders viele Engländer, daher auch all die Mannschaften des Herrn von Coucy Engländer genannt wurden. Im Schweizerland aber hieß man sie Gugler, weil die meisten von ihnen eiserne, in eine lange Spitze auslaufende Helme, Gugel, trugen.

Mit diesem Heer, es waren nun vierzigtausend Mann, kam Coucy über Mömpelgard gegen Basel und von da über den Hauenstein an die Aare. Schrecken ging ihm voraus; denn arg hatten diese bewaffneten Banden im Elsass, wo er durchzog, gehaust. Alles flüchtete in die Städte. Es hatte zwar Herzog Leopold von Österreich im Aargau Truppen gesammelt. Aber als es hieß, die Gugler rücken schon über den Jura der Aare zu, lief alles auseinander. Auch der Herzog floh. Also verbreiteten sich des Coucy räuberische Horden vom Bielersee bis in den Aargau; ja bis ins Entlebuch kamen sie. Aber die Bergbewohner dieser Gegenden schlugen die Gugler, die in einzelnen Schwärmen über sie kamen, überall blutig zurück, und bei Buttisholz warfen sie ihrer an die Dreitausend völlig aus dem Land. Aber auch die Berner zogen aus, da diese Gugler als ein Reiterheer von dreitausend Mann, unter Ivo von Wales, ihre Gegenden unsicher machten, und griffen sie zu Fraubrunnen also mit Hellebarden und Knütteln an, dass sie sich schleunigst verzogen. In diesen Tagen zeichneten sich die Frauen von Hettiswil durch ihre Tapferkeit besonders aus, wofür ihnen darnach ein Holzrecht und als dieses erlosch, ein Grasnutzen für immer gegeben wurde.

Die Gugler hatten genug, und ihr Anführer, Herr von Coucy, zog mit der bösen, im Schweizerland wacker ausgestäupten Horde wieder dahin, woher er gekommen war.

Der Anschlag auf Solothurn

Die Grafen von Kiburg waren seit Jahrzehnten immer mehr herabgekommen. Aus Geldnöten hatten sie einen großen Teil ihrer Herrschaften verkauft oder verpfändet. Aus dieser schlimmen Lage meinte Graf Rudolf, ein kühner Ritter, durch die Eroberung der ihm so verhassten Städte fein herauszukommen.

Vor allem wollte er die kleine, aber feste Stadt Solothurn, mit der er schon lang arge Späne hatte, zu gewinnen suchen. Und da er sie nicht mit Gewalt erlangen konnte, so sollte ihm das hinterrücks gelingen. In Verbindung mit einem Vetter, einem Grafen aus Hochburgund, sammelte er Kriegsleute. Auch gelang es ihm, einige befreundete Chorherren in der Stadt zu Mitverschworenen zu bekommen. Hans von Stein, dessen Haus an die Ringmauer stieß, versprach die Mannschaft um Mitternacht durch seinen Hof in die Stadt zu führen. Andere Verschworene hatten den Klöppel der Sturmglocke mit Tüchern umwickelt.

Schon zog das Heer der beiden Grafen, am 10. November 1382 war's, im Nachtdunkel gegen die Stadt. Aber ein Bauer, Hans Roth von Rumisberg, der hinter die Schliche der Herren gekommen war, machte sich unter Lebensgefahr an die Stadt und warnte die Wächter.

Man läutete Sturm, und als der Feind heranrückte, fand er die Bürger der Stadt schon wohlgerüstet zu einem heißen Empfang auf den Mauern. Wie nun die Solothurner merkten, dass er nicht anzugreifen wagte, machten sie gar einen Ausfall und jagten ihn in wilde Flucht. Die Verschworenen nahm man fest, und der Rat der Stadt verordnete, dass dem Ältesten der Nachkommen des Hans Roth jeweilen ein Gewand in den Standesfarben Weiß und Rot samt einem Ehrenpfennig zu geben sei.

Die Schlacht bei Sempach und Winkelried

»Lasst hören aus alter Zeit, von kühner Ahnen Heldenstreit…«

Die Sempacher Schlacht war aber ein Kampf, den die Eidgenossen nicht aus Übermut und toller Kriegslust unternahmen, sondern, wie einst zu Morgarten, zur Wahrung ihrer wohl erworbenen Freiheiten, zur Sicherung von Haus und Heim. Und dieser Wagemut, dieses Ringen um etwas so Hohes wie die Unabhängigkeit der Heimat, darf wohl erzählt und nie vergessen werden.

Nämlich das Haus Österreich, das immer mächtiger wurde, dagegen in seinen Vorlanden in der heutigen Schweiz nach und nach manche einträglichen Besitztümer an Ländern und Städten sich entgehen sah, dachte immer daran, das alles gelegentlich wieder zurückzuerobern. Vor allem hatte es vor, die vier Waldstätten um den schönsten aller Bergseen der Welt, deren Erfolge die umliegenden Völkerschaften zur Nachahmung und Empörung reizen konnten, nun einmal so zu treffen, zu schwächen und zu knechten, dass ihnen der Freiheitsdrang auf immer ausgetrieben werden sollte.

Deshalb sammelte nun Herzog Leopold III., ein Neffe des am Morgarten geschlagenen Herzogs Leopold, im Jahre 1386 viel Wehrvolk, zu dessen Heerbann auch manche heutige Schweizergaue und Städtchen ihre Mannschaften zu stellen hatten. Mit seinem wohl gerüsteten Heer legte sich der Herzog um die kleine Stadt Sempach am Sempachersee. Er gedachte nach deren Einnahme auf Luzern loszugehen, um diese Stadt, die das Tor ins Land der drei Urstände war, zu belagern.

Die Eidgenossen merkten aber die Absichten des österreichischen Fürsten. Sie hatten sich ebenfalls wohl vorbereitet. Und als sie nun von der Einschließung des Städtchens Sempach hörten, lüfteten sie ihre Banner von Luzern, Uri, Schwyz und Unterwalden mit den zuzüglichen und verbündeten Landschaften und Städten und rückten vor Sempach.

Da sollen ihrer 1400 Eidgenossen 4000 Österreichern gegenübergestanden haben.

Jetzt stellte Herzog Leopold sein Heer in Schlachtordnung auf, zuvorderst die von den Rossen abgestiegenen, geharnischten, mit langen Spießen bewaffneten Scharen seiner kampfgeübten Ritter. Die Eidgenossen aber, nachdem sie auf die Knie gefallen waren und Gott um Beistand angerufen hatten, fuhren nun wie ein böses Hagelwetter auf den Feind los, und gar versuchten sie's, wie alterprobt, in Keilform. Gewaltig tönte ihr Kampfgeschrei durch Berg und Tal.

Aber an der langen eisernen Hecke der Ritterlanzen prallte ihr Sturm ab. Diese mehrfache, gar kitzliche Dornhecke ließ sie einfach nicht durch. Wie sie auch auf die Lanzen losschlugen, die zerbrochenen wurden aus den hintern Reihen gleich wieder ersetzt. Nein, diesmal war den wohl gerüsteten Rittern nicht beizukommen. Viele Eidgenossen lagen schon tot oder schwer verwundet in ihrem Blute. Und jetzt formten sich die langen Dornhecken immer mehr zum Halbmond. Es schien ganz, als ob die dicht gestellten Reihen der spießbewehrten Österreicher die Schweizer völlig einschließen und erdrücken wollten. Als nun gar der Schultheiß von Luzern, Gundoldingen, fiel, war die Not am größten.

Da rief ein Mann aus Nidwalden, Arnold von Winkelried hieß er, mit gewaltiger Stimme: »Eidgenossen, ich will euch eine Gasse machen, sorget für mein Weib und meine Kinder!« Und flugs stürzte er sich in die dräuenden Lanzen der Ritter, fasste ihrer, was er vermochte, in seine starken Arme und riss sie samt ihren Trägern mit sich zu Boden.

Und nun stürmten und sprangen die Eidgenossen, die ihm zunächst waren, wie das heilige Donnerwetter über ihn hinweg in den Feind und begannen den Einschlupf, die schmale Gasse, die ihnen der sterbende Winkelried in den Lanzenwald aufgetan, mit Hellebarden, Morgensternen und Schwertern gar handsam und eilfertig auszuweiten. Ei, wie wetterte es da auf die ritterlichen Panzer! O weh, wie kamen die Sturmhüte der vornehmen Herren ins Fliegen! Und es wurde ein fürchterlicher Hau und ein grausiges Blutbad. Ein gar heißer Schlachttag.

Wohl wehrten sich die Edelleute mannhaft; aber nun wurden ihnen ihre Harnische und allzu langen Spieße zum Nachteil. Sie machten sie nur schwerfällig. Nein, sie konnten den Ansturm der wütenden Eidgenossen nicht aushalten. Auch ihr Fußvolk vermochte es nicht, so wacker es sich hielt. Die Trossknechte aber, als sie die böse Lage ihrer Herren gewahrten, schwangen sich auf deren Pferde und jagten davon.

Auch viele Ritter suchten nun ihr Heil in der Flucht. Doch siehe, einer war unter ihnen, das war ein ganzer

Mann und ein Ritter im vollen, besten Sinne des Wortes. Und das war ihr Herr, der Herzog Leopold III., ein noch junger, schöner, blauäugiger Mann. Dieser sah wohl, wie bös es kam; aber als ihn seine Edlen überreden wollten, das Schlachtfeld zu verlassen und sich zu retten, entgegnete er ihnen erhobenen Hauptes, das Banner Österreichs im Arm, das er dem zusammensinkenden Ritter von Aarburg abgenommen: »Das verhüte Gott, dass ich fliehe! Es ist so mancher fromme Biedermann für mich in den Tod gegangen, dass ich die Meinen nicht verlassen kann. Lieber will ich ehrlich sterben als unehrlich weiterleben!«

Und da waren die grimmigen, kampferregten Eidgenossen auch schon auf ihm, und er wurde erschlagen. Ehre allzeit diesem wahrhaftigen Edelmann!

Aber als nun die Eidgenossen, jauchzend über den Sieg, sich sammelten, fanden sie ihren Helden Winkelried verblutet auf dem Schlachtfeld.

Das griff ihnen gewaltig ans Herz. Sie fielen um den Toten nieder und dankten Gott, der ihnen diesen starken Mann erschaffen hatte, und sie dankten für den großen Sieg. Drei Tage blieben sie auf der Walstatt.

Alljährlich feiert man im Luzernerland diesen Tag bei der Schlachtkapelle zu Sempach. Er verdient es wohl, denn dieser Sieg war die zweite unsichtbare Mauer um die Eidgenossenschaft und ihre jungen Freiheiten. Und immer wollen wir des treuen Mannes gedenken, der diese Doppelwehr erbauen half.

»Wir singen heut ein heilig Lied,
Es gilt dem Helden Winkelried.«

Der Schultheiß von Zofingen

Eines Mannes lasst mich aber auch noch gedenken, der die Schlacht bei Sempach, freilich auf der österreichischen Seite, mitgemacht hat. Das war der Schultheiß der heute und schon Jahrhunderte hindurch gut eidgenössischen Stadt Zofingen im Aargau.

Als nun dieser Schultheiß, Niklaus Thut hieß er, mitten in der Schlacht war und die kommende gänzliche Niederlage des Adels sah, riss er das Fähnlein seiner Stadt von der Stange und stopfte das rotweiße Seidentuch in den Mund. Dann fiel auch er in tapferer Abwehr mit zwölf Kampfgenossen aus Zofingen. Und als man ihn nach der Schlacht heimbrachte, um ihn zu beerdigen, fand man in seinem Mund das gerettete Banner. Von da an mussten die Schultheiße der Stadt Zofingen ihrer Bürgerschaft schwören, das Stadtbanner so getreu zu hüten wie Niklaus Thut.

Wie sagt die alte Chronik:
»Und die von Zofingen
Die warend auch an der not:
Si hant gar redlich gefochten,
Ir Venner wart geslagen tot.
He, ir Panner das was klein,
Einer hats ins mul geschoben,
So kam es wider heim.«

Die Burgverließe

Nachdem die Eidgenossen Österreich und den Adel bei Sempach besiegt hatten, zogen die Berner aus gegen Nidau, das Österreich gehörte, und nahmen die Burg. Als sie dieselbe durchsuchten, hörten sie aus der Tiefe des Turms Jammergeschrei.

Also stieg man hinunter und fand nun in einem schauerlichen Loch oder Burgverließ, in dem's auch am Tag dunkel war, zwei Greise, die an Ketten lagen und deren schneeweiße Bärte ihnen fast bis auf die Knie gereicht haben sollen.

Die bernischen Kriegsgesellen entsetzten sich ob dem Elend der alten Gefangenen, die erbärmlich um Erlösung flehten. Und es ergab sich, dass diese Eingekerkerten ein Bischof und ein Abt aus dem fernen Portugal waren. Man hatte sie auf ihrer Rückreise von Rom mit ihren Begleitern, die man erschlug, überfallen und beraubt und in das Burgverließ zu Nidau eingesperrt.

Die Berner befreiten sie also aus dem Raubritterschloss und gaben ihnen die Mittel zur Heimreise ins Portugiesische und ein bewaffnetes Geleit.

Aber die beiden befreiten Herren vergaßen den Bernern ihre edle Tat nicht. Sie vergüteten ihnen nicht nur alles, was sie von ihnen erhalten hatten, sie schickten ihnen auch noch ein großes Geldgeschenk von tausend Dukaten.

Die kluge Gattin

Unweit des aargauischen Dorfes Auenstein stand vor alters ein festes Schloss auf einem Felsen in der Aare. Es hauste darin der Ritter Hemmann von Reinach mit seiner Gattin Ursula von Homberg.

Da dieser Ritter ein grimmiger Feind der Eidgenossen war, rückten ihm die Berner im Jahre 1389 vor die Burg und nahmen sie ein. Aus dem Schloss aber sollte nur die Gemahlin des Ritters mit ihrem Söhnlein und ihren Kostbarkeiten ungestraft abziehen dürfen. Die hundert Mann Besatzung, die sich, auf Gnade und Ungnade, hinauswagten, wurden hingerichtet.

Als das Frau Ursula von der Burg aus sah, wurde ihr weh und bang um ihren Gatten. Sie ließ also alle Kostbarkeiten, die sie doch hätte mitnehmen dürfen, dahinten, lud sich ihren lieben Mann auf den Rücken und ging alsdann, das Büblein neben sich, erschrockenen Herzens unter die vor dem Schloss lagernden Berner hinaus.

Solche Treue achteten aber die Kriegsleute von Bern. Nicht nur geschah dem Ritter nichts, man gab ihm und seinen Lieben sogar sicheres Geleit bis ins Schloss Bernau am Rhein. Die Burg Auenstein jedoch zerstörte man bis auf den Grund.

Ursprung der Näfelserfahrt

Nach der Schlacht bei Sempach nahmen die Glarner mit Hilfe der Eidgenossen das österreichische Städtchen Weesen im Sturm. Aber die Österreicher eroberten es zurück. Und von dort aus fielen sie alsdann ins Glarnerland ein. Die Glarner stellten sich hinter ihrer Talsperre oder Letzimauer unweit Näfels unter ihrem Feldhauptmann Matthias Ambühl auf.

Am 9. April 1388 rückte das österreichische Heer an, und die Glarner Hirten mussten seiner Übermacht weichen. Gleich begannen die österreichischen Mannschaften zu plündern und das Vieh wegzuführen. Näfels wurde angezündet. Weiber und Kinder flohen auf die Alpen. Ambühl aber mit seinen Glarnern, der sich ob Näfels an einem Abhang des Rautiberges aufgestellt und Zuzug aus dem Tal der Linth erwartet und bekommen hatte, fiel unversehens, da ihm auch noch eine geringe Schar Schwyzer über die Berge zu Hilfe geeilt war, auf den Feind hinunter. Zehnmal musste er mit seinen Bergbauern weichen, aber der elfte Ansturm gelang. Die Österreicher wurden in die Flucht geschlagen und hart verfolgt. Gar viele von ihnen ertranken auch in der Linth.

Noch heute feiert man diesen Sieg, der das Glarnerland völlig frei machte. Das Volk von Glarus besucht in langem Umgang die elf wichtigsten Stellen des Schlachtfeldes. Auf der sechsten wird die Geschichte jenes denkwürdigen Tags verlesen. Man heißt dieses alljährliche Landesfest die Näfelserfahrt.

Der Wein als Stadtwächter

Es war nach der Schlacht bei Näfels, in der die Glarner so handlich mit den Österreichern umgegangen waren. Nun hatten auch sie Ellenbogenweite bekommen. Sie gedachten also diese mit ihren zugewandten Eidgenossen gehörig auszunützen und dem Herzog von Österreich, der aus einem vormaligen Regenten ein immerhin nicht ungefährlicher Nachbar geworden war, nach Kräften Abbruch zu tun.

Am liebsten hätten die Eidgenossen aber die so tapfer verteidigte kleine Burgstadt Rapperswil, die so kühn und fein auf einer Halbinsel in den blauen Zürichsee hinausrückt und ihrer vielen Rosen im Wappen und in den Gärten wegen wohl auch Rosenstadt heißt, eingenommen. Sie war in den österreichischen Vorlanden wohl die zuverlässigste Festung der Herzöge.

Gut. So legten sich also meine Eidgenossen von Glarus, Uri, Schwyz und Unterwalden, von Zug, Zürich und Luzern vor die oder vielmehr hinter die kleine Stadt, denn vorne schirmte sie der See. Man gedachte die tapfern Rapperswiler und die ihnen zugesellten Genueser Bogenschützen und Lamparter aus dem Mailändischen einfach auszuhungern. Das wollte ganz und gar nicht geraten; denn der See lieferte dem Städtchen Fische überreichlich, ja, man fing die appetitlichen Seeforellen, Hechte und andere Fische ganz gemütlich vor den Augen des Feindes.

Jetzt verleidete den Eidgenossen das Warten, und also gingen sie am 1. Mai 1388 als ein gar scharf mit allerhand Hauzeug, Büchsen, Tummlern, Bliden, Katzen, Steigleitern, Schirmen und Handwerken geladenes Donnerwetter auf die Mauern der guten Stadt Rapperswil los. Sogar brennende Schiffe ließen sie an die Stadt hintreiben.

Aber die Rapperswiler und ihre welschen Helfer waren auch nicht müßig. Sie warfen mit Steinen, Feuerbränden und was sie bei Händen hatten, auf den andringenden Feind, und die wehrhaften Frauen der Rosenstadt waren überall die geschäftigsten.

Dennoch brachten es ein Schärlein Eidgenossen, ungesehen von den Verteidigern, dazu, bei einem Abwasserauslauf ein Loch so weit in die Mauer zu treiben, dass es für sie eben weit genug wurde, hindurchzukommen. Das taten sie und also gelangten sie zu ihrer Verwunderung und Freude aus dem heißen Tag plötzlich in einen angenehm dämmerigen und kühlen Weinkeller eines Hauses im Mauerring, ohne dass man in der Stadt eine Ahnung davon hatte. Nun stand den Rapperswilern der Untergang gar nahe; denn die Eidgenossen hätten nun bloß die Kellerstiege hinauf und in die Stadt hineinlaufen müssen, so wäre sie ihnen zugefallen und den Herzogen von Österreich eine weitere gar schöne Feder aus ihrem Pfauenschweif ausgerupft worden.

Jedoch das taten meine lieben gemächlichen und insbesondere von der großen Hitze heillos durstigen Eidgenossen keineswegs. Im Gegenteil machten sie sich angelegentlich hinter die Weinfässer, die so anmächelig an den Wänden herumstanden, und ließen sich die schöne, rotfarbige Flüssigkeit in die Helme und Sturmhauben strömen. »Heijahan und aber dran!« Das war nun ein Leben! Da ließ sich's weit behaglicher sein als draußen unter dem Abwehrsturm und dem Steinhagel der Belagerten. Also machten sich die braven Eidgenossen völlig heimisch im kühlen Kellerschlupfe und wurden so wohlgelaunt, dass sie zu lachen, zu singen, ja zu jauchzen anhoben. Einige Gesellen gar krochen mit Blechhüten voll Weins hinaus durch die Mauer zu den andern Eidgenossen, um sie ihrer unterirdischen Freuden auch teilhaftig werden zu lassen.

Aber die Frauen der bestürmten Stadt hatten unterdessen herausgefunden, wo die Motten das Loch in den Pelz gemacht hatten. Sie taten sich behend zusammen und verrammelten rasch die Türe ob der Kellerstiege mit allem Möglichen. Alsdann rissen sie den Estrich auf. Und nun ließen sie aus Eimern und Kübeln aller Art einen so siedendheißen Platzregen über die trinkbeflissenen Eidgenossen kommen, dass die nichts anders meinten, als die Donnerwetter werden jetzt im Himmel auch noch gekocht, siedendheiß angerichtet und also über die sündige Menschheit ausgeschüttet. Nun hätten sie sich gern von dem süffigen rotblütigen Wein beurlaubt, um sich mit Glimpf davon zu machen. Aber nur Wenigen gelang es, aus dem Keller zu entkommen; denn zum Ersten waren meine lieben getreuen Eidgenossen schwer betrunken, zum Andern war das Loch auf einmal zu eng für alle, die gleichzeitig hinauswollten, und zum Dritten und Letzten fuhren jetzt die ergrimmten Rapperswiler Mannsleute die Kellerstiege herunter und erschlugen alle, die's noch nicht durch den Ausschlupf ins Freie gebracht hatten. So erging's nun den diesmal recht unbesonnenen Eidgenossen, wie das Sprüchlein sagt: Wer andern eine Grube gräbt, fällt selbst hinein, oder: Füchslein im Loch, man fängt dich doch!

Also mussten die Eidgenossen unverrichteter Sache von der hochgetürmten und doch so lieblichen Stadt Rapperswil ziemlich ruhmlos abziehen und brachten von der hitzigen Belagerung und dem lustigen Weingelage im kühlen Keller nichts heim als einen tüchtigen Katzenjammer.

Der Vogt auf Schwendi

In Schwendi, hinter dem Dorfe Appenzell, soll ums Jahr 1400 ein Edelmann gewohnt haben, der zuweilen vor seinem Turm saß. An diesem Turme ging oft ein Knabe vorbei, um auf der Alp Molken zu holen. Der Junge war in geringer Entfernung vom Schlossturm zu Hause, im Rachentobel, wo sein Vater als Müller und Bäcker sich umtat und für acht Kinder zu sorgen hatte.

Als nun der Knabe einst wieder am Turme vorbei ging, fragte ihn der davor sitzende Burgherr, was seine Eltern machen. Da antwortete das Bürschlein: »Der Vater backt ehegegessenes Brot, und die Mutter näht Bös auf Bös.« Der Burgherr wollte wissen, was das zu bedeuten habe, worauf der Knabe antwortete, der Vater habe eben das Mehl, das er verbacke, noch nicht bezahlt, und die Mutter suche ein abgetragenes, schadhaftes Gewand mit alten Lappen auszubessern. Und als ihn der andere fragte, warum sie das tun, gab der junge Appenzeller zurück: »Eben darum, weil du uns alles Geld vorweg nimmst.« Der erboste Edelmann aber drohte ihm und rief ihm nach, wenn er ihm nochmals so komme, hetze er die Hunde auf ihn.

Nun erzählte der Knabe das alles zu Hause. Da riet ihm der Vater, ein nächstes Mal die Milchkanne mit dem Deckel abwärts zu tragen und eine Katze hineinzusperren.

Wie nun der witzige Junge wieder am Turme vorbei kam, redete ihn der Burgherr, der auf seinem Bänklein an der Mauer hockte, wieder an und fragte: »Heda, du Witznase, kannst du mir sagen, ob eine Elster mehr weiße als schwarze Federn hat?« Gleich antwortete der Bub: »Herr Vogt, zur Stunde kann ich Euch das nicht sagen. Wenn aber Ihr die Elster wäret, tät ich sagen, mehr schwarze.«

Dieser kecke Bescheid erzürnte den Burgherrn, und so ließ er wirklich seine Hunde auf den fliehenden Knaben los. Wie der aber merkte, dass er den wütenden Hunden niemals entgehen könnte, ließ er den Deckel rasch von seiner verkehrten Milchkanne. Die Katze schoss heraus, und flugs jagten die Hunde ihr nach. Aber er lachte doch zu früh; denn der Burgherr rannte ihm selber nach, holte ihn ein und stach ihn tot. Dann überkam den Unhold jedoch der Schrecken über seine Untat. Er floh.

Er soll aber noch nicht einmal den Gipfel eines nahen Berges, Fähnern, erreicht haben, als schon die Flammen aus dem Dach seiner Burg himmelan loderten.

Von den Appenzellern

Die Appenzeller, dieses lebhafte, einfällige Völklein um den Säntis und der Enden, hatten sich von der Herrschaft der Äbte von St. Gallen freigemacht. Auch ihnen half das Glück durch ihre Lage im Bergland und die ansehnliche Zahl ihrer Dörfer, Weiler und Hofstätten, wie seinerzeit den drei Ländern Uri, Schwyz und Unterwalden.

Allein die Äbte waren auch nicht müßig, und eines Tags erschien der Herzog Friedrich von Österreich als Beistand des Klosters St. Gallen mit einem starken Heer im Appenzellerland. Es fand ein Haupttreffen mit den Leuten der appenzellischen Landschaften an den grünen Abhängen des Stoß statt, und das wurde von dem Hirtenvolk gewonnen. Hiezu sollen auch die gar tugendlichen, raschen Appenzeller Frauen und Töchter viel beigetragen haben. Und das war so gekommen: Als die Bergbauern mit den Österreichern im heißen Kampf lagen und fast meinten, es könnte ihnen schlimm ergehen, tauchte aus den Hügeln ob dem Schlachtfeld unversehens eine große Schar Hirtenvolk auf. Das war den Österreichern zu viel. Sie flohen und verloren die Schlacht. Wie erstaunten aber die Appenzeller, als sie in den zu ihrem Beistand bergabstürmenden Hirten ihr getreues Weibervolk erkannten, das sich hinterrücks flink mit Hirthemden bekleidet und so den Feind rechtzeitig getäuscht und entmutigt hatte.

In diesem Freiheitskampf der Appenzeller zeichnete sich ein Bauersmann, namens Uli Rotach, besonders aus. Als er den Feind zu hitzig verfolgte, geriet er völlig unter die Österreicher. Ihrer zwölf stellten sich ihm entgegen und bedrängten ihn also, dass er sich zu einer Alphütte zurückziehen musste. Dort pflanzte er sich breitbeinig an der Hüttenwand auf und ließ seine Hellebarde wie einen Besenblitz über seine Bedränger kommen. So heldenhaft hielt er sich, dass er fünf Österreicher erschlug und die andern so lange abzuwehren vermochte, bis es einem gelang, die Hütte hinter ihm anzuzünden. Die ausbrechenden Flammen und der Rauch, nicht aber die Waffen seiner Angreifer, brachten ihm den Tod.

Die Appenzeller aber wurden darnach gefürchtete Feinde des Adels im Thurgau, Vorarlbergischen und noch da und dort. Sie brachen viele Burgen und machten sich mehrere Landschaften, auch das Rheintal, untertänig, verloren aber nach einem ungeschickten Handstreich auf Bregenz am Bodensee so ziemlich alles wieder.

Des deutschen Kaisers Siegmund Empfang in Bern

So frei sich nun die acht alten Orte der Eidgenossenschaft dünkten und auch waren, so wenig sie den Herzogen von Österreich als ihrem Erbfeind und andern Herren, denen sie mancherlei Land, Städte und andere Herrschaften weggenommen hatten, nachfragten, fühlten sie sich anderseits doch immer noch mit Kaiser und Reich einigermaßen verbunden, besonders dann, wenn sie ihren Vorteil dabei zu finden meinten. Und das dauerte bis zum Schwabenkrieg. Wie sehr ihnen noch am Wohlwollen des Reichs und seines Regenten lag, lässt sich auch aus der Aufnahme erkennen, die dem Kaiser Siegmund im Jahre 1414 im Schweizerland und also auch in Bern zuteil wurde.

Nämlich im Sommer des vorbemeldeten Jahrs gelangte Kaiser Siegmund, aus Italien über den Großen St. Bernhard kommend, bis nach Romont im Freiburgischen. Dort traf ihn eine Botschaft von Bern, die ihn zum Besuche einlud. Über Freiburg begab sich nun der Kaiser gen Bern, mit seinem Gefolge von Fürsten und Edeln. Er hatte über 800 Pferde und der Graf von Savoyen zu 600 bei sich.

Aus Bern war ihm ein feierlicher Zug entgegengegangen. An seiner Spitze gingen 500 Knaben, alle unter zwölf Jahren. Einer trug das Reichsbanner, dessen Farben alle auf ihren Kappen hatten. Sie empfingen den Kaiser und knieten vor ihm nieder. »Da wächst uns eine neue Welt!« sagte leutselig der hohe Herr. Den Knaben folgte singend die Geistlichkeit. Am Stadttor wurde der Kaiser von Schultheiß und Räten und dem ganzen Volk, das sich mit Kränzen geschmückt hatte, empfangen. Der Schultheiß überreichte ihm die Schlüssel der Stadt, die der Fürst mit den Worten »Hütet sie wohl!« wieder zurückgab. Beim Einzug in die Stadt trugen vier Venner* über des Herrschers Haupt einen vergoldeten Thronhimmel. Man führte ihn alsdann ins Predigerkloster, wo man ihm ein Schlafgemach aufs Kostbarste eingerichtet hatte. Sein Esszimmer war ebenso festlich herausgeputzt und die Wände mit teuren Tapeten geschmückt. Der König aber saß am Tisch hinter einem goldenen Tuch. Auch die Fürsten seiner Begleitung und der ganze Hofstaat wurden aufs Beste versorgt und bewirtet. Und dem Volk reichte man Wein dar. Kurzum, es war ein großes Festen.

Am dritten Tag ritt der Kaiser mit seinen Herren und all seiner Begleitschaft gen Solothurn, sehr zufrieden mit seiner freien, unmittelbaren Reichsstadt Bern.

Die Mazze

Unser Wallis, der heutige Kanton, zieht sich von der Furka bis an den Genfersee. Vom Bernerland und von Italien trennt ihn ein wundervolles Hochgebirge. Sein Haupttal aber wird von der Rhône durchströmt und ist zum Teil sehr fruchtbar. Ein gerühmter Wein und Südfrüchte dieser und jener Art gedeihen darin. Und wildromantische Seitentäler steigen hinauf bis zum ewigen Schnee.

Einst hatten die Bewohner des Wallis eine an die Heidenzeit erinnernde eigentümliche Art, Aufruhr gegen verhasste Häuptlinge im Lande zu erregen. Man schnitzte aus

* Fähnriche

dem Holzstrunk einer jungen Linde einen Menschenkopf mit trauerndem Angesicht und umwand ihn mit Zweigwerk und Dornen. Dieser Holzkopf war das Bundeszeichen der Aufständischen, in den jeder als Ausweis seiner Zugehörigkeit einen Rossnagel hineinschlug. Man nannte diesen rohgeschnitzten Kolben die Mazze. Sie wurde nachts an einen Baum gebunden, der an einem vielbegangenen Wege stand. Am frühen Morgen sammelte sich um die Mazze das Volk an. Alsdann trat ein wohlberedter, kühner Mann als Mazzenmeister vor. Er löste die Mazze vom Baum und stellte sich mit ihr auf einen offenen Platz, und nun fragte das Volk: »Mazze, was willst du, Mazze, was trauerst du?« Worauf sich der Mazzenmeister seinem Holzgötzen mit den Worten zuwandte: »Mazze, diese guten Leute wollen dir helfen; sag, wen fürchtest du?« Und laut hob er an, die Namen vornehmer Herren zu nennen. Kam so der Name eines Verhassten, so nickte die Mazze. Der Mazzenmeister aber redete weiter: »Die Mazze hat euch geklagt, biedere Männer; wer sie retten will, bezeuge es mit seiner Hand!« Fuhr nun die Mehrheit der Hände auf, so wurde ein Tag festgesetzt, und das ganze Land bot man auf diesen Tag auf, der Mazze zu helfen. Wie er anbrach, rückte das Volk mit ihr aus und überfiel Burg, Haus und Heim des Gemazzten, auch die Besitzungen seiner Verwandtschaft und Anhänger. Alles wurde ausgeplündert und zerstört, und die Betroffenen konnten Gott danken, wenn sie vor dem Ansturm der rachedurstigen Mazze zu entfliehen vermochten.

Die Macht dieses vernagelten Holzkopfes oder vielmehr des geplagten Volks, dessen Feldzeichen er war, sollte auch das Freiherrengeschlecht derer von Raron erfahren. Es war im Wallis immer höher gestiegen. Aber Hochmut kommt vor dem Fall. Einer aus dieser Familie, Witschard, erwies sich als ein Erztyrann. Endlich ging dem Volk die Geduld aus. Es erhob im Jahre 1414 die Mazze wider ihn.

Nun suchte der Freiherr die Hilfe des schon recht starken Bern, und so bekamen es die Walliser mit zwei Feinden zu tun. Sie wehrten sich aber tapfer. Und nachdem sie unter ihrem Anführer Thomas Riedi den Bernern in einem Gefechte eine Niederlage beigebracht hatten, schlossen sie mit ihrer Stadt Frieden. Witschard von Raron aber musste fern von seinen Burgen und Landbesitzungen im Wallis sterben, und mit dem Glanz seines Geschlechts war's für immer aus. Die Mazze hatte auch es gemeistert.

Das Banner von Zug

Die Urner und Obwaldner und andere Eidgenossen hatten im Livinental unseres lieben Landes Tessin die Herrschaft gewonnen. So war auch Bellinzona an sie gekommen, das Städtchen, vor dem sich so recht der sonnige Süden auftut.

Aber der Herzog von Mailand sah diesen Einzug der Eidgenossen über den Gotthard und in seinen Machtbereich sehr ungern. Deswegen schickte er ein Heer aus, und diesem gelang es, die Stadt Bellenz wieder einzunehmen.

Nun weckte der Stier von Uri die Eidgenossen, und bald überstiegen dreitausend Mann von Uri, Luzern, Unterwalden und Zug und vierhundert zürcherische Armbrustschützen das Gotthardgebirge. Die Hauptmacht der Zürcher und der andern Orte sollte nachkommen.

Bevor sie jedoch zuzuziehen vermochte, kam's am 30. Brachmonat 1422 bei Arbedo vor Bellinzona zur Schlacht. Sie begann am frühen Morgen und dauerte acht Stunden.

Aber das mailändische Heer war den Eidgenossen überlegen. Es sanken viele wackere eidgenössische Hauptleute. Unter ihnen auch der Ammann und Bannerherr von Zug, Peter Kolin. Er brach mit dem Banner sterbend zusammen.

Da eilte der nächste seiner Söhne, Hans Kolin, herbei. Er raffte das Banner auf und verteidigte es, triefend von seines Vaters Blut, verzweifelt. Aber auch er wurde tödlich verwundet. Nun riss er die Fahne von der Stange, wand sie sich um den Leib und stürzte in einen Graben. Das sah sein Freund Johannes Landtwing; er schlug sich zu ihm durch, löste die Fahnenstange aus seinen erstarrten Fäusten, machte auch das Tuch los, und siehe, wiederum wehte es über dem Häuflein der hart kämpfenden Zuger und wurde auch glücklich wieder heim in die kleine Stadt Zug gebracht, wo es heute noch, als ein Zeichen der Treue zum Vaterland, zu sehen ist.

Der kleine Schweinehirt

Johann von Brogny war ein Bauernbüblein. Er musste Schweine hüten. Als er heranwuchs, wurde eines Tags ein Kardinal auf das ansprechende Wesen des Knaben aufmerksam. So ließ er ihn studieren. Aus dem Hirtenknaben wurde ein Geistlicher, und zwar ein so vollkommener, dass er's bis zum Kardinal brachte.

Es kam sogar dazu, dass dieser Kardinal Brogny während der Erledigung des päpstlichen Stuhls Vorsteher der Kirchenversammlung zu Konstanz wurde. Man erzählt sich von ihm aus seiner Bischofszeit in Genf (um 1423), dass er sich dort durch seine große Wohltätigkeit ausgezeichnet habe. Er verwandte seine Einkünfte für die Armen. Er ließ ihnen Häuser erbauen und sie mit Kleidern versehen. Armen Töchtern besorgte er die Aussteuer. Einen Schuster, der ihm einst, als er noch ein Knabe war, die Schuhe, die er nicht bezahlen konnte, schenkte und dabei sagte: »Bezahle mich, wenn du Kardinal wirst!« machte er zum Hofmeister. Seiner Abkunft schämte sich der hoch angesehene Greis niemals. Er war wahrhaft demütig und von Herzen. Damit er und andere es ja nie vergessen sollten, wie sehr er aus ärmlichen Verhältnissen herkomme, ließ er sich als Hirtenknabe, der Schweine hütet, malen.

Der verhängnisvolle Spucknapf

Im Bündnerland, im weidenreichen Tal Schams, sollen einst die Schlossherren der Bärenburg und von Fardün unmenschliche Bösewichte gewesen sein. Sie trieben es mit dem Volk, wie's ihnen beliebte, und behandelten es aufs Schändlichste. Aber die armen Leute nahmen es hin und duldeten schweigend.

Jedoch einer war unter ihnen, der sich nicht gar alles gefallen lassen wollte. Er hieß Johannes Chaldar.

Als die Herren von Fardün eines Tags zwei Rosse in seine Saat treiben ließen, ergrimmte der Bauer so, dass er die Rosse erschlug. Dafür musste er in Ketten im Burgverließ dulden, bis es den Seinen gelang, ihn mit einem großen Lösegeld und tausend Tränen zu befreien.

Wie nun Chaldar wieder friedlich bei seinen Lieben wohnte und eben in seiner Hütte mit ihnen zu Mittag aß, trat der Herr von Fardün herein. Alle begrüßten ihn ehrerbietig. Er aber sah hochmütig über sie hin. Er machte sich näher an den Tisch und spuckte ihnen in den Brei.

Da flammte Chaldars Zorn gewaltig auf. Er packte den Freiherrn im Nacken und stieß seinen Kopf samt Kappe in das heiße Mus hinein: »Nun friss den Brei, den du gewürzt hast!« brüllte er und schlug ihn nieder. Darnach rannte er aus der Hütte und rief das Volk auf.

Das rottete sich zusammen, und bald ging's, schwer gerüstet, auf die Burgen der übermütigen Regenten los. Diese Raubhorste wurden eingenommen, verbrannt, und also hatte die Herrschaft der anmaßenden Edelleute für immer ein Ende.

Die drei Bünde

In Graubünden gab's einst harte Herren und schwer bedrückte Untertanen. Da taten sich Männer, die es nicht länger zu ertragen vermochten, zusammen und berieten sich im Geheimen, wie sie sich von diesem Druck befreien könnten. Sie beschlossen also, sich zuerst an ihre ungnädigen Herren selber zu wenden, ihnen die Gewalt und das Unrecht, das sie verübten, so recht klar zu machen und sie zu bitten, sie möchten sich lieber mit ihnen gegen das Faustrecht verbünden und überall im Lande die einstigen Rechte und Freiheiten des Volks herstellen helfen.

Und wirklich entsprachen all die Herren, denen es unheimlich geworden sein mochte, mit Ausnahme eines einzigen, dem Ansuchen der Hirten. Um Mitte März 1424 versammelten sich die gnädigen Herren und die Häupter der Gemeinden des nachherigen grauen Bundes zu Trons unter einem mächtigen Ahorn. Und so beschworen denn die Versammelten einen ewigen Bund.

Im Jahre darnach schlossen sich die Herren und die Gemeinden im Gebiet des Bischofs von Chur zu einem ähnlichen Bund, zum Gotteshausbund, wozu schon früher der Grund gelegt worden war, zusammen. Und nach dem Erlöschen des sie beherrschenden Grafenhauses Toggenburg gründeten auch die Gemeinden im Prätigau, Davos und Schanfigg, zum Schutze der gewonnenen Freiheit, den Bund der zehn Gerichte.

Gemeinsame Gefahren bewirkten, dass sich diese drei Bünde miteinander eng befreundeten und zwar so, dass sie seit dem Jahre 1471 oft gemeinschaftliche Tagungen abhielten.

Das Erdbeben von Zug

Es war am 4. März 1435, als plötzlich ein heftiges Erdbeben die Stadt Zug also rüttelte und schüttelte, dass die festen steinernen Häuser Risse bekamen. Entsetzen überkam das Volk, und viele flohen. Andere jedoch glaubten die Gefahr vorüber und blieben in der Stadt.

Es ging dem Abend zu. Da dröhnte und grollte es in der Erde auf einmal fürchterlich; der Boden spaltete sich, und eine riesige Staubwolke legte sich über die Stadt. Und als es wieder heiter wurde, sah man, dass zwei Straßen mit Ringmauern und Türmen im See versunken waren und mit ihnen sechzig Menschen.

Unter den Versunkenen war auch der Stadtschreiber Wikard. Sein Büblein Adelrich, über dessen Rettung die

Mutter ertrank, schwamm in seiner Wiege inmitten herumtreibender Holztrümmer und Gerätschaften im See und wurde gerettet.

Die ganze Eidgenossenschaft bezeigte den Zugern ihre Brudertreue. Die Zürcher kamen so rasch als möglich mit Wagen voll Speisevorräten und Kleidern zu Hilfe, nach dem schönen Sprichwort: »Wer schnell hilft, hilft doppelt.«

Vom alten Zürichkrieg

Dieser Bruderkrieg zwischen den Eidgenossen von Zürich und Schwyz entstand wegen einer großen Erbschaft, wie schon so mancher unselige Streit im Großen und im Kleinen. Es wurde in der Folge wohl dazu noch ein persönliches Ringen zwischen dem erfolgstolzen glarnerischen Emporkömmling, dem Bürgermeister von Zürich, Rudolf Stüßi, und dem tatkräftigen Landammann Ital Reding, aus einer alten schwyzerischen Familie. Es kam aber dann dazu, dass Schwyz den Krieg gegen Zürich schließlich gewann. Der Erblasser aber, um dessen reichen Länderbesitz es ging, war Graf Friedrich von Toggenburg, der letzte seines Geschlechts, das in der Ostschweiz, den damaligen österreichischen Vorlanden, eine so große Rolle spielte.

Also Rudolf Stüßi hatte es aus einfachem Herkommen, als ein tüchtiger und auch körperlich gewaltiger Mann, in Zürich zum Bürgermeister gebracht. Sein Wille beherrschte Zürich. Sogar der oben erwähnte Graf Friedrich von Toggenburg suchte seine Gunst zu gewinnen und dann auch zu behalten. Aber sein großes Ansehen machte den Bürgermeister hochmütig. Stüßi hatte einen Sohn, namens

Hans, der aber wenig von seines Vaters Kopf und Faust, wohl aber dessen Stolz und noch ein gerüttelt Maß eigener Eitelkeit hatte. Dieser Sohn kam nun an des Toggenburgers Hof, auf die Schattburg bei Feldkirch, wo er das vornehme Benehmen lernen und zugleich aber den Stolzgockel spielen wollte. Er glaubte, weil er der Sohn des mächtigen Bürgermeisters von Zürich sei, sollten sich, wie ein Chronist sagt, an diesem gräflichen Hofe Stühle und Bänke vor ihm verneigen.

Das verdross die jungen Edelleute. Sie ließen ihn auch ihre Geringschätzung deutlich merken. Der junge Hans beklagte sich hierüber bei seinem Vater, und dieser erachtete sich und Zürich geschmäht. Er rief seinen Hansen heim. Graf Friedrich von Toggenburg, der dieses missliche Verhältnis des jungen Stüßi zum jungen Adel erst nach dessen Abreise erfuhr, suchte die böse Verärgerung des zürcherischen Bürgermeisters gutzumachen und bat ihn um Aufrechterhaltung ihrer Freundschaft. Aber Stüßi wollte sich nicht mehr im Guten geben. So kam's, dass nun auch der Herr auf der Schattburg in allem, was von Stüßi kam, persönliche Beleidigung gegen ihn sehen wollte. Und da ihm bei der Bedeutung Zürichs nicht so ganz wohl sein mochte, verlandrechtete er sich mit Schwyz, wie er sich seinerzeit mit Zürich verburgrechtet hatte, und schaffte so auch nach jener Seite gewisse Ansprüche auf seinen Länderbesitz.

Als nun dieser letzte kluge Graf von Toggenburg starb, ging der Streit zwischen Stüßi und Reding oder vielmehr zwischen Zürich und Schwyz los und wuchs sich zu jenem langwierigen, blutigen Ringen aus, das man den alten Zürichkrieg nennt. Er hätte, da sich auch die übrigen Eidgenossen dreinmischten und zu Schwyz hielten, und weil die Zürcher sich mit dem österreichischen Adel verbanden, fast die Eidgenossenschaft aus Rand und Band und vielleicht zum völligen Untergang bringen können.

In diesem Kriege rückten Mannschaften der Schwyzer, Glarner und ihrer Eidgenossen eines Tags gegen die von Wasser und Mauern wohl umschirmte Stadt Zürich los. Vor der Stadt, bei St. Jakob an der Sihl, stellten sich die Zürcher, mit österreichischem Zuzug, den Eidgenossen entgegen.

Allein beim ersten wütenden Ansturm wichen sie und drängten in gänzlicher Auflösung der Stadt zu. Auf der Sihlbrücke versuchte zwar Bürgermeister Stüßi die Fliehenden aufzuhalten; aber sie beachteten seine Befehle nicht mehr, und auch das Beispiel, das ihnen der gewaltige Mann durch seine Verteidigung der Brücke gab, brachte sie nicht zum Stehen. Wahrhaft großartig aber war es, wie Stüßi den Steg so lange dem anstürmenden Feind zu versperren vermochte. Endlich gelang es irgendwem, unter dem Steg an ihn zu kommen, und also wurde er erstochen.

Und nun fuhren die Eidgenossen über ihn hinweg und verfolgten die Zürcher so hitzig, dass einige von ihnen es durchs offene Stadttor brachten. Die Stadt wäre ihnen wohl geworden, wenn nicht eine raschbesonnene Frau, Anna Ziegler, den schweren Fallgatter hätte heruntersausen lassen. So war der Zugang gründlich verrammelt, und der allzu eilfertige Landschreiber von Glarus, der mit andern auch schon innerhalb der Stadtmauer stand, konnte gerade noch seinen nun vor dem Fallgatter stehenden Landesgenossen das Banner des Glarnerlandes durch das Gatter zustrecken, worauf der getreue Mann erschlagen wurde.

Die Stadt aber konnte nicht eingenommen werden, da die Zürcher sich ermannten und den Sturm auf ihre Mauern abwiesen.

In diesem Krieg fiel den Eidgenossen nebst andern festen Plätzen auch das so tapfer verteidigte Schloss Greifensee am lieblichen See gleichen Namens zu. Und nun wollten der schwyzerische Landeshauptmann Ital Reding und die Mehrzahl der Führer der Eidgenossen den Tod der heldenhaften Besatzung, da sie ihnen schweren Schaden zugefügt und ihrer auch gespottet haben soll. Nun, man weiß ja heute nicht mehr so genau, wie's war. Die Verteidiger des Schlosses wurden also auf ein offenes Feld bei Nänikon geführt, wo sie enthauptet werden sollten. Da verlangte der Befehlshaber der auf Gnade und Ungnade übergebenen Festung, Wildhans von Breitenlandenberg, dass man ihn zuerst hinrichte, wenn man sich doch nicht mit seinem alleinigen Tod begnügen wolle. So enthauptete man denn ihn und den Großteil der herzhaften Besatzung, was weit hinein in die eidgenössischen Lande Entsetzen, aber auch Unwillen verursachte.

Nun kann ich euch, meine lieben Leser, aber aus diesem betrübenden Krieg auch etwas Fröhliches erzählen.

Nämlich, in diesen Streithändeln soll sich die zürcherische Gesellschaft zum Schneggen durch allerhand Streiche und Schäden, die sie den Eidgenossen zufügte, hervorgetan haben, so dass sie sich bei ihnen besonders verhasst machte. Man nannte die jungen, umtunlichen Burschen der besagten Gesellschaft nur einfach »die Böcke«.

Einst erbeuteten diese Böcke fern von Zürich auch einige Wagen mit goldfarbigen waadtländischen Weinen, die man ins Lager der Berner hätte führen sollen. Die jungen Gesellen brachten sie also glücklich in ihre Vaterstadt an der Limmat und schwelgten nun mit andern Bürgern im Welschwein. Sie schenkten ihn sogar auf einem Turme aus und noch da und dort, wo es die Feinde zu ihrem großen Ärger zu sehen bekamen. Auch gelang es ihnen oft, den Eidgenossen Vieh wegzunehmen. Kurzum, die Böcke taten ihnen viel Abbruch und sorgten aufs Angelegentlichste dafür, dass sie zum Schaden auch noch den Spott hatten.

Als man nun im Jahre 1450 Frieden machte, wollten die Eidgenossen die Böcke darin nicht einbegriffen wissen. Das hätte nun fast den Friedensschluss verhindern können. Aber die Gesellen zum Schneggen, die Böcke, traten vor den Rat zu Zürich und beschworen ihn, man möge doch ihretwegen dem Land den Frieden nicht vorenthalten; sie werden sich schon zu helfen wissen, wenn ihnen die Eidgenossen keinen Frieden geben wollen.

Sie verließen nach Friedensschluss die Stadt Zürich und kauften sich das Schloss Hohenkrähen in Schwaben. Dort verhielten sie sich stille und warteten ihre Zeit ab; denn sie dachten, nach und nach werde sich der Eidgenossen Unwille gegen sie auch mildern.

Nach einiger Zeit hörten sie, dass der Landammann Fries von Uri gesagt habe, wenn man diese zürcherischen Böcke, die eben Jungvolk seien, so ungnädig behandle, so dürfte man ihnen nicht sehr zürnen, wenn sie schon irgendeinen angesehenen Eidgenossen als Geisel gefangen nehmen würden. Das also vernahmen die Böcke und ließen es sich nicht zweimal sagen.

Als nun der Landammann Fries von Uri eines Tags auf einem Marktschiff mit andern Marktleuten nach Zürich fuhr, schwammen unversehens zwei Nachen mit Bewaffneten ans Schiff hin. »Es ist ein Mann in euerm Schiff«, riefen die Böcke, denn sie waren in den Nachen, »den müssen wir haben, oder wir bringen alles auf euerm Schiff um!«

Der Urner Landammann merkte rasch, wen er vor sich habe und um wen es gehen möchte. So trat er denn hervor und sprach zu den Böcken: »Euch ist gut raten, liebe Gesellen. Ich habe freilich nicht gerade gemeint, dass es mich angehen sollte.«

Sie hießen den Landammann also zu ihnen hineinsteigen und führten ihn darnach auf ihr Schloss Hohenkrähen, wo er sehr gut von ihnen gehalten wurde.

Er schrieb nun in sein Land Uri und an andere eidgenössische Orte, dass man ihn befreien möchte. Und jetzt mussten die Eidgenossen den Frieden mit den schlauen Böcken sogar um dreihundert Gulden erkaufen. Der Landammann Fries aber erzählte später immer wieder, dass ihm sein Leben lang nie mehr Ehre und Freundschaft erzeigt worden sei als in der Gefangenschaft der tatenfreudigen Böcke von Zürich.

Der Überfall auf Brugg

Ein Ritter, Thomas von Falkenstein, brachte zur Zeit des alten Zürichkriegs der Stadt Brugg großes Unglück. Er kam in der Nacht des 30. des Heumonats* 1444 mit Hans von Rechberg und einem Söldnerhaufen vor das geschlossene Tor der Aarebrücke und begehrte, eilends in die Stadt Brugg eingelassen zu werden. Erst weigerte sich der Torwächter, aufzutun; allein dem listigen Ritter Falkenstein gelang es, ihn zu überreden. Wie nun der törichte Wächter öffnete, erstach man ihn sogleich. Die Söldner drangen ein, und ratsch-tatsch! flog das Tor wieder zu, damit den Eindringenden ja niemand hinaus nach Hilfe entlaufen könne. Und nun wurden die zu spät aus den Betten aufgeschreckten Bürger überfallen, mehrere ermordet und andere gefangen genommen.

* Juni

Es war aber doch einigen Stadtbürgern gelungen, sich über die Stadtmauer hinunter zu lassen und so zu entfliehen. In aller Eile riefen sie das Volk zusammen; aber dessen Hilfe kam eben zu spät, denn schon brannte die kleine Stadt. Mit großer Not nur vermochten sich Greise, Kinder und Frauen vor dem Feuer zu retten.

Der Falkensteiner aber zog ab. Er ließ die Gefangenen nach Laufenburg bringen und dort im Turme ob dem Rheinstrom einkerkern, sodass niemand wusste, wo sie hingekommen waren.

Aber ein Bürger des Brugger Prophetenstädtchens, namens Küffer, ließ sich tollkühn an einem Seil, das er aus seinem Bettzeug gedreht hatte, vom Schlossturme herab. Er sprang in die Rheinstrudel, entkam glücklich und entdeckte den Aufenthaltsort seiner Mitbürger. Mit schwerem Geld mussten die so hart mitgenommenen Frauen von Brugg ihre Männer auslösen. Jedoch die Eidgenossen nahmen diesen bösen Handstreich des Herrn Ritters nicht so ohne Weiteres hin. Sie halfen der unglücklichen Stadt, zogen vor die Burgen des Falkensteiners, Gösgen und Farnsburg, und eroberten und zerstörten sie gründlich.

St. Jakob an der Birs

Zur Zeit, als die Zürcher und ihre verbündeten adeligen Österreicher mit Schwyz und seinen Eidgenossen im Krieg lagen, sich aber vorsichtig vor der Übermacht hinter ihren Mauern hielten, erschien mit einem Male der französische Kronprinz Ludwig in der Nähe der freien Reichsstadt Basel. Er gedachte erst sie einzunehmen und alsdann in die Lande der Eidgenossen einzufallen. Man erzählt sich, allerlei Beweggründe, aber auch die Zürcher und Österreicher hätten dieses welsche Heer herangezogen. Man nannte diese Söldnertruppen einfach »arme Gecken« nach einem Hauptanführer, dem Herzog von Armagnac.

Eben lag ein Heer Eidgenossen vor dem Schloss Farnsburg, um den Herrn von Falkenstein, der's mit den Österreichern und Zürchern hielt, für den Überfall der Stadt Brugg zu strafen. Als nun in ihr Lager der Bericht vom Heranzug des französischen Prinzen und seines Heeres kam und es hieß, es stehe bereits vor Basel, schickten ihm die Eidgenossen 1400 Mann aus den Ihrigen entgegen. Diese hatten aber die strenge Weisung, nur des Feindes Stärke auszukundschaften, ihn allenfalls zu schädigen, sich aber ja in kein größeres Gefecht mit ihm einzulassen, unter keinen Umständen aber über den Fluss Birs zu gehen.

Die eidgenössischen Mannschaften zogen alsbald in Eilmärschen gen Basel. Beim Dorfe Pratteln stießen sie auf die feindliche Vorhut. Sofort fuhren sie auf sie los und jagten sie, samt Ludwigs Feldherr Dammartin, der sie mit 16 000 Mann aufhalten wollte, über die Birs auf das Hauptheer des Kronprinzen zurück. Und nun ließen sie sich, trotz dem Abmahnen ihrer Hauptleute, nicht mehr aufhalten. »Gott unsere Seelen und dem Feind den Leib!« lärmten sie.

Wie eine ganze Herde wildgewordener Stiere stürmten sie in die Wasser der Birs hinein, um ja möglichst rasch ans französische Hauptheer zu kommen!

Da donnerte das Geschütz der Welschen los. Ein Kugelregen kam über die Eidgenossen, während sie durch den Fluss wateten. Aber sie erreichten das Ufer, wenn auch mit starken Verlusten. Jetzt stürzte sich der übermächtige Feind auf sie. Sie vermochten sich jedoch durchzuhauen bis auf die Anhöhe zu St. Jakob. Hier bemächtigten sie sich des Siechenhauses und seines Gartens.

Ein gewaltiger Ansturm ging nun auf sie los. Dreimal schlugen ihn die Eidgenossen zurück, und zweimal wagten sie sogar wütende Ausfälle. Aber die französische Macht umfasste sie immer schrecklicher. Und endlich wurde durch das französische Geschütz die Gartenmauer gebrochen, das Siechenhaus und die Kapelle angezündet. Verzweifelt wehrten sich die Eidgenossen. Sie rissen sogar die Pfeile aus ihren Wunden und schossen sie auf den Feind zurück. Selbst auf den Knien, ja am Boden liegend, kämpften sie noch. Erst nach zehnstündigem blutigem Hau erlagen sie.

Nur ihrer zehn hatten sich gleich beim Übergang über die Birs davongemacht und waren so unverletzt nach Hause gekommen. Sie trafen es aber übel. Zeitlebens blieben sie verachtet. Neben den gefallenen Schweizern lagen achttausend Feinde und elfhundert Rosse auf der Walstatt.

Der Dauphin oder Delphin, wie man ihn nannte, der französische Thronfolger Ludwig, zog, erstaunt und erschrocken über die Tapferkeit der Eidgenossen, ab und kam nicht wieder.

Der bestrafte Spott

Nach der Schlacht bei St. Jakob an der Birs erging's einem eitlen Großhansen recht bös, aber nach Verdienst.

Nämlich Ritter Burkhard Mönch von Landskron war ein unversöhnlicher Feind der Eidgenossen und Basels. Er soll es gewesen sein, der das französische Heer in die Gegend von Basel führte. An der Schlacht bei St. Jakob aber beteiligte er sich nicht. Kaum jedoch war sie geschlagen, ritt er mit andern Rittern über das Schlachtfeld.

Da erblickte er den sterbenden Urner Hauptmann Arnold Schick. Und nun rief er spottend aus: »Heut baden wir in Rosen!« Jetzt richtete sich der Urner halbwegs auf und rief, indem er mit letzter Kraft einen Stein auf den Ritter warf: »Da friss eine der Rosen!«

Und also gut wurde der Ritter Mönch getroffen, dass er vom Rosse fiel und starb.

Die Belagerung von Winterthur

Im Jahre 1460 belagerten die Eidgenossen die damals noch gut österreichische Stadt Winterthur. Vom Heiligenberg aus beschoss man sie; sogar achtzig Pfund schwere Steine wurden gegen die Mauern geschleudert, jedoch ohne viel Wirkung.

Übrigens hatten sich die Winterthurer sehr wohl vorgesehen. Männer und Weiber wachten auf den Mauern, wo Steine, Kalk und heißes Wasser in Hülle und Fülle bereit gehalten wurden. An Brot war kein Mangel. Als jedoch eine Mühle verbrannte und eine zweite durch die feindlichen Geschosse zerstört wurde, errichtete man so geschwind als tunlich zwei recht einfache Mühlen, die von Rossen und noch eine dritte, die von Hand bedient werden musste. Diese dritte Mühle vertraute man zum Betrieb den Frauen an, die alle, reich und arm, in Gruppen von je zwanzig Köpfen oder Hauben, unter einer Hauptmännin standen. Jede Gruppe hatte die Mühle drei Stunden lang zu treiben. So ging's durch Tag und Nacht, bis die beschädigten großen Mühlen wieder in Stand gesetzt waren. Den Frauen aber mussten während ihres strengen Dienstes an der vorbesagten Mühle Geiger und Lautenschläger mit ihrem Spiel Kurzweil schaffen.

Da die Beschießung der Stadt so fruchtlos war, wollten es die Zürcher noch mit einem Haupttrumpf probieren. Sie holten also ihr größtes Wurfgeschütz herbei, zu dessen Fortschaffung vierundzwanzig Rosse notwendig waren. Allein als sie mit diesem Ungetüm über die Brücke zu Töss fahren wollten, fiel sie samt Brücke in den Fluss, und drei Tage dauerte es, bis man das schwerfällige Geschütz wieder aufs Trockene zu bringen vermochte. Aber man brauchte es nicht mehr, denn die Eidgenossen hoben die Belagerung auf.

Ein schlichter, aufrechter Eidgenosse

Hans Fräncklin, der ums Jahr 1470 lebte, stammte aus einer bürgerlichen Familie der Stadt Bern. Als er neunzehn Jahre alt war, schickte ihn sein Vater nach Ravensburg im Schwabenland zu einem Kürschner in die Lehre. Zehn Jahre lang blieb er dann in der Fremde als ein ehrbarer Kürschnergeselle.

Als er wieder daheim war, hielt er sich so gut und verständig und tüchtig bei allem, was an ihn kam oder was er unternahm, dass ihn die Stadt Bern erst in den großen und dann gar auch in den engern Rat wählte. Er nahm aber diese Würden recht ungern an; denn er scheute sich fast, neben den vornehmen Herren zu sitzen, weil er der einzige Ratsherr war, der ein Handwerk trieb und nicht müßig von seinen Schuldtiteln leben konnte.

Aber man ehrte ihn weiter; er wurde zum Landvogt der Grafschaft Lenzburg ernannt, ein Amt, das er widerwillig übernahm. Und da er's nicht verstand noch versuchte, wie so mancher andere, auf der Landvogtei reich zu werden, so bat er jedes Jahr um Entlassung, weil er in seinem Haushalt zurückkomme und also nicht bestehen könne. Er lebte eben nicht nach jenem Stoßseufzer, der einst in gewissen Landschaften umging: »I wett i war Landvogt, sä wetti d'Bure strafe und d'Herre zwinge, as s'mer müeßtid Gäld bringe.«*

Als Meister Fräncklin dann von der Landvogtei endlich seinem Wunsche gemäß abberufen wurde, ernannte man ihn gar zum Säckelmeister der Republik Bern. Dieses Amt hatten bislang nur die angesehensten Männer aus adeligen Familien inne. Die neue Aufgabe lag ihm noch schwerer auf als selbst die Landvogtei. Nun wurde er oft als Gesandter dahin und dorthin geschickt und hatte eben seine mächtige Stadt zu vertreten. Aber wenn man ihn mit hochtrabenden Titeln ansprach, wurde er jedes Mal verlegen und sagte jedermann, dass er nur ein Kürschner sei. Auch wurde er bei seinem neuen Amt nicht reich, denn das Einkommen war klein. Gab man ihm aber Geschenke, wie's sehr im Brauch war damals, so erschrak er und gab dafür das Zehnfache zurück, damit er ja niemand für etwas Unrechtes gefällig zu sein hätte. Seine Kürschnerei konnte so nicht ernstlich genug betrieben werden, aber er gab sie nicht auf. Seine Söhne sollten dadurch allenfalls auch wieder ihr Auskommen finden können oder doch

* »Ich wollt, ich wäre Landvogt, dann würde ich die Bauern bestrafen und die Herren zwingen, mir das Geld zu bringen.«

zur Arbeit erzogen werden, auf dass sie nicht, wie er zu sagen pflegte, der Stadt zur Last fallen und sie auffressen helfen.

Wie er alt war, klagte er doch, dass ihn seine Herren zum Schaden seiner Familie zu hoch erhoben hätten. Nur bei größter Sparsamkeit sei er mit ihr durchgekommen. Der Trog der Republik Bern sei während seinem Amt immer voller, der seinige aber immer leerer geworden. Finde man nach seinem Tod, er habe mehr Vermögen hinterlassen, als er zu seinem Amt gebracht habe, so solle man denken, er habe es dem Staat gestohlen, und alles solle dann ihm zufallen.

Die Beute von Grandson

Die alten Eidgenossen kamen fast nie aus dem Dreinschlagen und den Kriegen heraus. Viel zu viel mussten oder auch wollten sie damit zu tun haben. Kam der Krieg nicht zu ihnen, so liefen sie ihm nach. Aus dem vor Gott und Welt verständlichen Abwehrkampf wurden nach und nach Angriffskriege, die dem Lande, im Allgemeinen genommen, weit mehr schadeten als nützten. Allerdings trugen sie den Ruf der Eidgenossen als Krieger ersten Rangs in aller Herren Länder und verschafften ihnen für eine Zeitlang eine Art Großmachtstellung im Abendland.

Der Burgunderkrieg immerhin, den sie gegen den allzu siegesgewissen und machtgierigen Herzog Karl den Kühnen führten, hinter dem etwa auch Österreich gesteckt haben mag, war eben doch noch ein Kampf um ihre Unabhängigkeit, nach dem Worte Schillers: »Es kann der Beste nicht im Frieden wohnen, wenn es dem bösen Nachbar nicht gefällt.«

So kam's denn zwischen den Eidgenossen und dem Herzog von Burgund bei Grandson zu einer ersten Schlacht, in der Karl der Kühne geschlagen wurde. Sein ganzes Lager fiel, als ungewöhnlich großartige Beute, den Siegern in die Hände. Die fürstliche Kapelle enthielt unerhört wertvolle Dinge, so künstlerisch gestaltete und mit Kostbarkeiten geschmückte Reliquienschreine, mit wo möglich noch reicherem Inhalt. Da gab's z.B. auch einen in Gold gefassten Rosenkranz, dessen Kügelchen lauter Edelsteine waren. Ebenso fand man eine schwere goldene Monstranz, wundervolle, herrlich ausgestattete Gebetbücher und anderes wahrhaft fürstliches Gut. Man kam in den Zelten auch zu vielem Silbergeschirr aller Art und gewann gar des Herzogs goldenen Stuhl und seinen Hut, der über und über mit Juwelen bedeckt war. Berühmt wurden in spätern Zeiten seine aufgefundenen drei Diamanten. Sie prangen heute noch in königlichen und päpstlichen Kronen. Der Griff an Karls Schwert enthielt sieben große Rubine und fünfzehn Perlen von unschätzbarem Wert, und sein goldenes Siegel wog ein ganzes Pfund. Prächtige Tapeten, aus farbiger Wolle gewoben, mit Gold und Silberfäden durchwirkt, erbeutete man in großer Anzahl. Es fielen den plündernden Eidgenossen auch zu das Ordenszeichen des goldenen Vließes, mit funkelnder schwerer Kette, und ein ganzes Lager von Gewändern in Samt und Seide, in Gold- und Silberstoffen. Was nicht zerschnitten werden konnte, verteilte man stückweise oder bei der Elle wie gewöhnliches Tuch beim Krämer. So konnte auf einmal jeder Bergbauer, statt im Hirthemd oder zwilchenen Kittel, in seidenem oder samtenem Wams herumstolzieren, wenn er wollte. Das Geld maß und verteilte man im ersten Freudenrausch mit den Blechhüten.

Was man aber für die Eidgenossenschaft an Kriegszeug gewann, war nicht minder wichtig. Vierhundert und neunzehn Feuerschlünde fielen ihr zu, nebst achthundert Hakenbüchsen und dreihundert Tonnen Pulver. Sechshundert Fahnen, darunter siebenundzwanzig Hauptbanner, holte man sich im herzoglichen Lager, auch viertausend Streitkolben, eine Menge Streitäxte, Spieße und Hellebarden und viele Feuerbüchsen und Bogen. Lagerzelte bekam man vierhundert oder noch mehr und zweitausend Heerwagen, dazu Lebensmittel überreichlich für Mensch und Tier. Auch Pferde gab's gar zu Tausenden.

Man kann sich denken, was da die freudig überraschten Eidgenossen in diesem überreichen Lager zusammen gelacht und gejauchzt haben. Aber, sagen die Chronisten, dieser Reichtum an Beute und hoffärtigen Dingen sei der Eidgenossenschaft und ihren bisher so einfachen Verhältnissen nicht zum Segen geworden.

Die Schlacht bei Murten

Nach der Schlacht bei Grandson sammelte Herzog Karl der Kühne ein neues Heer von 34 000 Mann mit 150 Geschützen. Er rückte auf Bern und Freiburg los und soll seines Sieges so sicher gewesen sein, dass er schon die Häuser und Güter der Vornehmen jener Städte verschenkt habe, entgegen dem Sprichwort: Man soll das Fell nicht verschenken, bevor man den Bären hat.

Beim Anzug dieses ungeahnt starken Heeres, das der Eidgenossenschaft doch verhängnisvoll werden konnte, sammelte Bern eilends seine waffenfähigen Mannschaften. Adrian von Bubenberg aber mit fünfzehnhundert Bernern und einer geringen Schar Freiburger legte sich in die kleine Stadt Murten am Murtnersee.

Am 9. Mai erschien das Heer Karls vor Murten. Bubenberg versammelte seine Truppen und die Einwohner des Städtchens und legte ihnen dar, wie wichtig die Behauptung Murtens für die ganze Eidgenossenschaft sei. Sie mussten ihm schwören, jeden zu töten, der ein kleinmütiges Wort hören lasse, sei es, wer es wolle.

Die Stadt wurde nun von den Burgundern eingeschlossen, heftig beschossen und bestürmt. Aber immer vergeblich. Doch hörten sie nicht auf, die immer lückenhafter, bedenklich aussehenden Mauern anzulaufen.

Endlich, nach sechs langen Wochen, erschien am 22. Juni das eidgenössische Heer zum Entsatze vor Murten. Hans von Hallwyl, Hans Waldmann von Zürich, Wilhelm Herter und Kaspar von Hertenstein von Luzern führten es an. Wie nun die Eidgenossen kampfbereit dem Feind gegenüber standen, rief der Landeshauptmann Hans von Hallwyl über das Heer hin: »Eidgenossen, Brüder, auf dass Gott, der unsern Vätern half, auch heute mit uns sei, betet!«

Die Scharen knieten allesamt nieder und hoben die Hände himmelauf. Und unter ihrem Beten kam mit einem Male die Sonne, die knienden Eidgenossen bestrahlend, aus den Wolken. Da sprang der von Hallwyl auf, und sein Schwert hochhebend, rief er aus: »Auf Brüder, seht, Gott will uns zum Siege leuchten!«

Und also ging's in den Kampf. Es wurde eine gewaltige, fürchterlich blutige Schlacht. Und als es am heißesten herging, machte Bubenberg aus Murten einen Ausfall und kam so mit der Besatzung der Stadt den schwer ringenden Eidgenossen zu Hilfe. Schließlich wurden die Burgunder gänzlich geworfen und suchten ihr Heil in wilder Flucht.

So hatte der Herzog Karl von Burgund bei Murten den besten Teil seines glänzenden Heeres verloren. Im Schweizerland herum allüberall verkündete Freudengeläute den großen Sieg bei Murten. Und als die Franzosen im Ausgang des achtzehnten Jahrhunderts mit der großen Revolution in die Schweiz einbrachen, fanden sie bei Murten eine Schädelstätte oder ein Beinhaus, und darauf stand geschrieben:

»Steh still, Helvetier! Hier liegt das kühne Heer,
Vor welchem Lüttich fiel und Frankreichs Thron erbebte.
Nicht unsrer Ahnen Zahl, nicht künstliches Gewehr,
Die Eintracht schlug den Feind, die ihren Arm belebte.
Lernt, Brüder, eure Macht, sie liegt in eurer Treu.
O würde sie noch jetzt in jedem Herzen neu!«

Der tapfere Neuenburger

Im Anfang des fünfzehnten Jahrhunderts hatten die Grafen von Neuenburg zum Schutze ihrer Herrschaft ein Burgrecht mit der Stadt Bern geschlossen (1406). Das Volk hatte in ihrem Gebiet mancherlei Freiheiten. So halfen denn die Neuenburger auch den Herzog Karl den Kühnen bekämpfen.

Als sie also mit gegen sein Heer ausrückten, war unter ihnen auch der Bannerherr Jakob Baillod aus dem Traverstale. Eines Tags stand er allein bei der Zihlbrücke zwischen dem Neuenburger- und Bielersee. Da kam ein

Haufe Burgunder daher. Sie wollten im nahen Juragebiet plündern.

Jetzt stellte sich der unerschrockene Baillod auf die Zihlbrücke, als den einzigen Durchgang, und zog sein Schwert. »Oho«, hohnlachte die Schar der burgundischen Kriegsgesellen, »seht doch den Prahler!« Gleich ging man auf ihn los. »Ergib dich!« lärmten diese Landstürzer. Aber als Antwort begann der tapfere Neuenburger sein zweihändiges Schwert nach besten Kräften also zu handhaben, dass er einen um den andern der auf ihn Andringenden niederschlug.

Da packte die Burgunder das Grauen. Sie hielten den riesenhaften Streiter für ein übermenschliches Wesen und machten sich so flink als möglich davon.

Er aber steckte sein Schwert wieder in die Scheide. Baillod hatte als ein einzelner Held die Horde burgundischer Räuber verjagt und so seine heimatlichen Dörfer vor ihrem bösen Einfall beschützt. Als Anerkennung für seine seltene Tatkraft bekam er eine goldene Denkmünze mit der Inschrift: »Ein Mann, ein Heer«.

Der Verräter und die Eidgenossen

Karl der Kühne von Burgund, dem's bei Grandson und Murten mit den Eidgenossen so übel ergangen war, wollte es in seinem Eigensinn mit ihnen doch noch einmal aufnehmen. Die Eidgenossen waren nämlich dem Gegner Karls, dem Herzog Renatus von Lothringen, zu Hilfe gezogen. Der starrköpfige Burgunder, der nun auf allen Seiten Feinde hatte, wie der angeschossene Hirsch vor der Jagdmeute, meinte, er könne doch noch allseitig und so auch den Eidgenossen den Meister zeigen.

Er hatte sich vor das Städtchen Nancy gelegt, das er mit einem starken Heer belagerte. Über 8000 Eidgenossen zogen bei durchdringender Kälte in den ersten Tagen des Jahres 1477 gen Nancy.

Der Herzog von Lothringen, der sehen musste, wie diese kleine Stadt immer erfolgreicher bestürmt wurde, ging, vereint mit den Eidgenossen, auf Karl den Kühnen los. Der nahm den Kampf sogleich an und ordnete sein Kriegsvolk.

Unter seinen Hauptleuten nun war auch der lombardische Graf Campobasso, den er besonders hoch schätzte und der von ihm mit Wohltaten und Geld gar reichlich bedacht worden war. Aber dieser italienische Graf war treulos an dem Herzog. Nämlich, als Karl diesen Spitzbuben mit seiner italienischen Reiterei auf seinem rechten Flügel aufgestellt hatte und die Schlacht begann, verließ er seinen Posten und ging zum Herzog von Lothringen über.

Aber da sagten die Eidgenossen: »An der Seite eines Verräters kämpfen wir nicht. Unsere Väter haben so etwas nie getan, und wir wollen unsere Ehre auch nicht schänden.« So musste der Verräter das Schlachtfeld mit seinen Reitern verlassen. Er verzog sich in eine Gegend, wo er den allenfalls flüchtigen Burgundern auflauern wollte.

Die Eidgenossen bedurften des Beistands des Verräters nicht. Schon als der Uristier zu brüllen anhob und die Rolandshörner der Luzerner erschollen, wurde es den Burgundern unheimlich. Dieses eigentümliche Tuten war ihnen wie ein Echo von Grandson und Murten. Ihr Mut wurde erschüttert. Sie verloren denn auch ziemlich schnell die Schlacht und flohen. Karl der Kühne, der einst so gefürchtete und auch tapfere Herzog von Burgund, wurde auf der Flucht erschlagen, und arm und bloß fanden ihn die Eidgenossen in einem vereisten Graben. Eine alte Chronik aber sagt: »Karl verlor bei Grandson das Gut, bei Murten den Mut und bei Nancy das Blut.«

Das törichte Leben

Gleich nach der Heimkehr von Nancy sammelte sich aus den Ständen Uri, Schwyz, Unterwalden, Zug, Luzern, Glarus und auch aus dem Gebiet der Stadt Zürich ein großer Haufe Jungvolks. Sie hatten keineswegs im Sinne, aus dem beendigten Krieg heimzugehen. Vielmehr waren sie durch ihre Siege und das Leben im Felde so übermütig geworden, dass sie auf eigene Faust auf Eroberungen ausziehen oder doch wenigstens einige Gegenden, vorab Städte und vor allem dann die Stadt Genf brandschatzen, d. h. zu Lösegeld zwingen wollten. Dieses meisterlose Geläuf nannte sich die Bande vom törichten oder tollen Leben. Das war nun schon eine gemeinschädliche Folge der beutereichen Kriegszüge. Diese Buben führten ein eigenes Banner, das ein Schwein mit Jungen zeigte, die ein mit einem Knüttel bewaffneter Schellennarr mit Eicheln füttert. Deswegen nannte man ihren Zug den Saubannerzug.

Erst fastnachteten sie zu Zug, und alsdann zogen sie am Aschermittwoch 1477 über Luzern nach Bern, wo man sich mit einer starken Besatzung gegen sie versah. Sie erklärten den Boten der Stadt, sie wollen nach Genf ziehen, um eine Brandschatzungssumme zu holen, seien aber durchaus nicht gewillt, jemandem in der Eidgenossenschaft Übles anzutun. So ließ man sie in die Stadt Bern einrücken und übte Gastfreundschaft. Darnach zogen sie nach Freiburg. Dort hatte sich ein vermittelnder »Tag« von Eidgenossen und elsässischen Städten mit Gesandten aus Genf zusammengetan. Es war eben den Ländern weitum nicht mehr recht geheuer bei der Nachricht vom Anzug der tollen Jugend.

Nach vielem Zureden ließen sich die meisterlosen Kriegsläufer zur Heimfahrt überreden. Man gab einem jeden zwei rheinische Gulden und allen miteinander vier Fässer Wein. Genf musste acht Bürgen für die Erlegung der 24 000 Gulden Brandschatzung stellen. Diese Geiseln wurden nach Uri abgeführt. Die Herzogin von Savoyen lieferte ihnen ihre Juwelen, ihr Gold und Silberzeug als Unterpfand für die Brandschatzungssumme aus.

Diesen Raubzug hätten die Eidgenossen ihrem allzu üppig gewordenen Jungvolk nicht durchlassen sollen. Und sie würden ihn auch nicht geduldet haben, wenn die Zeit nicht darnach gewesen wäre.

Das verhängnisvolle Schlachtfeld

Im Ausgang des Jahres 1478 hatten die Eidgenossen wieder einmal Krieg mit dem Herzog von Mailand. Beide Heere näherten sich einander am 28. des Christmonats* bei dem Dorf Giornico, auf schweizerdeutsch Irnis genannt, im Livinental.

Während der Nacht nun leiteten die Eidgenossen, auf den Rat ihres tessinischen Mitstreiters, des Hauptmanns Stanga, die Wasser des Tessin über Weg und Wiesen, so dass alles von einer spiegelglatten Eisdecke überzogen

* Dezember

wurde, auf der aber die Eidgenossen mit ihrem rauen Schuhwerk und mit Fußeisen guten Stand hatten.

Als nun die Mailänder zögernd und unsicher, immer wieder ausglitschend, über die vereisten Felder anstiegen, fuhren unversehens die Eidgenossen über sie her. Da ging es diesen überraschten Welschen, die wie auf einem frisch eingeseiften Tanzboden gehen mussten, gar übel. Diese eisigen Matten wurden auch ein Tanzboden, auf dem aber die Heerhörner die Musik machten und die Hellebarden den Takt dazu auf die Blechhauben der Mailänder schlugen. Es dauerte nur ganz kurz, so musste das Heer der Italiener sich zur Flucht wenden, und hinter ihm drein kamen, auf sichern, bodenguten Sohlen, die Eidgenossen mit ihren Livinern. Frischhans Theiling, der Landeshauptmann der Luzerner, soll sich besonders ausgezeichnet haben.

Da hatte nun das glatte Schlachtfeld einmal fast ein Wunder gewirkt, denn ein Haufe von sechshundert Eidgenossen hatte ein wohl ausgerüstetes Heer von fünfzehntausend Italienern besiegt. Die vereisten Felder und das damit verbundene Entsetzen vor den sicher heranstürmenden Eidgenossen kann es allein verständlich machen, dass über anderthalbtausend Mailänder und nur zwei Männer, darunter der wackere Hauptmann Stanga, von den Eidgenössischen umkamen. Der Herzog von Mailand aber schloss mit der Eidgenossenschaft einen für sie vorteilhaften Frieden ab.

Bruder Klaus

Im stillen, heimeligen Lande Unterwalden ob dem Kernwald lebte um die Mitte des fünfzehnten Jahrhunderts ein frommer Einsiedler, Niklaus von der Flüe, den die Leute aber nur Bruder Klaus nannten. Er hatte sich einst in Krieg und Ratssaal für seine Heimat vielverdient gemacht. Nun aber widmete er sich als ein alternder Klausner ganz dem Dienste Gottes und der hoch gebenedeiten Mutter Maria. Er hatte seine einfache Zelle und Kapelle im Ranft, einer abseitigen Tobelwildnis im Melchtal. Er ging barhäuptig und barfuß, und sein Gewand war nur ein grauer, rauwolliger langer Rock, eine Kutte.

Im eigenen Land der vier Waldstätten, aber auch in allen eidgenössischen Talschaften und Städten verbreitete sich der Ruf seines heiligmäßigen Lebens. Und siehe da, eines Tags zeigte es sich, dass Bruder Klausens Frömmigkeit und Einsiedlerleben wahrhaft gottgefällig war. Es war doch wohl ein Wunder, was er unter den entzweiten Eidgenossen zu wirken vermochte.

Hört nur! Im Jahre 1481 war's, da entstand zwischen den acht eidgenössischen Orten über wichtige Angelegenheiten ein tief grabender Streit. Städte und Länder schieden sich, und beide Seiten taten immer feindlicher gegeneinander. Es sah fast aus, als gedächte man die Streitfragen mit dem Schwert zu lösen. Um jedoch nichts zu unterlassen, was die bösen Händel gütlich auszutragen und die Eidgenossenschaft vor dem Bruderkrieg vollends zu bewahren vermöchte, setzte man eine Tagsatzung nach Stans in Nidwalden an. Die strittigen Angelegenheiten waren aber diese: Die Städte Zürich, Bern und Luzern verlangten, dass man die Burgunderbeute nach der Zahl der Mannschaft verteile, die jeder Ort gestellt hatte. Die Länderstände aber wollten jedwedem Ort, klein oder groß, gleichen Anteil zuerkennen. Ferner, und das war das Hochwichtige, hatten die obgenannten Städte ein besonderes Bündnis mit Freiburg und Solothurn abgeschlossen, und nun begehrten sie die Aufnahme auch dieser beiden Städte in die Eidgenossenschaft. Aber dem entgegen behaupteten die drei Länder, Uri, Schwyz und Unterwalden, es gezieme sich nicht für die Städte, neben dem eidgenössischen Bunde noch besondere Bündnisse zu haben, und sie begehrten von Zürich, Bern und Luzern die Aufgabe derselben mit Freiburg und Solothurn. Es wurde also an der Tagsatzung zu Stans mit großer Leidenschaft hin und her gestritten. Man wollte sich nicht vergleichen; im Gegenteil, man kam immer mehr auseinander und war schließlich hart daran, im vollsten Unfrieden von der verhängnisvollen Tagung wegzugehen.

Als nun der Pfarrer von Stans, Heinrich Imgrund, ein frommer Priester, dieses alles hörte und sah, lief er noch nachts in den Ranft zum Bruder Klaus und legte ihm den schwierigen Streithandel vor, ihn um Christi willen um Beistand anflehend. Und Bruder Klaus, von dem Unfrieden und der drohenden Auflösung des alten Bundes der Eidgenossen ergriffen, erteilte ihm, nach reiflicher Überlegung, seinen Rat.

So rasch als tunlich, eilte der Stanser Pfarrherr zur Tagsatzung zurück. Und als er nun im Ratssaal stand und den hohen Tagherren berichtete, dass ihnen der fromme Klausner im Ranft inständig in allem zum Frieden rate und sie bitte, die beiden Städte Freiburg und Solothurn in den eidgenössischen Bund aufzunehmen, fanden sich ihre Meinungen in Zeit einer Stunde. Sie einigten sich brüderlich und beschlossen, die zwei zugewandten Städte Freiburg und Solothurn in den Bund aller einzuschließen. Alsdann kehrten die Tagsatzungsboten heim.

In der ganzen Eidgenossenschaft aber läutete man zu diesem glücklichen Ende eines so schweren, Unheil dräuenden Zwistes, die Glocken, aber auch zum Dank an Gott und seinen mit voller Einsicht begnadeten Diener, den Einsiedler Niklaus von der Flüe im Obwaldnerländchen. Ein hervorragender Schweizer Dichter, Heinrich Federer, hat ihm in seinem Werk ein schönstes Denkmal gesetzt.

Hans Waldmann

Hans Waldmann, das war auch ein seltener Mann, aber wieder von einem ganz andern Faden als Niklaus Leuenbrugger, der nachmalige Bruder Niklaus von der Flüe. Doch auch Waldmann war in seiner Art ein merkwürdiger, außergewöhnlicher Schweizer, der aber steil aufstieg und tief abstürzte.

Er kam von Blickenstorf, aus dem Zugerland, und wurde in Zürich ein einfacher Gerbergeselle. Daneben soll ihm aber eine schöne Handschrift eigen gewesen sein, was damals eine gar wichtige Kenntnis, ja einen großen Vorzug und einen Stiegentritt in den Ratsaal bedeuten konnte. Aber auch sonst wusste der junge Zuger die Leute der Stadt Zürich für sich einzunehmen, denn er war ein sehr kräftiger, schöner und lebenslustiger Bursche. Um vier Gulden nahm man ihn im Jahre 1452 ins Burgrecht auf.

Das Fellgerben scheint ihm aber bald verleidet zu sein. Lieber übte er sich mit einer gleichgesinnten zürcherischen Jungmannschaft in allerlei tollen Streichen, die ihn mehr als einmal sogar ins Gefängnis brachten. So beteiligte er sich auch an mancherlei Streithändeln und kleinen Kriegsläufen. Einst machte ein Waldmann von Einsiedeln, Namens Heini Eberli, als Hauptmann von dreihundert streitsüchtigen Burschen, auf ganz eigene Faust einen Kriegszug gegen den Abt von Kempten im Bayrischen, um für einen gewissen klagbaren Beck aus dieser Stadt den gnädigen Herrn von Kempten zu einer Brandschatzung zu zwingen. Diese Horde Jungvolks schlug ein Heer des Abts von fünfzehnhundert Mann elend in die Flucht und belagerte gar die Stadt Kempten, und alles geriet dem draufgängerischen Haufen so gut, dass dieses tolle Unternehmen in der ganzen Eidgenossenschaft großes Aufsehen, ja Bewunderung erregte. Zu diesem gewagten Handstreich war aber auch unser Hans Waldmann und gar als Bannerträger mitgezogen.

Solche und andere Erfolge, auch eine reiche Heirat, brachten Waldmann rasch hoch. Die Zürcher hatten aber immer eine gute Witterung für das Tüchtige und daher auch für vielversprechende Leute und solche, die schon anerkannt waren, eine offene Stadt. Also zuerst betrieb nun Waldmann einen Handel mit Eisen, und bald gelangte er in den Rat. Wo viel ist, kommt viel, heißt es. Er gelangte zu immer höherem Ansehen und zu Ehren. Ja, er wurde Bürgermeister der Stadt und Anführer der Zürcher in den ruhmvollen Burgunderkriegen. Bei Murten war er gar das Haupt der eidgenössischen Macht. Er wurde Gesandter des Standes Zürich zu den Tagsatzungen und gar zu den französischen Herrschern. Von allen Seiten machten sich die Fürstlichkeiten an ihn heran, um sich seine Gunst und Hilfe zu sichern. Also kam er zu reichen Geschenken und Auszeichnungen dieser und jener Art. Es hatten ja schon die bedenklichen Bräuche der Pensionen, der Abmachungen und Verkommnisse um Gold und dergleichen auch in eidgenössischen Landen sich eingelebt.

Hans Waldmann brachte es demnach durch seinen klugen Kopf, seine ungemeine Tatkraft und durch ihm günstige Zeitverhältnisse zum angesehensten Mann der Eidgenossenschaft. In Zürich aber war er der Meister, dessen Wille alles galt.

Aber auf die Dauer tut's nicht gut, wenn ein Kopf meint, alles allein machen zu können. Viele wissen mehr als einer. Und schon zwei Rücken tragen mehr als einer. So wurde der Bürgermeister für alles, was er tat oder unterließ, auch allein verantwortlich erachtet. Die alten Herrengeschlechter der Stadt soll er vom Regiment verdrängt haben. Und dann war da ein neues vermögendes Geschlecht von fraglichem Herkommen, die Familie der Göldli. Diese vor allen suchten Waldmann hinterrücks auf jede Weise im Ansehen zu mindern. Auch die verdrängten Patriziergeschlechter waren ihm nicht wohlgesinnt, da er ihre Vorrechte mutig beschränkte und gar abzuschaffen trachtete. Er wollte seinen Staat eben so gut als möglich umgestalten und vorbildlich machen. So erließ er auch Gesetze und Verordnungen, die den Müßiggang verboten, das Reislaufen, d. h. das Handgeldnehmen für fremde Kriegsdienste, schwer bestraften, die Volksfeste unterbanden. Handwerk und Gewerbe sollten nur in der Stadt betrieben und nur dort die Erzeugnisse der Landwirtschaft verkauft werden. Es wurden aber auch die Steuern vermehrt und den Gemeinden alte Freiheiten geschmälert. Auch soll er die Vermächtnisse für Klöster und ihre Handelsfreiheit erschwert haben. Dabei war er auch nicht immer ein gutes Vorbild für das, was er andern empfahl. Er lebte recht eigenwillig und allzu fröhlich. Er hatte sogar sein Lust- und Jagdburglein hinterm Zürichberg, den Dübelstein. Auch ließ er wohl aus persönlicher Rachsucht den Helden von

Giornico, Frischhans Teiling von Luzern, der ihn freilich Verräter schimpfte, hinrichten. Das musste Waldmann den Eidgenossen entfremden.

Immer leichteres Spiel bekamen seine heimlichen grimmigen Feinde in der Stadt Zürich. Sie sollen ihn auch dazu verleitet haben, wegen Jagdschaden die Abschlachtung der Hunde im ganzen Land anzubefehlen. Das brachte die Bauern des Zürichgebietes gegen ihn auf. Er hatte auch die Zünfte nach und nach verloren. So kam's, dass man ihn schließlich für alles, vielleicht sogar für das Wetter, wie einst das norwegische Volk seine Könige, verantwortlich machte.

Kurz, es kam, wie es musste und wohlvorbereitet war, von ihm selber, dann aber auch von seinen wühlerischen Feinden. Man verhaftete ihn eines Tags, und ehe er's sich versah, steckte der sonst so mächtige zürcherische Bürgermeister im Wasserturm der Limmat, im Wellenberg, gefangen.

Und alsdann ging's rasch. Die eidgenössischen Ratsboten, die Waldmann keineswegs alle wohlgesinnt sein mochten, konnten ihn nicht mehr retten. Am 6. April 1489 bestieg er, nun wieder als ein großzügiger, aufrechter Mann, die Richtbühne. Er segnete die Stadt und empfahl sie und sich Gott. Dann fiel sein Haupt.

Eidgenössische Freudentage

So leicht und heftig die Eidgenossen gegeneinander etwa werden konnten, so rasch vergaßen sie auch wieder und mochten sich etwas gönnen, viel, viel eher als von Haus zu Haus unter Nachbarsleuten. Kaum waren irgendwelche Stöße und Späne abgetan, so hielten unsere Ahnen gleich ein Fest ab.

Im Ausgang des fünfzehnten Jahrhunderts, zu Waldmanns Zeiten, machten sich die Urner und Schwyzer, an die zweihundert gewichtige Männer, nach Zürich auf, wohin man sie freundeidgenössisch eingeladen hatte.

Rat und Bürgerschaft der Stadt Felixens und Regulas empfingen ihre bergländischen Gäste feierlich. Die Stadt hatte auch ihr Landvolk zur Gesellschaft für dieselben eingeladen. Und nun festete und lebte man drei volle Tage lang wahrhaft hochzeitlich, und Fass und Pfanne kamen zu keiner Rast. Am vierten Tag gab man den Gästen noch das Geleite bis nach Wollishofen, wo sie mit einem Ehrentrunk dickroten Welschweins verabschiedet wurden.

Ein Jahr darnach luden Landammann und Rat von Uri die Zürcher auf ihre Kirchweih im Herbste 1487 zu Gast. Also zogen diese, über achtzig Berittene und hundertunddreißig zu Fuß, nach Altdorf unter den Bannwald. Auf dem Weg bewirtete man sie zu Zug und Schwyz aufs Beste. Die Urner aber lagen mit ihren Kähnen zu Brunnen und Küssnacht, und so konnten die Gäste zu Schiff über den herrlichen Bergsee nach Flüelen fahren. Zu Altdorf empfing sie darnach der regierende Landammann auf einer offenen Matte, und in seiner Begrüßungsansprache sagte er unter anderm: »Und so geben wir euch jetzt in eure

Gewalt, was wir haben und vermögen, es sei Haus, Hof und anderes, nichts ausgenommen.« Das war noch rechte Gastfreundschaft.

Die Zürcher blieben drei Tage. Da gab es auch für die verwöhntesten Zungen Wohlbekömmliches. Man tischte den Gästen Gämsen, Hirsche, Rehe, Steinböcke, Wildsäue und Bären auf, soviel man wünschen mochte. Auch gab es köstliche, ja seltene Weine aus eigenen und fremden Landen. Schon in aller Morgenfrühe wurde mit dem Fest begonnen, und also ließ man in guten Weinen sich und alles, was gut war oder schien, den ganzen Tag hindurch und bis in alle Nacht hinein hochleben. Zum Schlaftrunk spendete man noch Welschwein, und die Tische überschüttete man mit Zuckerwerk.

Beim Abschied überreichten die Zürcher dem Landammann ein Säcklein, das zweihundert Gulden enthielt, und auch die Weiber und Dienstboten bekamen reichliche Geschenke. Die Urner führten ihre Gäste wieder nach Brunnen zurück.

In Schwyz empfing man sie ebenso gastlich, und nun ging dort das Wohlleben und Heißajuheien wieder an; denn die Schwyzer hatten ein köstliches und gar üppiges Mahl gerüstet, und darnach gab's Tanz, dass es rauchte und stob und jauchzte bis an die beiden Mythen hinauf.

Unterdessen waren aber die Urner über das Säcklein der Zürcher Gäste gegangen, und da fanden sie zu ihrer Bestürzung das große Geldgeschenk. Flugs mussten es zwei Ratsherren den Zürchern nach Schwyz wieder zutragen. Aber diese nahmen es nicht mehr an. Die Schwyzer aber wollten die Zürcher noch nicht ziehen lassen. Sie baten sie, noch einen Tag zu bleiben. Aber das wollten die Herren von Zürich nicht, da sonst ihre Stadt zu lange ohne Behörden sein müsste. Man geleitete sie also von Schwyz aus nach Arth, und so ritten sie bald darnach wieder in Zürich ein.

Ein hochherziger Regent

Das von hohen Bergen umstandene Tal von Engelberg, in das der weißköpfige Titlis so schön hineinschaut, war durch das dort im zwölften Jahrhundert gegründete Kloster urbar gemacht und bevölkert worden. So blieben die zugezogenen Talleute der Abtei untertänig und zu gewissen Leistungen pflichtig.

Gegen Ende des fünfzehnten Jahrhunderts jedoch weigerten sich die Engelberger, ihre Abgaben zu entrichten, und erklärten sich unabhängig. Die Orte Luzern, Schwyz und Unterwalden, die doch selber einst alles darangesetzt hatten, sich frei zu machen, verstanden sich als Schirmer des Stifts dazu, die freiheitsfreudigen Engelberger zu unterwerfen und ihnen ihren Ausruf »Wir wollen unsere eigenen Herren sein!« abzugewöhnen, was ihnen bei ihrer großen Übermacht ein Leichtes war. Dreitausend Mann aus diesen Ländern machten sich nachts von Stans auf, fielen ins Engelberger Tal ein und bemächtigten sich der Häupter des Aufstandes. Der Hauptrebell wurde durch ein Kriegsgericht der drei Waldstätten zum Tode verurteilt.

Dieses Urteil nun musste aber die Bestätigung durch den regierenden Abt des Klosters haben. Aber als man es ihm vorlegte, verweigerte Ulrich Stadler, so hieß der Abt, seine Unterschrift. »Da sei Gott vor«, sagte er, »dass ich ein Todesurteil mit der nämlichen Hand bestätige, die im Namen des barmherzigen Gottes den Segen spendet.«

So wurde das Urteil in Gefängnis und Geldbuße umgeändert.

Die Mannszucht der alten Eidgenossen

Im Jahre 1499 entstand zwischen Kaiser Maximilian und den Eidgenossen ein Krieg aus allerlei Streitursachen. Weil die schwäbische Ritterschaft und die schwäbischen Städte ebenfalls zum Kaiser hielten, heißt dieser Krieg der Schwabenkrieg. Er kostete beidseitig viel Volk. Auch ging's dabei grausam und wahrhaft unchristlich zu. Es gab Gefechte und Schlachten; Städte wurden geplündert, ebenso Dörfer verbrannt und Schlösser zerstört, ja ganze Gegenden verheert.

Es war bei Beginn der bösen Fehde, da wollten die Schweizer, was sie schon etwa getan hatten, den Rhein, bei seiner Einmündung in den Bodensee ungefähr, durchwaten. In Reih und Glied wagten sie sich in den Fluss, der höher ging als sonst. Das Wasser soll den Durchziehenden oft bis an die Schultern und noch darüber gegangen sein. Trotzdem kamen sie vorwärts, und schon hatten die Vordersten das andere Ufer erreicht, als plötzlich das Gerücht umging, der Feind rücke an.

Es hatten sich nämlich berittene feindliche Beobachter dem Fluss genähert, um so die Anzahl der herankommenden Eidgenossen auszukundschaften. Diese Reiter hielt man für die Vorhut des Feindes.

Jetzt befahlen die Hauptleute ihren Waffengenossen, im Wasser anzuhalten. Sie hielten es für vermessen weiterzugehen, bevor sie über den Feind Kundschaft eingezogen hätten, aber für schändlich, zurückzukehren, ohne das kaiserliche Heer gesehen zu haben. So blieben die Eidgenossen denn im Rheinlauf stehen, jeder da, wo er eben sich befand, alle jedoch in guter Ordnung.

Es war aber im Februar, und der Rhein führte Eisschollen mit, gegen die sie sich mit ihren Spießen beständig wehren mussten. Fast zwei Stunden standen sie also im Strom, bis endlich die Nachricht kam, es sei kein Hinterhalt zu befürchten, worauf sie den schwierigen Übergang vollendeten.

Der tapfere Glarner und der brave Ritter

Im Schwabenkrieg, von dem ich oben redete, machte ein kaiserliches Heer von fünfzehntausend Mann zu Ross und zu Fuß von Feldkirch her einen Einfall über den Rhein in das Schweizergebiet und verbrannte das Dorf Gams und andere kleinere Ortschaften.

Jetzt eilten die in jenen Gegenden weilenden eidgenössischen Besatzungsmannschaften zusammen und setzten alsdann dem Feind kräftigen Widerstand entgegen. Sie waren aber zu sehr in der Minderheit und mussten sich mit einem Verlust von siebzig Mann ins Städtchen Werdenberg zurückziehen.

Auf diesem Rückzug zeichnete sich Hans Schuler von Glarus, der Wala genannt, aus. Im Getümmel des Gefechtes war er von den Seinigen getrennt worden, und unversehens sah er zwanzig Reiter um sich, die ihn einschließen und töten wollten. Aber er wehrte sie mit seiner Lanze mannhaft von sich ab. Es gelang ihm sogar, drei seiner Feinde aus dem Sattel zu stechen. Dennoch – er blutete schon aus vielen Wunden – schien er verloren. Aber mutig stritt er fort.

Jetzt bemerkte ihn der Ritter Niklaus von Brandis. Von Bewunderung ergriffen, rief er: »Lasst ab von dem Helden!« Und ohne Weiteres ritt er auf den Glarner zu und sicherte ihm das Leben zu, wenn er sich ergebe. Und als Wala nun einwilligte, da er sehr erschöpft war, nahm ihn der Ritter hinter sich aufs Pferd, und also ritten sie nach Feldkirch. Dort erzählte der Herr von Brandis die Tat des Glarners und lobte sie hoch vor allen. Ja, er stellte seinem Schützling einen Brief aus über seine große Tapferkeit und ließ ihn in allen Ehren heimziehen.

Die Eidgenossen wollten sich aber in der Großmut nicht übertreffen lassen und setzten den Sohn des Ritters von Brandis, den sie bei Vaduz gefangen hatten, sogleich und ohne Lösegeld in Freiheit.

Die getreuen Hauptleute

Die Eidgenossen lagerten, siebentausend Mann stark, zu Azmoos am Rhein. Kaiser Maxens Heer stand nicht weit von ihnen, bei Feldkirch herum, und zwar zählte es vierzehntausend Krieger. Die Schweizer, die es liebten, den Feind immer so rasch als möglich anzupacken, beschlossen, die festen Stellungen der Kaiserlichen anzugreifen und zu überrumpeln.

Das war aber nicht so leicht getan. Um sich für ihren Angriff vor andersseitigem feindlichem Zuzug zu sichern, wollte nun der Urner Hauptmann Heinrich Wolleb den Berg Lanzengast mit zweitausend Mann ersteigen und besetzen, während sich die andern mit dem Gewalthaufen an die verschanzten Feinde machten.

Also stieg Wolleb mit seinen Mannschaften in aller Frühe und so still als möglich bergan. Der Weg ging durch Stauden und Gestrüpp, über Felsen steil auf. Aber völlig überrascht waren die stillen Berggänger, als sie unversehens feindliche Truppen erblickten, die sogleich ein lebhaftes Feuer auf sie eröffneten. Flink warfen sie sich nieder und krochen nun, so rasch es sich machen ließ, auf allen Vieren durch den Busch, während die Kugeln über sie hinwegfegten. Und kaum waren sie am Feind, sprangen sie auf und warfen die Schwaben einfach über den Haufen, und zwar so, dass sie auf das unten am Berg vorrückende eidgenössische Heer hinunter getrieben wurden, das sie gar übel empfing und vernichtete.

So konnten sich Wolleb und seine Gesellen mit dem eidgenössischen Gewalthaufen vereinigen, und nun rückten sie vereint auf die Hauptmacht Kaiser Maxens los, nachdem die Verschanzungen ziemlich leicht genommen worden waren.

Jetzt brannten die Schwaben ein Geschütz los, aber die Kugeln strichen über die Schweizer hinweg, und nun wollten diese im Sprung an den Feind. Aber obwohl es damals mit dem Laden einer Kanone keineswegs schnell ging, traute Hauptmann Wolleb der Geschichte doch nicht. Er rief also, man solle sich niederwerfen. Er allein blieb stehen, um Ordnung zu halten. Aber jetzt krachten alle feindlichen Kanonen; allein da die Eidgenossen sich flink niedergeworfen hatten, trafen die Kugeln niemand. Nur der wackere Urner Hauptmann Wolleb fiel sterbend nieder. »Tapfer dran, liebe Eidgenossen!« rief er noch aus, »mit euch ist Gott, der Sieg kann euch nicht fehlen.« Dann verschied er.

Wie der Blitz stürmten die Schweizer nun in den Feind, bevor er die Geschütze wieder zu laden vermochte. Schrecklich war der Angriff und vollständig der rasche Sieg.

Im gleichen Schwabenkrieg, im Jahre 1499, bezog ein österreichisches Heer in der Calven in Graubünden ein sehr festes Lager. Es war zwölftausend Mann stark und mit Geschützen wohl versehen. Die Schwaben fielen von dort aus ins Engadin ein, plünderten und schleppten Geiseln mit sich weg.

Da brachen die Bündner, an die achttausend Mann, in zwei Abteilungen gegen das feindliche Lager auf. Der eine Heerhaufen sollte unter Benedikt Fontana das Lager von Calven über den Schleinigerberg umgehen, während der stärkere Heeresteil unter Freuler an den Feind rücken wollte.

Fontana erreichte unter großen Anstrengungen den Berggipfel, wo er, zum Zeichen seiner Ankunft, ein Haus anzünden ließ. Dann führte er, nach einem Gebet, seine Truppen an den Feind, dessen Heer in drei Haufen aufgestellt war. Fontana, der auf die heranrückende Hauptmacht seiner Berglandsgenossen vertraute, griff rasch an. Aber die Geschütze der Österreicher richteten große Verheerungen unter seinen Bündnern an. Diese hielten jedoch stand; aber ihr Anführer, Fontana, wurde im beginnenden Nahkampf schwer verwundet. Ein ganzer Mann, drängte er die hervorquellenden Eingeweide zurück und rief aus: »Wacker dran, liebe Bundesgenossen! Erschreckt nicht über meinen Fall! Ich bin ja nur ein Mann. Rettet das Vaterland und eure Bünde!« Dann sank er zusammen.

Fünf lange Stunden rang Fontanas Haufen mit dem Feind. Endlich kam die erlösende Hauptmacht der Graubündner an. Wie nun die Österreicher ihre Heerhörner vernahmen, wurde es ihnen unheimlich, und sie dachten: Heijo, da gehst du! Aber sie taten es allweg nicht, ohne tapfern Widerstand geleistet zu haben; denn sie ließen viertausend Tote zurück. Auch auf Seite der Bündner waren außer Fontana noch viele gefallen.

Die Frau von Roseneck

In jenem Schwabenkrieg eroberten die Eidgenossen, mit andern festen Plätzen, auch das Städtchen Thiengen im Schwäbischen, aus dem dann die Soldaten der Besatzung, unter dem Hohngelächter der Schweizer, im bloßen Hemd, mit einem Stab in der einen Hand und einem Stück Brot in der andern, abziehen mussten. Alsdann wurde die kleine Stadt ausgeplündert und verbrannt.

Dieses böse Los drohte auch dem Städtchen Blumenfeld, das die Eidgenossen belagerten und das ihrem grimmigen

Feind, dem Herrn von Roseneck, gehörte. Dieser musste die kleine Stadt an die Eidgenossen übergeben. Nun wurde vor der Plünderung allen Verteidigern der Abzug mit Weib und Kind gestattet; ja, sie sollten auch, soviel sie zu tragen vermochten, an Hab und Gut mit hinausnehmen können. Von dieser Begnadigung aber war der Freiherr von Roseneck ausgenommen. Er sollte seine Feindschaft mit dem Tod büßen.

Und als man nun das Tor der Stadt auftat, kamen alle Einwohner heraus, mit ihren besten Habseligkeiten beladen. Und siehe da, jetzt erschien auch die Edelfrau von Roseneck; die aber trug ihren lieben Ehemann, den Herrn Ritter von Roseneck, auf dem Rücken als ihr wertvollstes Gut.

Die Eidgenossen, gerührt von solch einer Liebe, lachten von ganzem Herzen eins heraus und ließen es gut sein, umso eher als die Freiin von Roseneck eine Glarnerin war. Ja, als es einer aus ihren Reihen versuchte, der getreuen Ehegattin ihren bescheidenen Schmuck wegzunehmen, wollte man ihn aufhängen, und nur mit Not entging er dem Strick.

Die unglücklichen Kinder

Auch der Schwabenkrieg zeigte, was der Krieg für die Völker, die es doch auch sonst nicht leicht haben, für ein schweres Kreuz ist, wie viel gescheiter sie täten, einen großen, ewigen Frieden über die ganze Welt zu schließen. Aber wie sollte man die Waffe aus der Hand legen können, solang man Feinde vor den Toren und Türen hat, die Leben, Hab und

Gut und gar die so schwer errungene Freiheit bedrohen? Welch unermessliches Glück wäre das, man kann es nicht ausdenken, wenn alle Menschen guten Willens zum Frieden auf Erden würden! Der Krieg ist ja etwas so Schreckliches.

Hört nur, was der kaiserliche Feldherr Pirkheimer, der das Engadin hätte erobern sollen, erzählt: »Wir kamen durch verheerte Dörfer und verwüstetes Land zu einem großen abgebrannten Dorf. Am Ende desselben traf ich auf zwei alte Weiber, welche einen Haufen von beinahe vierhundert Kindern, Knaben und Mädchen, vor sich hertrieben. Alle waren vor Hunger so eingefallen und abgezehrt, dass sie schrecklich anzuschauen waren. Ich fragte die Weiber, wohin sie den elenden Haufen treiben wollen. Sie waren wie verwirrt; vor Schmerz und Hunger konnten sie kaum reden. Endlich sagten sie: Du wirst es bald sehen, wohin wir die unglücklichen Kinder führen.

Sie kamen nun auf eine Wiese. Da fielen sie auf die Knie nieder und fingen an, fast wie das Vieh im Grase zu weiden, indem sie die schmackhaftesten Kräuter auslasen. Dieser schreckliche Anblick machte mich stumm. Wie sinnlos stand ich lange da. Eine von den Alten sagte dann: Siehst du nun, warum die unglücklichen Geschöpfe hieher geführt wurden, denen es besser wäre, sie wären nie geboren worden, als dass sie solches Elend ausstehen müssen. Ihre Väter fielen durchs Schwert, ihre Mütter starben vor Hunger, ihre Habe raubte der Feind, und ihre Wohnungen sind verbrannt. Nur wir Elenden sind noch übrig, um die armen Kinder wie das Vieh auf die Weide zu treiben, um sie mit Gras zu füttern. Ach, wir hoffen, wir werden bald mit ihnen vom Elend erlöst. Vor wenigen Tagen waren ihrer noch einmal so viel, sie starben vor Hunger und Elend, glücklicher durch ihren frühen Tod, als durch ein längeres Leben.

Da brach ich in Tränen aus, erbarmte mich des jammervollen Schicksals der Menschen und verfluchte die Wut des Krieges.«

Also berichtet dieser brave, gutherzige Feldherr.

Das herzhafte Thurgauermägdlein

Die Eidgenossen waren endlich des langen Kriegs mit dem Kaiser Maximilian und seinen österreichischen und schwäbischen Truppen müde, und sehnlichst wünschten sie Frieden zu schließen. Da hatten sie nun doch einmal Krieg genug bekommen. Sie schrieben daher an den Herrscher, der mit seinem Heer zu Konstanz lag: »Wir führen ungern Krieg und wollen lieber die Streitigkeiten mit Recht als mit Gewalt ausmachen. Es ist schade um das kostbare Menschenblut, welches so häufig vergossen wird. Wird aber unsere Billigkeit und Friedensliebe verachtet, so trauen wir auf Gottes Hilfe, die wir schon erfahren haben. Wir verteidigen nur unsere uralte väterliche Freiheit, und immer werden wir, wie es Männern geziemt, lieber ehrenvoll sterben als einen schmählichen und schändlichen Frieden machen.«

Diesen gar schön gesetzten Brief brachte Eingangs des Heumonats ein Mägdlein aus dem Thurgau zum Kaiser nach Konstanz. Denn so erbittert war man gegeneinander, dass man keine Männer mehr als Boten zu verwenden wagte.

Als das Mägdlein nun, da, wo der Kaiser Max Hof hielt, auf Antwort wartete, und zwar mitten unter geharnischten Kriegsleuten, fragte es ein Geselle der kaiserlichen Leibwache: »He du, was machen die Eidgenossen in ihrem

Lager?« Gleich antwortete das Mägdlein: »Seht ihr denn nicht, dass sie euren Angriff erwarten?« – Als jener nun auch noch fragte: »Wie viele sind dort beisammen?« gab es zurück: »Genug, um eure Angriffe abzuwehren.« Die Krieger drangen nun heftiger darauf, dass es die Zahl der Schweizer angebe. »Wenn's mir recht ist«, sagte keck die Kleine, »so hättet ihr die Eidgenossen in dem Treffen, das neulich vor den Toren dieser Stadt vorfiel, zählen können, wenn die Flucht euch nicht blind gemacht hätte.« Als sie gar noch fragten: »Haben die Schweizer auch zu essen?« entgegnete sie: »Wie könnten sie denn leben, wenn sie nichts zu essen und zu trinken hätten?«

Diese treffenden Antworten belustigten den ganzen Vorhof des kaiserlichen Lagers gar sehr. Jedoch einer der Haudegen gedachte die wohlbeschlagene kleine Thurgauerin zu erschrecken, und so bedrohte er sie mit dem Schwert. »Jawohl«, sagte das Mägdlein zu ihm, »du bist mir ein rechter Held, dass du ein junges Mädchen umbringen willst. Wenn du so großes Verlangen trägst, zu streiten, warum stürmst du nicht an das feindliche Lager? Du wirst dort gewiss einen finden, der deiner Kampflust entspricht. Aber es ist leichter, ein wehrloses, unschuldiges Mädchen anzufahren als dem bewaffneten Feind zu begegnen, welcher nicht mit Worten, sondern mit dem Schwert seine Sache zu führen versteht.«

Von dieser herzhaften Art Mägdlein wachsen uns hoffentlich auch heute noch recht viele im Schweizerlande auf.

Die Versöhnung

Als im Schwabenkriege ums Jahr 1499 die Zürcher und Unterwaldner an der schwäbischen Grenze dem Kaiser Max gegenüberlagen, gab es unter ihnen zwei Hauptleute, die sich schwer beleidigt hatten und sich nun auf den Tod hassten. Der Zürcher hieß Heinrich Zurkinden und der Unterwaldner Arnold von Winkelried. Die andern Heerführer kannten diese Feindschaft und befürchteten Böses. Sie ermahnten deshalb die zwei Männer ernstlich, zu bedenken, dass sie beide Schweizer seien, die für das gemeinsame Vaterland zu kämpfen hätten. Sie sollten sich also ja hüten, die Eintracht im Lager zu stören.

Wie nun eines Tages ein Haufe Kriegsgesellen gegen die Kaiserlichen auszog, geriet Winkelried so unter die Feinde, dass er verloren schien.

Das sah Zurkinden. Blitzgeschwind sprengte er mit seiner Schar hinzu und befreite den arg bedrängten Nidwaldner. Darnach ritten beide Hauptleute schweigend ins Lager zurück.

Arnold Winkelried aber bestieg, kaum war er im Lager angekommen, sein schönstes Ross. Und alsdann ritt er vor die Zelte der Zürcher. Mit weithin vernehmbarer Stimme rief er seinen Erzfeind, der ihn soeben aus den Kaiserlichen herausgehauen hatte, den Hauptmann Zurkinden. Erschrocken eilten die andern Häupter herbei, denn sie glaubten nichts anderes, als der Unterwaldner wolle den Zürcher zum Zweikampf herausfordern.

Als aber Zurkinden erschien, begrüßte ihn Winkelried herzlich, ihm für seinen Beistand dankend, der ihn gerettet habe. Und schon umarmten sich die zwei Eidgenossen, und darnach schenkte Winkelried dem Zürcher seinen rassigen Hengst. Von der Stunde an waren und blieben die zwei Hauptleute, zur Freude aller, die treuesten Freunde.

Der einfältige Allgäuer

Aus dem Schwabenkrieg mögt ihr nun aber auch ein fröhliches Geschichtlein hören.

Nämlich die Schweizer waren bei dem Heere Kaiser Maximilians so verhasst, dass man sie auf jener Seite nicht einmal mehr Schweizer oder Eidgenossen nannte. Stattdessen riefen die Schwaben ihnen über den Rhein und wo es ging, Kühmelker, Kühmäuler und noch andere Titel zu, die alle in keinem guten Geruch standen. Ja, soweit kam's, dass man zuletzt auf Seiten der österreichischen und schwäbischen Krieger gar nicht mehr zu wissen schien, dass es Schweizer gebe.

Eines Tags nun, als die Schweizer im Dörflein Hard rasteten, erwischten sie einen Soldaten aus dem Allgäu, der sich aus dem Krieg davongemacht und auf einem Dachboden versteckt hatte.

Wie man ihn nun vor die Hauptleute der Schweizer führte, dachte er: »So, Allgäuer, nun hast du nicht mehr weit zum Grabe!« In Todesängsten fiel er auf die Knie, hob die Hände flehend zu den Anführern auf und rief heulend: »O ihr lieben, frommen Kühmäuler, seid mir doch des Tausendgotteswillen gnädig und barmherzig!«

Diese sonderbare Art, sie um Gnade anzuflehen, erboste aber die schweizerischen Hauptleute nur, und zornig fragten sie ihn, was ihm denn einfalle, sie um sein Leben zu bitten, wenn er sie doch dabei mit einem ihrer ärgsten Spottnamen beschimpfe? Da antwortete der schwäbische

Kriegsmann, zum Tod erschrocken: »Ach Gott, ihr lieben Kühmäuler, wie heißt ihr denn? Ich habe euch nie anders nennen hören und also gemeint, das sei euer rechter Name und ihr heißet alle Kühmäuler.«

Jetzt aber gabs für den Allgäuer wieder gutes Wetter; denn die Eidgenossen lachten eins heraus, dass es fast ein vierfaches Echo gab. Und alsdann sagte einer aus ihnen zu dem aufatmenden Schwaben: »So, jetzt mach aber, dass du fortkommst!«

Das ließ sich der Allgäuer nicht zweimal sagen. Im Galopp machte er sich auf und davon, Gott dankend, dass ihn seine Einfalt so gut von der gefährlichen Begegnung weggebracht hatte.

Der Tag von Dornach

Die letzte bedeutende Schlacht im Schwabenkrieg war die bei Dornach. Die Eidgenossen standen in der Gegend von Konstanz beim Schwaderloo, um die feindliche Armee, die den Thurgau bedrohte, abzuwehren.

Da zog ein Heer des schwäbischen Bundes an Basel vorbei ins Solothurner Gebiet, verheerte die Gegend und begann Dornach zu belagern. Benedikt Hugi war Schlosshauptmann der eidgenössischen Besatzung.

Die Solothurner mahnten die Eidgenossen zu schleunigstem Zuzug. Der solothurnische Schultheiß rückte mit fünfzehnhundert Mann aus bis nach Liestal, wo er die Eidgenossen erwarten wollte. Bald stießen dreihundert Berner zu ihm und vierhundert Zürcher. Und nun erkannten diese eidgenössischen Truppen, dass im Tal bei den

Belagerern von Dornach eine große Unordnung herrschte. Das schwäbische Heer schien gar nicht daran zu denken, dass allenfalls Schweizer in der Nähe sein könnten. Deswegen ging's hoch her im Lager. Man kochte und briet, was gut war; man trank, sang und würfelte. Waffen und Harnisch hatte man beiseite gelegt und lebte also hemdärmlig, herrlich und in Freuden. Zwar soll ein alter Kriegsmann den obersten Heerführer gewarnt haben, er möge vor den Schweizern auf der Hut sein, aber der habe ihn angeschnauzt: »Meinst du denn, es schneie Schweizer!«

Jawohl, es schneite Schweizer. Als ein ganz böser, grobkörniger Hagelschauer schlugen sie ins schwäbische Lager, bis in die Bratpfannen und Pokale hinein. Nämlich, mit dröhnendem Kampfgeschrei stürzten sich jetzt die Eidgenossen plötzlich über die festlich gestimmten Feinde her.

Eilends krochen nun diese, so sie Zeit fanden, in den Harnisch und suchten sich zu waffnen und zu ordnen. Und siehe, es gelang ihnen doch noch, wenn auch mangelhafter als sonst ausgerüstet, sich zusammenzutun und zu stellen. Und als sie inne wurden, dass sie sich eigentlich in der Mehrzahl befänden, wuchs ihnen der Mut, und sie wehrten sich mannhaft. Aber als es auch den Eidgenossen heiß werden wollte, zeigten sich auf den nahen Höhen die Banner von Zug und Luzern.

Aha, dachten die überraschten Mannschaften vom schwäbischen Bund, nun wird's erst recht Schweizer schneien! Und wahrhaftig kam's aus den Wäldern herab, nicht nur wie ein Schneegestöber, sondern schon mehr wie eine gewaltige Herde riesiger Schneeballen.

Da gaben es die biedern Schwaben auf. Sie mochten ihr Leben nicht länger um des Kaisers Bart gefährden. Also machten sie sich hurtig davon, so viele es noch konnten;

denn sie mussten dreitausend Tote und das ganze Lager im Stich lassen.

Als am andern Morgen auch noch die Banner aus den drei Waldstätten und die Freiburger ankamen, fanden sie den Sieg schon vollendet.

Und nun war's mit dem Schwabenkrieg aus, und am 22. September 1499 schloss der Kaiser Maximilian mit den Schweizern Frieden.

Basels Aufnahme in den Bund der Eidgenossen

Die Bürgerschaft der Stadt Basel hatte sich schon seit Langem der schweizerischen Eidgenossenschaft zugewandt. So baten die Basler denn nach dem Schwabenkrieg, während dem ihnen oft durch die Schweizer Hilfe wurde, um Aufnahme in den Bund. Nach einigem Widerspruch von Seite der Länderstände gegen die Vermehrung der Städte wurde Basel in die Eidgenossenschaft der zehn Orte aufgenommen, und zwar am 8. Juni 1501.

In jenen Tagen ging's dann in der alten Bischofsstadt hoch her. Die reichen Basler Kaufleute ließen sich's da etwas kosten; denn dieses Übereinkommen mit der starken Eidgenossenschaft, die auf der obersten Sprosse ihrer Ruhmesleiter stand, bedeutete ein gutes Geschäft und einen nachhaltigen Segen. Die Väter der Stadt eilten also den eidgenössischen Boten entgegen, und als sie mit ihnen einzogen, jauchzte die Jugend: »Hie Schweizerland!«

Am Feste des Schutzheiligen der Stadt, des Kaisers Heinrich, ging der Zug der eidgenössischen Gesandten, des Rats und der Bürger von Basel ins Münster und von dort auf den Kornmarkt. Daselbst wurde der Bundesbrief verlesen. Dann sprach der Bürgermeister von Zürich der Bürgerschaft den Eid vor, und diese schwor und mit ihr auch die Vögte und Amtspfleger, namens der Basler Landschaft, den Eidgenossen zu, worauf die Gesandten der zehn Orte denen von Basel im Namen der gemeinen Eidgenossenschaft den Bund beschworen. Nun läuteten alle Glocken, und alsbald ging's zu einem großen Festmahl und Becherheben. Man öffnete die Tore der Stadt und setzte an die Stelle der Torwächter ein altes Weib mit einer Spindel. Das sollte kundmachen, wie uneinnehmbar sich nun die Stadt im Bunde der Eidgenossen erachte. Die eidgenössischen Boten vertraten auch die Patenstelle bei dem ersten Kind, das nach dem Bundesschwur geboren wurde. Es war ein Knäblein, namens Hieronimus, der Sohn des weitbekannten Buchdruckers Froben, und es wurde mit Trommeln und Pfeifen zur Taufe getragen.

Der Aufnahme Basels folgte schon im August desselben Jahrs diejenige Schaffhausens. Zwölf Jahre später wurde auch Appenzell in den ewigen Bund der Eidgenossen aufgenommen, und so war man zu der dreizehnörtigen Eidgenossenschaft gekommen, die sich bis zum Jahre 1798 nicht mehr erweiterte.

Die Schweizer waren gar mächtig geworden, und ihr Ruhm als Krieger ging durchs ganze Abendland. Wenn ein König und Herr sich schützen oder mit Gewalt sich etwas erobern wollte, suchte er um schweres Geld die angesehensten Leute in der Eidgenossenschaft samt ihrem Volk zu gewinnen, auf dass sie ihm zuzögen. Mit Hilfe der angriffslustigen und nun kriegsgewohnten Schweizer meinte man alles durchsetzen zu können. Diese hohe und für Kriegszwecke auch zutreffende Meinung über die Eidgenossen machte diese immer selbstsicherer und stolzer, aber auch begieriger nach Gold. Also liefen sie allen hohen Herrschaften zu, denen die Mittel es erlaubten, sich mehr oder weniger Schweizer zu halten. Nein, das konnte auf die Dauer nicht gut werden. Bisher waren sie meistens noch gemeinsam ausgezogen, d.h. die Schweizer zogen als solche zu Krieg für die fremden Herren, aber nach der großen Niederlage bei Marignano vor Mailand flauten diese Auszüge einer gemeinsamen Eidgenossenschaft rasch ab, und es begannen nun so recht die Werbungen und das Reislaufen dieser und jener angesehenen schweizerischen Hauptleute und Häupter auf eigene Faust.

Also die Schlacht bei Marignano (1515), die zwei Jahre nach der so siegreichen gewaltigen Mannsschlacht von Navarra von den Eidgenossen für den Herzog von Mailand gegen den König von Frankreich geführt wurde, ging für sie nicht gut aus. Wohl verrichteten sie zwei Tage hindurch Wunder an Tapferkeit. Sie brachten am ersten Tag die feindlichen Geschütze zum Schweigen, ohne sie aber, der Nacht wegen, völlig gewinnen zu können. Sie kämpften am zweiten Tag gegen die Übermacht der Franzosen und ihrer deutschen Landsknechte wie die Löwen, denn sie wussten eben nur von Sieg. Sie unterliefen sogar die Rosse und überwarfen sie samt den Reitern. Es nützte alles nichts, denn als sie meinten, sie wären endlich am Geschütz, das ihnen den größten Schaden tat, ertönte der Ruf: »San Marco, San Marco!« Und da stürzten sich die Scharen der Venetianer für den französischen König Franz I. noch in die Schlacht, und jetzt hatten es die übermüdeten Eidgenossen verspielt.

Sie mussten zurück. Sie taten es aber wie ein rechtes Volk von Männern. Sie bildeten ein gewaltiges Viereck und nahmen in ihre Mitte all die Toten und Verwundeten, die sie erlangen konnten, und auch ihr Geschütz. Und so zogen sie, unter fortwährendem Ansturm der feindlichen Reiterei, hinter den großen Graben nach Mailand, wohin man ihnen nicht zu folgen wagte. Gar viele hoch angesehene Häupter der Eidgenossenschaft lagen unter den Opfern der unglücklichen Schlacht, an der auch der Walliser Kardinal Matthäus Schiner und Ulrich Zwingli als Krieger und Tröster teilgenommen hatten.

Man erzählt: Als man den Bannerträger von Appenzell tot antraf und mitnahm, fand man in seinem Wams die gerettete Landesfahne. Dem Basler Landesvenner gar gelang es noch, seines Standes Banner den Seinigen zu überreichen, als er, beider Beine durch eine Kanonenkugel beraubt, sich nurmehr am Boden hinzuwälzen vermochte. Ein Unterwaldner Kaplan holte das verlorene Fähnlein seines Landes mit Todesverachtung aus einem Knäuel Feinde heraus. So vollbrachte man noch viele Heldentaten, aber der Tag war verloren. Auch das Heerhorn der Urner, der berühmte Uristier, der den feindlichen Völkern in so mancher Schlacht das Entsetzen ins Gebein geblasen, ging für immer verloren.

Es waren böse Tage, diese Schlachttage von Marignano. Die ganze Schweiz wurde von einer nachhaltigen Trauer überschattet wie von einer Sonnenfinsternis. Und es waren doch auch gute Tage, denn sie verleideten weit herum das Kriegsgeläuf für fremde Händel und Eroberungssucht.

Zwar stiegen im Jahre 1522 schon wieder sechstausend Eidgenossen über die Gebirge, um, diesmal nun grad umgekehrt, dem französischen König Franz I. das Herzogtum Mailand erobern zu helfen, das sie doch sieben Jahre vorher gegen ihn so blutig verteidigt hatten. Es war aber schon nicht mehr ein Kriegszug des ganzen Volks um Ruhm und Gold, sondern eher ein Reislaufen um Gold und Ruhm. Es geriet denn auch den Schweizern jene Kriegsfahrt bei Bicocca so wenig, dass sie bald darnach wieder heimzogen. Unter den dort Gefallenen war auch ein Arnold von Winkelried, ein langbewährter Kriegsmann und Anführer.

Die Kriegskunst der Schweizer

Hier ist's vielleicht am Platz, dass ich auch etwas von der Kriegskunst der Schweizer sage, die zu ihren Erfolgen gar viel beitrug. Ausschlaggebend für die vielen Siege war freilich ihre unbändige Angriffslust und Mannszucht.

Nun aber hatte die Kriegskunst in Europa durch Einführung der Feuergewehre und des Geschützes große Veränderungen erfahren. Die Schweizer, an die Handhabung der achtzehn Fuß langen Spieße, der zweihändigen Schwerter und der Hellebarden gewöhnt, kamen nur schwer dazu, sich mit der Anwendung der Büchsen und Feldschlangen vertraut zu machen. Sie betrachteten noch lange die bewaffnete Faust als das beste Geschütz. Dabei hielten sie aber Ordnung aufs Strammste. Unter den Fahnen ihrer Länder, etwa städtischerseits auch nach Geschlechtern und Zünften eingeteilt, rückten sie gemessenen Schritts mit einer schlichten Kriegsmusik aus Trommlern und Pfeifern aus. Das Heer war für gewöhnlich in Rotten von zwanzig bis dreißig Mann geordnet. Jede Rotte hatte ihren Rottmeister, der durch die Hauptleute oder von der Mannschaft selber gewählt wurde. Die tapfersten Männer der verschiedenen Waffengattungen bildeten die Schutzwache des Hauptbanners. Neben Spieß oder Hellebarde durften Schwert, Streit- oder Beimesser getragen werden. Das weiße Kreuz oder Schlüssel derselben Farbe auf rotem Grund waren die Abzeichen auf dem Kriegsrust der Schweizer. Man hatte sich auf eigene Kosten zu bewaffnen und zu ernähren, nur Arme wurden von der Gemeinde unterhalten. Das soll viel Unordnung veranlasst haben und auch den verwerflichen Brauch, die Gefangenen um übermäßige Lösegelder zu schröpfen. Bern gab zuerst regelmäßigen Sold.

Die Einrichtung von Freischießen trug alsdann zur Erhaltung des kriegerischen Geistes der Schweizer und zur Förderung ihrer Schießerfolge bei. Jede Stadt und jeder Länderstand lud etwa zu Freischießen ein. Zürich gab nach dem Bruderkrieg mit den Eidgenossen ein drei Wochen dauerndes Freischießen, wozu es gewaltigen Zulauf von nah und fern hatte.

Das einstige Alltagsleben

Die Lebensweise des schweizerischen Landvolks vom dreizehnten und vierzehnten Jahrhundert war eine recht einfache, fast ärmliche, die sich nur langsam hob. Man lebte meistens in einstöckigen Holzhäusern, die etwa mit steinbeschwerten Schindeln und noch öfter mit Stroh gedeckt waren. Auch die Wohnungen waren einfach. Glasfenster konnten sich nur Reiche verschaffen. An Geräten sah man weder Kostbares noch Schönes. Oft gab es in der Stube, die zuweilen auch die Küche war, nur eine Bank und einen Tisch. In der Regel bereitete jede Familie ihre Kleidung selber. Flachs, Hanf, Wolle wurden, wo immer es der Boden erlaubte, auf eigenem Gut gezogen, gereinigt, versponnen, gewoben, gebleicht und gefärbt. Man hielt es bei dem Frauenvolk für eine Ehre, eine tüchtige, flinke Spinnerin zu sein. Und stolz war die Hausfrau auf ansehnliche Beigen Leinenzeugs. Auf Kochkünste gab man noch nicht viel. Milch, Butter, Käse, Zieger* waren die Hauptnahrungsmittel und Brot und Brei. Gemüse kannte man wenig. Schweinefleisch war freilich, wie heute noch im Berglande, hochgeschätzt. Auch im Trinken war man nicht anspruchsvoll.

Das alles blieb im Allgemeinen so bis in nicht allzu weit zurückliegende Zeiten, vorab bei den schweizerischen Bergbauern. Im Besondern aber, gar vielfach in Stadt und Dorf, änderte sich die Lebensweise in Wohnung, Ernährung usw. ganz bedeutend. Es erstanden immer mehr Herrenhäuser, und zwar bis in die großen Bergdörfer hinauf, mit Wohnräumen, die fremden Prunk nachzumachen suchten. Im Essen und Trinken wurde man anspruchsvoller, und auch in der Kleidung äffte man, oft plump genug, fremden Brauch nach. Das alles kam nach und nach aus dem Ausland von Herrenhöfen mit den Mitteln dazu in die Eidgenossenschaft hinein. Aber der gewöhnliche Reisläufer brachte wohl den Hang zu allerlei Wohlleben oder was er dafür ansah, mit heim, und allerlei ihm und andern gar übel bekömmliche Gewohnheiten, leibliche und seelische Schäden.

* Quark bzw. Kräuterkäse

Der Kardinal Matthäus Schiner

Matthäus Schiner war einer der berühmtesten Männer seiner Zeit. Und doch war er einst nur ein armes Büblein aus dem Oberwallis. Aber ein tiefsichtiger alter Pfarrherr erkannte den ungewöhnlichen Geist des Kleinen, und er brachte es dazu, dass er studieren konnte. Man schickte ihn eines Tags sogar nach Bern, wo er, nach der Sitte jener Tage, sich sein schmales Brot durch Singen vor den Häusern der Reichen zu verdienen trachtete. Und als eine Frau, die selber nicht viel hatte, sah, wie schwer das bleiche Bürschlein durch musste, erbarmte sie sich seiner, nahm ihn in ihre Hütte auf und sorgte für ihn, als wäre er ihr eigenes Kind. Während sie spann, saß er bei ihrer Lampe bis tief in die Nacht hinein ob seinen Büchern. Schiner war ein fleißiger Schüler. Er wurde aber auch ein vorbildlicher Priester, ein ausgezeichneter Bischof, und endlich weihte ihn der hl. Vater in Rom zu einem der höchsten Würdenträger der Kirche, zum Kardinal. Er ließ sich dann auch die Größe der Kirche sehr angelegen sein, tat sein Möglichstes in ihrem Dienst und gelangte auch in der Geschichte unseres Landes zu großer Bedeutung.

Nach Jahren kam er als Gesandter des Vatikans mit großem Gefolge nach Bern, wo er studiert hatte. Sogleich erkundigte er sich nach seiner einstigen Beschützerin und vernahm mit großer Freude, dass sie noch lebe.

Da schickte er einen Diener hin. Der musste ihr bescheidenes Heim mit allerlei schönen Gerätschaften ausschmücken. Er befahl auch, dass man köstliche und reichliche Speisen und Weine zu ihr trage und dort ein Mahl rüste. Alsdann begab er sich, in Begleitung hochwohlmögender

Ratsherren der Stadt, die er hiefür eingeladen hatte, in die Behausung seiner Wohltäterin.

Das arme, alt gewordene Mütterlein musste sich an den mit wohlschmeckenden Gerichten überdeckten Tisch, und zwar neben den Kirchenfürsten setzen. Vor allen den vornehmen Herren bezeigte er ihr nun die größte Hochachtung, also dass die gute Alte ganz verwirrt wurde. Er nannte sie Mutter, wie er sie als Studentlein genannt hatte, und er wollte, dass sie ihn Sohn heiße, wie einst. Als er sich verabschiedete, musste sie durchaus das kostbare Geschirr und alles, was er in die einfache Häuslichkeit hatte bringen lassen, behalten. Auch schenkte ihr der Kardinal noch zweihundert Dukaten dazu. Er besuchte sie während seines Aufenthalts in Bern immer wieder. Als er verreiste, gab er ihr seinen Segen und empfahl sich ihrem Gebete.

Über dieses edle Gebaren freute sich jedermann. Man lobte den Kardinal, der aller Welt ein so schönes Beispiel von Dankbarkeit gegeben hatte.

Viel tatest du für Christi Reich;
Dein Name glänzt in der Geschichte;
Doch zeigt dein Herze nichts so weich,
Nichts deinen Geist so schön im Lichte,
Als jener Dank aus hohem Sein
Ans arme alte Mütterlein.

Ulrich Zwingli

Um die Zeit dieser kriegerischen Welschlandfahrten der Schweizer gab es in Europa große religiöse Unruhen, vorab erst in Deutschland und alsdann auch in der Eidgenossenschaft und anderwärts. In deutschen Landen wurden diese Neuerungen, ja Umwälzungen im Glauben, zuvörderst von dem Mönch Martin Luther, in der Schweiz aber durch den Pfarrer Ulrich Zwingli in erster Linie, dann auch durch Calvin in Genf und andere veranlasst. Es kam zu Kirchentrennungen in unserm Vaterland, zu bösen Händeln und schließlich gar zu einem neuen Bruderkrieg, dem schlimmsten: zu Hass und Kampf der Seelen.

Ulrich Zwingli, der nachmalige Reformator, wurde am 1. Januar 1484 zu Wildhaus im Toggenburg geboren. Die ersten Schulkenntnisse gewann er bei seinem Oheim, dem Pfarrer in Weesen. Dann kam er nach Basel, wo er seine Mitschüler an Fleiß und Talent übertroffen haben soll, und auf die Hochschulen zu Bern und Wien. Mit achtzehn Jahren wurde er Lehrer in Basel, wobei er nebenher seine Bildung zu erweitern trachtete. Er gewann sich Freunde und Gönner. Im Jahre 1506 kam er nach Glarus als Pfarrer. Dabei war er für seine eigene Weiterbildung rastlos tätig und gründete auch eine Lateinschule, der er selber vorstand. Er zog als Feldprediger mit den Glarnern auch zu Krieg. Nachdem er vielfach erfahren hatte, wie die Jahrgelder und Söldnerdienste Regenten und Volk schädigten, bekämpfte er dieses Unheil, was ihm viele Feinde schuf. Alsdann kam Zwingli als Leutpriester (1516) in die Waldstatt Einsiedeln. Der Chronist sagt von ihm, dass er auch da fleißig studierte. »Vor allem beschäftigte ihn die hl. Schrift, und zwar vorzugsweise das Neue Testament. Um diese wunderbaren Bücher im Urtext lesen zu können, erlernte er die hebräische, aber mit weit mehr Begeisterung die griechische Sprache.« Im Übrigen war er auch rein weltlichen Freuden keineswegs abgeneigt.

Aus seiner Zeit im Hochtale der Alp erzählen sich die Waldleute von Einsiedeln eine kleine Sage. Nämlich, als Zwingli einst auf einem kleinen Hügel auf den Brüelmatten neben dem Kloster gepredigt habe, sei er mit einem Male über das Tal hinweg auf den hoch gelegenen Ketzernboden hinaufgesprungen. Noch heute heißt jenes Bergweidlein »Chätzerebode.«

Aus Einsiedeln, wo er auch verschiedene Freunde gewonnen hatte, berief man diesen Geistlichen im Jahre 1518 nach Zürich, und zwar als Leutpriester am Großmünster. Er widmete seinem Amt alle Kräfte.

Von da vor allem gingen nun seine Neuerungen im Glauben aus; denn da fiel er von der alten Kirche offen ab und machte sich zu ihrem Reformator. Seine Anschauungen und Lehren fanden bald in den Städten und Gegenden des schweizerischen Tieflandes starke Verbreitung, während vorab die Bergbewohner der innern Eidgenossenschaft dem alten Glauben treu blieben. Während diese katholisch hießen, nannten sich die Neugläubigen Reformierte. Diese Namengebung erhielt sich, in unsern Berggegenden wenigstens, bis in die zweite Hälfte des 19. Jahrhunderts. Heute werden die Anhänger der Zwingli'schen Lehre wie diejenigen der Lutherischen meistens ebenfalls Protestanten genannt.

Die Kappeler Milchsuppe

Als einst im Jahre 1529 die Eidgenossen des Glaubens wegen gegeneinander ins Feld rückten, bezogen sie an der Grenze zwischen dem Zürcher- und Zugergebiet beidseitig ihr Lager. Nun war es so, dass man im Lager der Katholischen, infolge der Grenzsperre, starken Mangel an Lebensmitteln hatte, vorab gab's kein Brot mehr, während die Reformierten Brot und anderes mehr als genug hatten.

Was taten nun die katholischen Eidgenossen aus der innern Schweiz? Eine Schar aus ihnen begab sich nahe ans Lager der reformierten Bundesgenossen. Dort stellten sie eine umfängliche Mutte voll köstlicher Milch so haargenau auf die Grenze, dass die Milchmutte halb auf katholischem Zuger- und halb auf reformiertem Zürcherboden stand. Jauchzend riefen sie die Zürcher herbei. Und im Handumdrehen hockte ein Schärlein ihrer reformierten Eidgenossen mit ihnen um das Milchgefäß. Diese aber hatten ein großes Brot mitgebracht, das sie nun emsig in die Milch einbrockten, so dass rasch eine gar schmackhafte Milchsuppe draus wurde.

Jetzt begann man beiderseits die runden Holzlöffel, die bei der Mutte lagen, angelegentlich zu gebrauchen und aß nach Herzenslust drauflos. Wenn aber ein reformierter oder ein katholischer Löffel gar zu umtunlich wurde und die Landesgrenze nach einem besonders ausgiebigen Brocken übertreten wollte, schlug ihn eine andersgläubige Hand auf die Finger, dass es pfiff, mit dem Mahnruf: »Blib uf dinem Erbrich!«

Also wurde um diese Milchmutte ein gar fröhlicher Betrieb und ein altschweizerisch offenes, weitumgehendes Gelächter. Es sah ganz so aus, als ob man im tiefsten

Frieden wäre und nur so ein wenig freundnachbarlich sich necken wollte.

Als nun der Stadtmeister Jakob Sturm von Straßburg, der im Lager war, um Frieden zu stiften, herankam und diese lustige Milchsuppen-Szene sah, sprach er, mit Tränen in den Augen: »Ihr Eidgenossen seid doch wunderliche Leute; bei aller Zwietracht seid ihr eins und vergesst der alten Freundschaft nicht.«

Zwinglis Tod

Die katholischen und die reformierten Eidgenossen hatten durch Vermittlung des Standes Glarus und seines biedern Landammanns Hans Aebli einen – freilich nur faulen – Frieden geschlossen. Aber gar bald, schon im Jahre 1531 standen sie abermals einander gegenüber, erbitterter als vordem.

Und eines Tages zogen die Zürcher aus, den aus den Ländern der innern Schweiz heranziehenden katholischen Eidgenossen entgegen.

Auch Ulrich Zwingli zog als Feldprediger und als Seele des Ganzen, kriegsmäßig ausgerüstet, mit. Bedrückten Herzens verabschiedete er sich von Weib und Kind. Sein Pferd wollte nicht vorwärts. Er spornte es und ritt dann ernst und schweigend fort in den Kampf, den er gewollt.

Unter dem Hauptbanner Johann Kaspar Lavaters ging's nach Kappel, in dessen Nähe die Katholischen, von Wäldern verdeckt, lagerten. Aber plötzlich brach Landvogt Jauch mit seinen Urnern eigenmächtig aus dem Holz heraus und auf die Zürcher los. Da die Urner aber ohne Zuzug böses Wetter hätten bekommen können, mussten ihnen die andern Mannschaften aus Schwyz, Unterwalden, Zug und Luzern, die noch des Wochentags der Unschuldigen Kindlein wegen hatten zuwarten wollen, rasch zu Hilfe eilen. Also hob eine blutige Schlacht an, wobei die Zürcher, nun völlig in die Verteidigung gedrängt, bald zu kurz kamen, so verzweifelt sie sich auch wehrten. Sie mussten fliehen und vermochten mit Not das Banner zu retten.

Unter den vielen Gefallenen lag auf der Walstatt auch Ulrich Zwingli. Seine Feinde fanden ihn, mit gefalteten Händen, auf dem Rücken liegend. Sie kannten ihn nicht. Man fragte ihn, ob er beichten wolle. Er schüttelte das Haupt und blickte himmelauf. Da erstach ihn ein Hauptmann aus Unterwalden. Erst am folgenden Tag habe man Zwingli unter den Toten erkannt. Da habe ein edler Chorherr, Hans Schönbrunner hieß er, tief bewegt angesichts des toten Reformators gesagt: »Welches auch dein Glaube gewesen sei, ich weiß, du warst ein redlicher Eidgenoss. Gott sei deiner Seele gnädig!«

Ein Baum bezeichnete bis um die Mitte des letzten Jahrhunderts die Stelle, auf der Ulrich Zwingli am 11. des Herbstmonats* 1531 das Leben verlor. Am 16. des Wintermonats** gleichen Jahres wurde dann zwischen den katholischen und reformierten Eidgenossen Friede geschlossen.

* Oktober
** November

Der brave Helfer

Im Jahre 1521 zogen die Zürcher mit andern eidgenössischen Mannschaften dem König von Frankreich zu, um ihm das Herzogtum Mailand, wie wir auch schon angedeutet haben, erobern zu helfen.

Da blieb Heinrich Gut von Ottenbach auf dem Kriegszug halb verschmachtet vor Hitze und todmüde zurück. So traf ihn der Bannerherr Johann Kaspar Lavater von Zürich an. Er reichte dem Ohnmächtigen einen frischen Trunk, brachte ihn wieder zu sich, so dass er mit ihm weiter ziehen konnte.

Im Jahre 1531 nun wurden, wie wir erzählten, die Zürcher bei Kappel geschlagen. Auf der Flucht stürzte Lavater vom Ross und in einen tiefen Graben. Er verlor das Bewusstsein und wäre von den Feinden fast eingeholt worden. Jetzt kam eben der auch flüchtige Heinrich Gut des Wegs. Er sah den zürcherischen Bannerherrn im Graben liegen. So rasch als tunlich, schaffte er ihn heraus, und es gelang ihm, ihn mit großem Mühen in Sicherheit zu bringen.

Lavater beschenkte ihn darnach mit Geld und schönem Gewand. Aber Heinrich Gut von Ottenbach sprach: »Herr, das war für den Trunk in Italien!« Darnach klagte man Lavater an, er sei schuld, dass man die Schlacht bei Kappel verloren habe. Wie nun der Mann von Ottenbach das hörte, machte er sich auf, trat unerschrocken vor den Rat zu Zürich und tat alles, um nachzuweisen, dass die Anklage grundlos sei. Und siehe da, der Bannerherr Lavater wurde freigesprochen. Jetzt bedankte sich dieser erst recht von ganzem Herzen bei dem einfachen Mann aus Ottenbach und überhäufte ihn mit Wohltaten. Allein Heinrich Gut sagte: »Herr, das war für den Trunk in Italien!«

Endlich wurde Lavater zum Bürgermeister von Zürich gewählt. So oft er nun den Ottenbacher Gut in der Stadt sah, so dankte er ihm für seine Rettung. Der aber antwortete jedesmal: »Herr Bürgermeister, das war für den Trunk in Italien!«

Ein treues Herz ist Goldes wert,
Und wohl dem, der es findet!
Nichts ist so fest und wohlgestellt,
Und wär's der höchste Turm der Welt,
Als was auf Treue gründet.

Paracelsus, der Hexenmeister

Es war im Jahre 1493, da gab es unter den Waldleuten zu Einsiedeln, in einem unscheinigen Tätschhäuschen bei der Teufelsbrücke an der Sihl hinterm Hochetzel, ein Büblein, das später zu Weltberühmtheit kam und heute noch immer berühmter wird.

Dieser Waldmann von Einsiedeln, als welchen er sich allezeit stolz bekannte, hatte einen gar langfädigen Namen, denn er hieß Theophrastus Bombastus Philippus Aureolus Augustinus Paracelsus von Hohenheim. Trotz diesem hochklingenden Namen kam Paracelsus aber doch aus recht bescheidenen Verhältnissen. Er hat es aber in der Folge dann zum hoch berühmten Mann gebracht. Schon als blutjunges Bürschlein zog er in die Welt und kam nach und nach gar weit herum, auch an viele Jahrmärkte, wo er, wie's damals so bräuchlich war, seine Heilkunde ausübte. Er war ja ein landauf und landab bekannter Arzt und Alchimist, halt eben der Dr. Paracelsus geworden. Er wurde aber mehr als nur ein Arzt und Chemiker, der wie andere Gelehrte seiner Zeit nach dem Stein der Weisen, nach Gold suchte. Er wuchs sich zum großen Denker und Forscher, zum Reformator der Medizin und zum Begründer und einem Stern der wissenschaftlichen Chemie aus.

Da muss man sich nicht wundern, dass die Leute seiner Tage den Paracelsus für einen Hexenmeister hielten; denn was sie nicht gleich einigermaßen verstehen konnten, nahmen sie in ihrer Einfalt und völligen Unbildung gar schnell für Hexerei und Zauberei. So redete man diesem Theophrastes, wie ihn das Volk nannte, nach, er habe einmal einen lästigen Spielmann aus der Stadt St. Gallen auf einem Schimmel durch die Luft mitten unter die Herren der Tagsatzung zu Baden reiten lassen. Auch erzählte man sich damals, Theophrastus trage im Knopf seines Schwertes, das er immer mit sich führte, alle vier Elemente; alles, was er daher mit diesem Knopf berühre, verwandle sich in Gold.

Gar wunderlich, unheimlich soll's bei seinem Tod zugegangen sein. Es heißt, der Hexenmeister hätte einen Schwager gehabt, der ihm so neidisch gewesen sei, dass er ihn mit drei Diamanten vergiftete. Aber Paracelsus habe das sogleich gemerkt und auch gewusst, wer ihn vergiften wolle. Er nahm also flink eine Kreide und zeichnete seines bösen Schwagers Bild an die Wand. Drauf schoss er mit einem Pfeil darnach, und im selben Augenblick fiel der Schwager tot nieder. Aber, wird weiter berichtet, der Hexenmeister habe dann doch am Gift sterben müssen, weil ihm seine Nachbarn bei der Zubereitung des Gegengifts in seiner Zauberwerkstätte zugeschaut hätten.

Wie er nun zum Sterben kam, habe er seinen treuen Diener gerufen und ihn gefragt, was er sich zum Andenken lieber wünsche, sein Schwert mit dem zauberkräftigen Knopf oder seine Bücher. Und siehe, da wünschte sich der Diener die Bücher. Wie er aber dann gemerkt habe, dass er gescheiter das Schwert begehrt hätte, habe er das versteckt, obwohl ihm vom Hexenmeister befohlen worden war, es in die wilde Sihl hineinzuwerfen, da es niemand erben dürfe. Aber sein Herr habe ihn unversehens zur Rede gestellt und gefragt: »Hast du nach meinem Wort getan?« Und als der Diener log und antwortete: »Ja, Herr«, da sei Paracelsus ergrimmt und habe ihm gedroht, er werde ihn auf die gleiche Art erschießen wie seinen neidischen Schwager. Jetzt habe sich aber der erschrockene Diener rasch davongemacht, das verborgene Schwert geholt und es so geschwind, als wäre es in seiner Hand weißglühend geworden, in die Sihl hineingeworfen.

Jetzt, berichtet die Sage, fing dieser Bergfluss zu brausen und zu sieden und anzuschwellen an; Steine sprangen auf, und die Erde bebte, samt des Hexenmeisters Haus. Da habe der sterbende Paracelsus zum Diener gesagt: So, nun weiß ich, dass du getan hast, wie ich befahl, und dass niemand das Schwert bekommen wird, aber auch, dass die Stunde, in der ich sterben muss, da ist. Und also sei er gestorben.

Ein Vater des Vaterlands

Als die Reformation sich in der Schweiz ausbreitete, entstanden in der Bürgerschaft der heimeligen Stadt Solothurn große Streithändel. Man geriet des Glaubensbekenntnisses wegen immer heftiger aneinander. Endlich kam's gar dazu, dass man bewaffnet aufeinander los wollte.

Also zogen die Reformierten in den kleineren Stadtteil, die Brücke über die Aare hinter sich abbrechend und sich verschanzend. Die Katholischen aber rückten mit dem Geschütz im größern Teil der Stadt an die Aare und richteten es gegen ein Haus, das von ihren reformierten Mitbürgern besetzt war.

Als sie jedoch eine Kanone abfeuern wollten, stellte sich Schultheiß Niklaus Wengi, einer der eifrigsten Anhänger der alten Kirche, todesmutig vor die Mündung des Geschützes und rief aus: »Mitbürger, wenn ihr Bürgerblut vergießen wollt, so strecket mich zuerst nieder!«

Diese Hochherzigkeit packte das Volk. Die brennenden Lunten wurden gelöscht. Und einen solchen Eindruck machte die Tat des groß denkenden Mannes, dass die Katholiken und Reformierten Solothurns sich versöhnten.

Der Dulder im Schloss Chilon

Einer der eifrigsten Vorkämpfer für die Unabhängigkeit der Stadt Genf war Franz Bonivard, Prior zu St. Viktor. Genf sollte keinesfalls mehr unter Savoyen oder überhaupt unter eine fremde Herrschaft kommen. Herzog Karl von Savoyen nahm sich daher vor, den einflussreichen Mann aus der Stadt zu entfernen und so unschädlich zu machen.

Als sich Bonivard einst in Lausanne befand, wurde er von savoyischen Häschern überfallen und auf Befehl des Herzogs ins Schloss Chillon am oder eigentlich im Genfersee gefangen gesetzt. Groß war die Bestürzung der Genfer über diese Tat, aber all ihre Bemühungen, ihren hoch geehrten Mitbürger frei zu bekommen, waren umsonst.

Als nun aber die Berner die Waadt eroberten, wurde Genf um Zuzug ersucht. Es entsprach voll Eifer. Es galt ja auch die Erlösung Bonivards, der sechs lange Jahre im Wasserschloss Chillon eingekerkert war. Die Genfer bemannten eine kleine Flotte und erwarteten in der Nähe des Schlosses die Ankunft der Berner. Und bald rückten diese an, und nach kurzer Belagerung wurde Chillon am 27. März 1536 erobert.

Wie nun die Genfer, befürchtend, ihr hoch angesehener Mitbürger Bonivard möchte von der flüchtenden Besatzung mitgenommen oder gar ertränkt worden sein, landeten, fanden sie ihn schon seiner Ketten entledigt, und als sie ihm zuriefen: »Nun seid Ihr frei!« fragte er gleich zurück: »Und Genf?« – »Auch Genf ist frei!« jubelten sie.

Glücklich kehrte er in seine Stadt zurück, für die er eine so lange Gefangenschaft in Ketten und in einem Kellergewölbe, an das so oft die Fluten des Genfersees stürmten, mannhaft, als ein edler Dulder ertragen hatte.

Wie Geist und Wissen geehrt werden

Immer wieder gab's in der Welt hochgestellte Menschen, die geistiges Verdienst zu sehen und zu schätzen wussten, schon in uralten Zeiten, und aus der ewigen Stadt Rom kommt das tiefsinnige Sprichwort: »Der Geist bewegt die Masse«, was etwa sagen will, dass nur die geistig stark begabten und geistig rührigen Köpfe die Menschheit vorwärts bringen. Immer wieder fanden sich Fürsten und sonstige einsichtige Herren, die geistige Verdienste besonders auszeichneten.

Solche groß denkende, wahrhaft gnädige Herren erlebten zu jener Zeit auch zwei Schweizer. Einmal Heinrich Loriti, als Gelehrter unter dem Namen Glareanus bekannt. Er gehörte einer kinderreichen Familie an, die Alpwirtschaft trieb. Er hütete als Knabe auf den Weiden oberhalb Mollis im Glarnerland seines Vaters Herden. Da er sehr begabt erschien, konnte er die Lateinschule zu Bern besuchen. Er kam auch an die Kölner Universität, wo er im Jahre 1510 die Magisterwürde erhielt. Mehr als die Theologie, der er sich widmete, tat es ihm die Dichtkunst an, die schon vor und seit den Zeiten des Minnesängers Hadlaub und der Manesse'schen Liedersammlung in unserem Lande heimisch war. Seine Verskunst sollte dem jungen Theologen eine seltene Auszeichnung verschaffen.

Nämlich im Jahre 1512 befand sich Kaiser Maximilian I. auf einem Reichstag in Köln. Nun ersann unser Glareanus ein lateinisches Lobgedicht auf den hohen Herrn, das er dann in der Versammlung der Reichsfürsten dem Kaiser vorsang. Großer Beifall wurde ihm zuteil. Der Beherrscher des deutschen Reichs aber ließ sich einen Lorbeerkranz bringen, womit er alsdann den jugendlichen Poeten krönte. Ja, er steckte ihm einen goldenen Ring mit Diamanten an den Finger und entließ ihn in großer Gnade.

Von diesem Glareanus, der dann als ein weitum berühmter Gelehrter an der Basler Hochschule tätig war, erzählt man sich folgende schöne Anekdote, die zeigt, dass er auch leibliche Selbstzucht übte. Er war bei einem Gastmahl, als ihn ein Tischgenosse immer wieder zum Essen und Trinken drängte. Dieser Zudringlichkeit endlich satt, wandte sich Glareanus an ihn und fragte: »Für wen hältst du mich?« -»Nun«, antwortete jener, »für einen gelehrten und braven Mann.« — »Dennoch«, sagte Glareanus freundlich, aber mit ernsten Augen, »soll ich ungelehriger sein als mein Hund, der doch weiß, dass er nur so lange Speise und Trank zu sich nehmen darf, als ihn hungert und dürstet.«

Zu jenen Zeiten der Glaubenskämpfe in der Schweiz lebte in Zürich ein Mann, von dem es hieß, er sei an Wissen ein Wunder seiner Tage. Er hatte sich als Sohn eines dürftigen Handwerkers mit größtem Eifer heraufgeschafft und lehrte nun in seiner Vaterstadt Philosophie, Naturwissenschaften und gute Sitten. Dieser Mann hieß Konrad Geßner. Er war auch Stadtarzt. Als solcher bezeigte er so recht den hochwohlgeratenen Menschen, als die Pest ausbrach. Da hielt er am Lager der unglücklichen Seuchenkranken aus, selbst wenn sie der Ansteckung wegen jedermann verlassen hatte.

Von diesem prächtigen Zürcher hörte nun der deutsche Kaiser Ferdinand I. Er ließ ihn zu sich nach Augsburg kommen, wo er eben Hof hielt, und zog ihn zur Tafel. Und siehe da, der Fürst, der das Gute wie das Schöne zu schätzen wusste, erteilte ihm den Adel, mit einem besondern Adelsbrief und Wappen.

Als nun die Zürcher Regierung das vernahm, fiel es ihr ein, dass Konrad Geßner eigentlich ihr Bürger und Stadtarzt sei, und nun ehrte ihn die Heimat auch.

In seinem letzten Willen vermachte Geßner den Adelsbrief je dem Ältesten seines Geschlechts für so lange, als er sich ehrenhaft halte. Auch wollte er, dass seine Nachkommen diese kaiserliche Auszeichnung in aller Bescheidenheit behalten sollten und nicht zum Großtun. Endlich verordnete der seltene Mann, dass der Älteste des Geßnergeschlechts die Verwandtschaft jährlich zu einem Gastmahl einlade, das sie »die Liebe« zu nennen hätten, denn es sollten dabei alle zur Einigkeit und Freundschaft ermahnt werden.

Von einer Heilkräutersammlerin

Im Jahre 1502 wurde dem Junker Hans von Roll zu Solothurn ein Kind geboren, das man Barbara taufte. Diese Barbara wuchs sich zu einem gar schönen und frommen Fräulein aus, das eine ganz besondere Freude an der Natur, der Landschaft und vorab an allem Pflanztum hatte, das Berg und Tal hervorbringt. Und da dieses Fräulein von Roll viele Kenntnisse gewonnen hatte, so widmete sie sich aus all ihren Kräften mit hellem Kopf der Erforschung der Blumen, Kräuter und Pflanzen aller Art, um deren Heilkräfte herauszufinden. Man wusste ja schon in grauer Heidenzeit, dass der Schöpfer gar viele Blumen, Kräuter, ja auch dies und das, was man leicht für ein Unkraut nimmt, mit einem Heilmittel gesegnet hatte, mit »heile, heile Segen!« für Menschen und Tiere.

Als Barbara später ihren Mann verlor, widmete sie sich ganz ihrer Pflanzenerforschung. Sie wanderte allzeit sommerlang durch Wald, Weid und Feld nach Kräutern. So wurde ihre Wohnung eine Apotheke, in der sie aus den Pflanzen Arzneien zubereitete, die sie allen Leuten gab, ohne Entgelt. »Was ich umsonst empfangen habe«, sagte sie, »gebe ich auch umsonst weg. Habt ihr mir etwas zugedacht, so gebt's den Armen.« Selbst aus dem Ausland kamen Kranke zu ihr um Rat und Hilfe. Sie besuchte auch in einem fort die Kranken der Stadt Solothurn. Kurzum, sie heilte Hunderte und Aberhunderte, selbst von schweren Übeln, mit ihren Tränklein und Salben aus dem Pflanzentum. Als sie starb, trauerte man allgemein um sie, da diese Wohltäterin auch fromm und rein, ja heiligmäßig gelebt haben soll. Der gelehrte Glareanus schrieb von ihr: »Die Nachkommen sollen es wissen, dass die Schweiz und Solothurn insbesondere Grund haben, sich dieser bewunderungswürdigen Frau, die ich eine Heldin der Güte nenne, zu freuen.«

Es ist kein Pflänzlein so gering,
Und keines wächst so tief im Graben,
Das nicht von Gott ein heilend Wunder
In seinem Schößlein könnte haben.

Die gute Herrin

Noch von einer andern guten Frau, die damals lebte, möchte ich berichten.

Also die Gräfin Wilhelmine von Vallengin liebte die Unterhaltung mit den Weibern ihrer untertänigen Bauern. Als sie nun einst mit den Frauen von Gezard ins Gespräch kam, baten sie diese um gnädige Verringerung des Zehnten auf ihren Grundstücken, der ihnen eine gar schwere Last sei. »Sehr gerne, meine Kinder«, erwiderte die alte Dame, »die Hälfte davon soll euch auf allem Land, das ich in einem Tag werde umgehen können, erlassen werden.«

So machte sie sich denn auf den Weg, obschon sie schon achtzig Jahre alt war. Sie erhob sich in der Morgendämmerung und begann ihren Umgang, von einem Weib geleitet. Nirgends hielt sie an, als einmal, um etwas zu rasten und ein einfaches Mahl zu sich zu nehmen. So gelang es ihr, einen beträchtlichen Raum zu umgehen. Wie sie nun abends todmüde in ihr Schloss kam, versammelte sie die Leute ihrer Herrschaft, um ihnen ihre gemachte Zusage zu bestätigen. Sie sagte ihnen auch, wie froh sie wäre, wenn ihr ihre Kräfte noch erlaubt hätten, einen größeren Weg zurückzulegen. Sie sei aber doch glücklich, redete sie weiter, und danke Gott, dass ihre Beine das noch hätten leisten können.

»Wir auch, edle Frau«, antwortete ein Bauer, »sind Eure Füße auch alt, Euer Herz ist jung, Ihr habt es uns bewiesen. Gott segne und vergelte es Euch für uns und unsere Kinder, in dieser und in der künftigen Welt!«

Diese Herrin von Vallengin, die im Jahre 1543 starb, soll noch gar viel Gutes getan haben.

Ein guter Sohn

Seitdem nun die Schweizer keine Abwehrkriege gegen äußere Feinde und keine Bruderkriege unter sich führten, nahm das Reislaufen, das Handgeldnehmen bei fremden Herrschern, unter ihnen immer mehr überhand. Besonders die in der Heimat überschüssige Landskraft schien das Handgeldnehmen geradezu als ihren Beruf, bei dem's um Gold und Ruhm ging, zu betrachten.

Einst zogen aus dem Städtchen Zug zwei Männer aus. Es waren Vater und Sohn aus dem alt angesehenen Geschlecht der Zurlauben. Sie kamen also nach Paris, wo sie dem König von Frankreich ihre Dienste antrugen, wobei sich diese Zuger jedenfalls besonders auszuzeichnen hofften.

Der König von Frankreich nahm sie gerne in seine Armee auf. Eines Tags nun schickte er Vater und Sohn in einen Kampf. Es war im Jahre 1562. Die Beiden brachte nichts auseinander, trotzdem sie immer da fochten, wo das Kampfgewühl am fürchterlichsten war. Es war ein gar heißer Tag. Zurlauben, der Vater, blutete schon aus mehreren Wunden. Da hob ein Feind seinen Säbel, um ihn niederzuhauen. Wie der Blitz warf sich Zurlaubens Sohn Erasmus vor ihn, so dass der feindliche Säbel ihn niederschlug. »Gott sei Dank«, rief er aus, »ich habe meinen Vater gerettet!« Und also starb er den Heldentod.

Das Straßburger Schießen und der Hirsebrei

Die Stadt Straßburg im Elsass war mit den Eidgenossen als ein zugewandter Ort, wie man das nannte, gleich Mülhausen und Rottweil, in freundschaftlicher Verbindung. Besonders gut konnten es die Straßburger aber mit den Zürchern und Bernern. Allein es gab ihren Ratsherren doch immer zu denken, dass man so weit von einander weg war und sich also, wenn ernstliche Hilfe nottun sollte, nicht früh genug erreichen konnte.

Als sich nun die Herren aus Straßburg einstmals hierüber bekümmert äußerten und sagten, es sei rein unmöglich, sich rechtzeitig beizustehen, antworteten die Zürcher: »Warum denn nicht? Straßburg ist nicht so weit von uns weg, dass wir nicht imstande wären, euch einen Hirsebrei, der in Zürich gekocht wird, noch warm in die Stadt zu bringen.« Das konnten und wollten die Straßburger nicht glauben, sie hielten es fast für eine arge Prahlerei. Heutzutage freilich wäre das keine große Sache mehr; mit dem Flugschiff schon gar nicht. Damals aber hatte man noch nichts als schlechte Straßen und ungefederte Wagen und mehr oder weniger schiffbare Flüsse. So war das wirklich eine schwer glaubliche Behauptung, dass man einen Hirsebrei noch warm von Zürich nach Straßburg sollte bringen können. Aber die Zürcher, die allzeit »wer will, der kann, drum munter voran!« auf ihre Fahnen geschrieben haben, versuchten es.

Es war im Jahre 1576, da lud die freie Reichsstadt Straßburg die Eidgenossen zu einem Schützenfest ein. Diese schossen schon damals gut und gern. Also zogen sie in ansehnlicher Zahl, zu Ross und allweg, in die elsässische Stadt ab. Was taten nun die Zürcher? Aha, dachten sie, nun haben wir eben gute Gelegenheit, den Straßburgern zu zeigen, was wir an Schnelligkeit vermögen. Sie kleideten sich daher, und zwar ihrer fünfundfünfzig umtunlicher, bäumiger Männer, hoffärtig in Wämser von schwarzem Samt. Auch trugen sie flotte befiederte Mützen. Und als sie nun den Hirsebrei, der vierzig Pfund gewogen haben soll, siedendheiß im Kessel hatten, stellte man diesen in einen umfänglichen Holzeimer und brachte das alles in ein leichtes Ruderboot.

Und nun ging's die Limmat hinunter. Und da das ein rascher, streckenweise reißender Fluss mit Stromschnellen ist, so war's eine recht gewagte Fahrt. Aber die starken Arme und der eiserne Wille zwangen es. Nach Überwindung vieler Schwierigkeiten kamen die Zürcher mit ihrem Brei an der verbündeten Stadt Basel vorbei, die ihre Geschütze zur Begrüßung abfeuerte und eins drauflos trompetete. Und nicht lange darnach, denn nun ging's sanfter und gleitiger, landeten die Zürcher glücklich zu Straßburg.

Das ganze Volk hatte sie erwartet. Stürmisch wurden sie willkommen geheißen. Der Führer der Zürcher, namens Thomann, rief laut: »Teure Bundesbrüder, wir haben euch zeigen wollen, dass, wenn Gott einem Feinde gestattet, euch anzugreifen, unsere Stadt nahe genug ist, euch Hilfe zu bringen.«

Nun wurde der Brei aufgetischt und noch völlig warm erfunden, und alles wollte ihn kosten.

Diese geschwinde freundschaftliche Fahrt machte weit herum einen großen Eindruck und verband die Zürcher und ihre Eidgenossen noch enger mit der altehrwürdigen Stadt am Rhein im Elsass.

Schweizer gegen Schweizer

Wie unheilvoll das Reislaufen in fremde Kriegsdienste für die Eidgenossenschaft war, zeigte sich, abgesehen von den andern großen öffentlichen und geheimen schweren Schäden, ganz besonders auch durch die schreckliche Tatsache, dass im Ausland, vorab in Frankreich, Schweizer gegen Schweizer kämpfen mussten, wobei meistens katholische und reformierte Eidgenossen aneinander gerieten. Etwas aus diesen Kämpfen soll hier auch erzählt werden.

Es war am 14. März 1590, da fand zwischen dem hugenottischen König Heinrich IV. von Frankreich und Navarra und dem katholischen Herzog Karl von Mayenne und seinen Liguisten eine Schlacht statt. Es war ein gewaltiger, blutiger Hau. Die katholischen Schweizer halfen dem Herzog und die reformierten dem König Heinrich IV. Aber nach Langem flohen die Truppen des Herzogs Mayenne, und nur die Eidgenossen aus den katholischen Orten Uri, Schwyz, Unterwalden, Luzern und Zug hielten stand.

Jetzt rief Birra, des Königs erster Feldherr: »Die Schweizer sind eine lebendige Mauer; an ihnen verfängt Faust, Schwert und Speer nicht. Schafft die Geschütze heran! Man muss diesen Felsen mit Kanonenkugeln zerreißen!«

Das war nun ein gefährlicher Vorschlag. Jedoch König Heinrich war ein echter Edelmann und ein kluger Kopf dazu; der dachte: Vielleicht vermag ich diese katholischen Schweizer eines Tags auch noch in meinen Dienst zu bringen. Daher hörte er willig auf die Hauptleute seiner reformierten Schweizer, die ihn baten, er möchte sie doch davor bewahren, ihre eigenen Landsleute weiter bekämpfen zu müssen. Der König befahl also dem Feldherrn Birra, eben als er losdonnern wollte, die Geschütze ruhen zu lassen. Zu den katholischen Schweizern aber schickte er Boten, die ihnen mitteilen sollten, der König wolle den Kampf gegen sie einstellen, wenn sie's auch so zu halten gedenken.

Die gar bös in der Zange befindlichen katholischen Eidgenossen gingen auf diesen Vorschlag ein. Aber zur Beunruhigung des Königs rückten sie jetzt in guter Ordnung gegen ihn und sein Heer langsam an. Jedoch unversehens machten sie Halt, und vor ihre eisernen Reihen trat ein Unterwaldner, ein bäumiger Mann, und lud einen der gegenüberstehenden Eidgenossen zum Zweikampfe heraus.

Und nun trat auch aus den Reihen der reformierten Schweizer ein gewaltiger Solothurner heraus, der namens seiner Länder erklärte, er wolle den Kampf mit dem Unterwaldner aufnehmen. Also schlugen sie unter den Augen des hochverwunderten Königs und seiner Edelleute wacker aufeinander los. Als ihnen aber das Blut über Gesicht und Gewand herabfloss, ließen sie, wie auf Kommando, die Schwerter fallen, schossen aufeinander los und umarmten sich von ganzem Herzen. Und im selben Augenblick jauchzten die Schweizer beider Heeresteile auf. Sie stürmten aufeinander zu und umarmten sich ebenso herzlich.

Das alles betrachtete König Heinrich mit großem Erstaunen und warmer Anteilnahme.

Die Eidgenossen aber zogen darnach, wohlgeordnet und mit Trommeln und Pfeifen, wieder ab.

Die Escalade zu Genf

Karl Emanuel, Herzog von Savoyen, meinte die Stadt Genf an der wunderschönen Bucht des Genfersees und ihr Gebiet doch wieder an sein Haus bringen zu können. Er wollte es, da es mit offener Gewalt nicht so leicht ging, hinterlistigerweise mit einem nächtlichen Überfall versuchen, den er sorgfältig und mit großem Aufwand vorbereitete.

In der Nacht des 21. Christmonats* 1602 ließ er an die Mauern der schlafenden Stadt geschwärzte Leitern anlegen, um mit seinen Truppen also Hineinzugelangen. Schon hatte einige Mannschaft es auf und über die Mauern in die Stadt hineingebracht, als eine Genfer Schildwache aufmerksam wurde. Rasch erkannte sie die dräuende Gefahr. Sie gab Feuer und rief zu den Waffen. Die Bürger sprangen aus den Betten, und schon stürmten sie zu den Toren, und es gelang ihnen nach kurzem Kampf, die eingedrungenen Kriegsgesellen des savoyischen Herzogs zu überwältigen.

Herzog Karl Emanuel kam sogar dazu, mit den Genfern durch Vermittlung der Eidgenossen einen für ihn wenig ehrenvollen Frieden zu schließen. Seither feiert man in Genf alljährlich die Escalade oder Sturmleiter-Nacht, als ein Sieges- und Freudenfest, und da singt man ein Lied:

»A la belle escalade, Savoyard, gard, gard!«

* Dezember

Ritter Hartmannis von Malix

Im sechszehnten und siebenzehnten Jahrhundert ging auch in den Sitten Graubündens, wie noch gar mancherorts in der Eidgenossenschaft, eine große Veränderung vor. Vorher war der Bündner sehr genügsam (und er ist's auch heute schon lange wieder). Seine Nahrung bestand in Milch und was daraus hervorgeht, Gersten- und Habermus oder grobschrotigem Brot; wenn's hoch kam, auch etwa in gedörrtem Fleisch und etwas Obst. Der Herr aß mit seinem Gesinde, ja, wenn er überhaupt soviel Land hatte, dass es Knecht und Magd ertrug. Man bekleidete sich mit einem rauen, aber haltbaren, selbstgewobenen Gewand.

Nun aber fingen auch die Söhne des Bündner Hochgebirgs und seiner tiefen Täler an, der Werbetrommel in fremde Dienste zu folgen. Sie machten es den andern Reisläufern nach, verachteten die Feldarbeit und gewöhnten sich im Ausland rasch an ein müßiges, unstetes Leben und begehrten

Gold und Beute. Den Rahm obenab schöpften aber oft genug jene Häupter des Landes, die mit Fürsten Verträge und Bündnisse abschlossen. Hiefür erhielten diese wenig vertrauenswürdigen Landesväter reiche Geschenke an Geld und anderm. Nur wenige, vaterlandsliebende Männer sollen unbestechlich gewesen sein.

Unter diesen nun zeichnete sich Ritter Hartmannis von Malix aus. Er gehörte zu den hervorragendsten, einflussreichsten Männern der drei Bünde. Deshalb bot ihm der venetianische Gesandte siebentausend Dukaten an für den Fall, dass er helfe, ein Bündnis mit Venedig zustande zu bringen. Aber der redliche Mann wies das große Geschenk entrüstet zurück, weil er überzeugt war, dass ein solches Bündnis sein Vaterland mit dem mächtigen Spanien, zu dem damals die Lombardei gehörte, in einen unheilvollen Krieg verwickeln würde. Und darnach bot dieser wackere Sohn seines Landes alles auf, sein unglückliches Vaterland zu retten. Als er sein unentwegtes Mühen hiefür fruchtlos erfinden musste, starb er vor Gram.

Der schwarze Tod

In jenen Zeiten kam ein unheimliches, grausiges Gespenst aus fremden Ländern, vielfach eingeschleppt von schweizerischen Söldnern, auch in unsere helvetischen Gaue. Es war eine grässliche Krankheit, die Pest. Im Volke nannte man sie den schwarzen Tod; denn kaum wurden die Leute von dieser Seuche angesteckt, so plagten sie heftige Fieber und verzehrender Durst, und der Leib bedeckte sich mit ekelhaften Geschwüren und erschien nach dem Tod, der in den meisten Fällen erfolgte, fahl und schwarz. Unser großer Volksschilderer, der Berner Jeremias Gotthelf, hat in meisterlicher Weise in seiner Erzählung »Die schwarze Spinne« diese entsetzliche Krankheit und ihr Unheimliches, Scheusäliges darzustellen gewusst.

Es war nicht das erste Mal, dass die Pest erschien. Am fürchterlichsten wütete sie im Jahre 1611. Längere Zeit vorher wechselte die Witterung ungewöhnlich schnell. Auf eine drückende Hitze folgte Kälte, und wieder darnach wurde es heiß. Auch gab es eine große Menge Raupen, die vorzüglich den Obstbäumen schadeten, weiß die Chronik zu berichten.

Und nun begann ein großes Sterben im Schweizerland. Die gewöhnlichen Friedhöfe reichten für die Beerdigung der Toten nicht mehr aus. Wie heute der Wagen in der Stadt für Abfuhr des Kehrichts von Haus zu Haus fährt, machten damals die Totengräber mit ihren Leichenwagen die Runde durch die Gassen. Sie trugen die Toten ohne Weiteres auf ihre Fuhrwerke, bedeckten sie mit einem schwarzen Tuch und machten sich eilig mit ihnen zu den hiefür hergerichteten Gruben und warfen sie hinein, sie darnach mit Kalk und Erde zudeckend. Viele Kranke kamen auch nur deswegen um, weil sie jedermann verließ.

In Bern starben damals bei zweitausend, in Zürich viertausend, im Thurgau über dreißigtausend Menschen. Der Schrecken wurde allüberall im Land immer größer. Viele verbargen und verriegelten sich auf dem Dachboden ihrer Häuser, andere flohen in unwegsame Wälder, und wieder andere stiegen gar ins Hochgebirge hinauf, wohin man sich sonst kaum wagte. Auch in den Tälern des Hochlandes brachte die Pest gar viele Menschen ums Leben. Es gab Weiler, die fast alle Bewohner verloren. Der verheerende Pesthauch ging über Berg und Tal. Selbst die Vögel sollen leblos aus der Luft gefallen sein. Wilde Tiere, die sich gierig über solches Aas hermachten, gingen daran zugrunde.

Zu diesem Übel gesellte sich ein zweites. Es gab eine große Hungersnot, so reichlich auch die Ernte ausgefallen war. Man sperrte sich eben gegenseitig die Grenze, damit der schwarze Tod womöglich nicht durchkäme. Viele starben so auch aus Hunger.

Manch ein guter Mensch zeigte sich damals in seinem ganzen Wert. So erzählt man sich vom damaligen Oberpfarrer Breitinger in Zürich, dass er das Grauen vor dem schwarzen Tod, vor dem fast alles entsetzt davonlief, heldenhaft überwand und in einem fort, Tag und Nacht durch, die Pestkranken besuchte. Nie gab er sich der Furcht hin.

Er betete inbrünstig und ergab sich Gott. Ihm ähnlich handelte der Abt zu Pfäffers, Jost Hösli von Glarus. Auch er besuchte und verpflegte selber die Pestkranken seiner Gegend, und auch er blieb von der Seuche verschont.

Der Graf von Sulz und die Schaffhauser

Es war zur Zeit, als man, im Schweizerlande wenigstens, den gemeinen Mann nicht mehr als Leibeigenen wie eine Kuh oder ein Kalb einfach verkaufen oder wie eine Kupfergelte und anderes erben oder verpfänden konnte. Aber immer war's noch erlaubt und Brauch, mit der Herrschaft über Land, Dorf und Stadt allenfalls regelrechten Kuhhandel zu treiben und die Leute von heute auf morgen, wenn auch nicht leibeigen, so doch einem andern Herrn kriegs-, auch etwa zins- und zehntenpflichtig, jedenfalls untertänig zu machen.

Damals trachtete auch die Stadt Schaffhausen darnach, wie die andern freien Städte der Eidgenossenschaft, untertänige Gebiete zu gewinnen. In jenen Tagen besaßen aber die Grafen von Sulz die Herrlichkeit über das Klettgau; auch hatten sie ein großes Haus, Hof und Garten in der Stadt Schaffhausen selbst und das gewiss bedenkliche Recht, jederzeit, sei's Tag oder Nacht, mit zwanzig bis dreißig Reisigen in die Stadt einreiten zu können. Endlich aber gelang der Stadt der Auskauf der gefährlichen Vorrechte.

Nämlich am 12. November 1611 ritt der Graf von Sulz in Schaffhausen ein und wurde gar höflich aufgenommen.

Er war der Stadt 7000 Gulden schuldig, und nun kam er, sich nach einem neuen Anleihen umzusehen. Und da man das wusste, dachte man in der Stadt, das sei nun eine gute Gelegenheit, den Grafen völlig auszukaufen. Also machten ihm die Räte ein schönes Angebot für Haus, Hof und Zehnten und seine Vorrechte alle im Stadtring. Der Kauf kam auch bei den Tafelfreuden und einem rotbackigen Schaffhauserwein zustande.

Sobald nun alles in Ordnung war, mahnte man, um alle nachherigen Einreden des Grafen unwirksam zu machen, alle Bürger auf, des vornehmen Herrn Haus so rasch als möglich abzubrechen. Was jeder dabei finde, solle sein Arbeitslohn sein.

Noch ehe der Tag anbrach, ging's ans Abbrechen des Hauses. Am Abend, als der Graf von Sulz weinfroh und mit brav Geld im Sack heimwärts ritt, erkannte er die Stätte seiner Haus- und Hofherrlichkeit in der Stadt kaum mehr. Mit allerlei nicht eben freudigen Gedanken machte er sich davon.

Aber bald kam er wieder. Und als er so mit den neugierigen Schaffhausern zusammensaß und eins mit ihnen becherte, vernahmen sie's bald, was ihren erlauchten Gast, neben dem guten Tropfen in ihrem Keller, hergeführt hatte: Er brauchte wieder Geld. Und flugs lieh ihm die Stadt neuntausend bare Gulden, damals eine gewaltige Summe Gelds. Und also kam es nach und nach dazu, dass der geldbedürftige Herr Graf im Jahre 1656 auch seine andern Herrlichkeiten über Land und Leute um Schaffhausen der freudig zugreifenden Stadt um fünfzigtausend Gulden abtrat. Also wurde zu jenen Zeiten, im Glauben, das sei alles gut, ja selbstverständlich, um Land und Leute gehandelt.

Die Prättigauer und ihre Weiber

Oesterreich hatte gegen Ende des fünfzehnten Jahrhunderts im Prättigau verschiedene Rechte käuflich an sich gebracht. Unter dem Vorwand, die Prättigauer hätten diese Rechte geschmälert, rückte nun im Spätherbst 1621 ein österreichisches Heer in dieses Hirtenland hinauf. Es waren gar wilde Horden. Die Bauern wehrten sich tapfer, vermochten aber gegen die wohl gerüsteten Truppen, die sie überrascht hatten, nicht aufzukommen. Diese Söldnerbanden plagten nun das Volk bis aufs Blut. Sie beraubten es aller Nahrung, die so schon ärmlich und spärlich genug war, so dass die Prättigauer dazu kamen, Heu und Emd* in Milch und Wasser gekocht zu essen. Ein gar elendes Süpplein. Man raubte die Glocken aus den Kirchen und störte die Toten sogar in den Gräbern. Alles das ertrug das Volk, aber als man sie, die dem reformierten Glaubensbekenntnisse anhingen, auch noch gewaltsam bekehren wollte, erhoben sie sich zu Berg und Tal. Die Wälder wurden in Zeughäuser verwandelt, in denen man heimlich Waffen, vor allem eisenbeschlagene Knüttel, rüstete.

Alsdann, am Palmsonntag des Jahres 1622 stürzten sich die Prättigauer unversehens, Männer und Weiber, aus den Wäldern herab auf ihre Bedrücker.

Da ging's nun heiß her, und die österreichischen Mannschaften bekamen es streng. Am blutigsten ging's zu Schiers auf dem Kirchhof zu. Die Knüttel und Morgensterne der grimmigen Bündner zwangen die Österreicher in die Kirche hinein. Sie stürzte brennend zusammen und erschlug viele Soldaten; wer aber heraus kam, fiel unter

* Grummet, zweites Heu

die wütenden Männer und Weiber, und es erging ihm schlecht.

Als der Abend ins Land kam, war das Prättigau wieder frei.

Ein schweizerischer Pascha

In frühern Zeiten, wie auch heute noch, unternahmen öfters fromme Leute aus dem Abendland Wallfahrten zum heiligen Grab in Jerusalem.

Es war im Jahre 1620, als die Freiburger aus dem Üchtland also nach Palästina, dem gelobten Land der hl. Schrift, pilgerten.

Wie sie nun in das Land des türkischen Großherrn oder Sultans kamen, fand man sie verdächtig, und sie wurden verhaftet und vor den Pascha, den Statthalter der Provinz, geführt. Sie waren ganz erschrocken und fürchteten für ihr Leben.

Während nun der türkische Pascha ihre Pässe prüfte, sagte einer der Freiburger zu den andern beiden: »Du, der het aber ä große Schnuz!« (Der hat einen großen Schnurrbart!) Wie erschraken und erstaunten die Schweizerpilger, als der türkische Pascha zu ihnen sagte: »Wiewohl i ä so ä große Schnuz ha, chönd er glich rüehig si.« (Obwohl ich einen so großen Schnurrbart habe, könnt ihr doch ruhig sein.) Und jetzt tat er ihnen zu wissen, dass er auch aus der Schweiz und gar noch, wie sie, ein Freiburger sei. Und alsdann erzählte er ihnen, dass er, um zu seiner hohen Stellung zu kommen, seinen christlichen Glauben abgelegt habe und Mohammedaner geworden sei. Und sie mussten ihm von Freiburg und der Schweiz erzählen. Und zuletzt wollte er wissen, ob sie ein gewisses Dorf im Freiburgischen kennen und ob die und die Leute dort noch leben. Er war hoch erfreut, als er vernahm, seine Eltern seien noch am Leben. Die drei Gäste mussten ihm versprechen, auf ihrem Rückweg vom hl. Grab wieder bei ihm anzuklopfen. Er gab ihnen auch Geld und versah sie mit allem, was sie für die Reise brauchten.

Die drei Pilger taten, wie er es wünschte. Als sie sich von Jerusalem wieder heimwärts machten, stellten sie sich auch wieder bei ihrem freiburgischen Landsmann, dem Pascha, ein. Er behielt sie einige Tage bei sich. Darnach versah er sie wieder mit Reisegeld und gab ihnen einen Brief und einen Beutel voll Gold für seine Eltern mit.

Und als nun die drei Wallfahrer glücklich nach Hause gelangt waren, machten sie sich auf ins Dorf, wo des türkischen Paschas Eltern wohnten. Diesen erzählten sie, wie sie ihren Sohn in so hoher Stellung in der Türkei getroffen hätten, wie er sie so gut bewirtet und in allen Teilen gastfreundlich gehalten habe. Und damit überreichten sie den alten Leuten auch den Beutel voll Gold.

Aber als sie nun vernehmen mussten, dass ihr Sohn vom christlichen Glauben abgefallen und ein Bekenner des Islam geworden sei, taten sie Brief und Beutel weg, wurden tieftraurig und waren untröstlich. Es wurden dann aus des Paschas Geschenk Kirchengeräte angeschafft.

Der edle Fürst

Ums Jahr 1657 lebte zu Neuenburg ein edler und wohltätiger Fürst, Heinrich II. von Longueville. Von ihm wird gemeldet, er habe sich keinen Abend zum Schlafen hinlegen wollen, ohne vorher etwas Gutes getan zu haben. Er achtete und liebte seine Untertanen und sorgte für sie wie ein braver Vater.

Besonders gütig zeigte er sich einst gegen die Gemeinde Colombier, der er übrigens wie den andern Gemeinden auch ihre alten Freiheiten erneuerte und vermehrte. Mancher armen Gemeinde hatte er schon ihre Schulden erlassen. Aber nun hatte die Gemeinde Colombier sich für ihren Schatzmeister Mouchet mit der großen Summe von siebzigtausend Talern verbürgt, und sie sollte für ihn zahlen. Das war eine gar schwierige Sache. Und da sich die Bürger dieser Gemeinde nicht mehr zu helfen wussten, gingen sie zu ihrem Fürsten aufs Schloss und baten um einigen Nachlass der verbürgten Schuldenlast.

Der Herr von Longueville hörte sie freundlich an. Endlich sagte er, sie sollen sich doch ja nicht mehr für so hohe Summen verbürgen, und alsdann schaute er hinunter auf das grüne Wiesland und setzte bei: »Es fällt mir etwas ein. Ihr könntet da unten eine dreifache Reihe schöner Fruchtbäume pflanzen, und wenn ihr das getan habt, ist eure Schuld getilgt.«

Die Bürger von Colombier erstaunten hierüber nicht wenig; ja, sie wussten gar nicht, was sie dazu sagen sollten. Der Fürst aber sprach: »Geht geschwind, meine Kinder, macht eure Werkzeuge bereit, die Baumreihen zu pflanzen. Ich werde auch mit euch arbeiten.«

Jetzt erwachten die Bürger aber und machten sich aus dem Schloss. In gar kurzer Zeit waren die Bäume gepflanzt und die Quittung für die erlassene Schuld in den Händen der hoch erfreuten Leute von Colombier.

Niklaus Leuenberger und der Bauernkrieg

Vor Jahrhunderten gab es in der Eidgenossenschaft noch untertänige Gebiete, die sich etwa gar von Landvögten meistern lassen mussten. War es da nicht etwas Natürliches, dass sich die bevogteten Landschaften, vor allen die Bauern, gegen die Zwingherrschaft, die sich in städtischen Mauern vorsichtig zu bergen wusste, empörten und wie der verherrlichte Schütze Tell dachten: Was dem einen recht ist, ist dem andern billig. Haarus!

Zuerst erhoben sich hinten im Lande Luzern die starken Entlibucher, um sich die lang vorenthaltene Freiheit, die sie doch ihren gnädigen Herren in der Stadt am See so oft hatten schirmen helfen, gewaltsam wie einst andere auch, zu erringen. Und nach ihnen, ihrem Beispiele alsbald folgend und schon lange begierig nach Unabhängigkeit, standen auch die langsamen, aber handsamen und zählebigen Berner auf. Also kam's zum sogenannten Bauernkrieg, das war 1653.

Jetzt bekamen meine Hochwohlweisen und insonderheit gnädigen Herren Regenten Ohrensausen; denn mächtig erscholl der Aufschrei nach völliger Freiheit und weckte die Echos bis zum letzten Landvögtlis spielenden Bergbauernherrensitz hinauf. Die Erhebung ging nämlich vom Entlibuch über das Bernergebiet, den Aargau und das Solothurnische bis nach Baselland.

Da der Körper aber ohne Kopf nichts ist, so musste diese große in Bewegung gekommene Masse auch einen Kopf haben. Und einen solchen fand sie in Niklaus Leuenberger von Schönholz. Dieser leitete als Obmann die großen Zusammenkünfte der Aufständischen. Sie schworen mit ihm einen Bund gegen die Regierungen. In einem roten Waffenrock, den ihm die Luzerner Bauern geschenkt hatten, das gewichtige Schwert an der Seite, ritt der stattliche Mann durch Land und Dorf, überall mit Jubel willkommen geheißen.

Er brachte es so weit, dass er eines Tags sich mit zwanzigtausend Aufständischen in die Nähe der Stadt Bern legen konnte. Er hielt stramme Mannszucht, und während er mit den erschrockenen Patriziern Berns unterhandelte, konnte die städtische Bürgerschaft ungehindert durch die offenen Tore der Stadt ihren Geschäften nachgehen. So sehr durfte man sich auf sein Wort und den Geist seines Heeres verlassen. Aber den regimentsfähigen Herren hinter den Mauern Berns war's gleichwohl nicht fastnachtfreudig zu Mut. Sie ließen sich oder vielmehr sie mussten sich herbeilassen, den Frieden mit den Bauern durch einen Vertrag zu erkaufen, in welchem sie ihnen manches zugestanden. Aber so recht inwendig dachten sie: Kommt Zeit, kommt Rat, oder wenn man einem schon die eine Hand gibt, so weiß man doch nicht, was in der andern stecken kann. Die Herren in der Stadt warteten mit Sehnsucht auf den General Werdmüller, den die Zürcher mit ansehnlichen und kriegsmäßig ausgerüsteten und gedrillten Truppen zum Schutz der alten Vorzugsstellung der Städte ins Feld hatten ausrücken lassen. Für einstweilen waren sie zufrieden, dass sich Leuenberger und seine rebellischen Untertanen hatten von schönen Reden beruhigen lassen.

Und nun zog dieser Bauerngeneral dem kriegskundigen Feldherrn entgegen, um dem aufständischen Aargau beizustehen. Bei Wohlenschwil kam's zur Schlacht. So tapfer sich das Landvolk hielt, den Kriegskünsten und vorab dem Geschütz Werdmüllers war es nicht gewachsen. Die Aufständischen verspielten es. Die Aargauer, Solothurner und Basellandschäftler schlossen, ungern genug, Frieden. Leuenberger aber mit den Bernerbauern und die Luzerner Landleute kehrten in guter Ordnung in ihre heimatlichen Gegenden zurück und blieben bewaffnet. Aber der Stadt Luzern eilte man nun aus den drei Waldstätten zu Hilfe.

Unterdessen hatten sich die Berner Herrschaften in der Stadt von ihrem ersten Schrecken erholt. Ihr General von Erlach hatte mit aller bernischen Bedachtsamkeit gerüstet, und bei Herzogenbuchsee geriet er mit Übermacht hinter Leuenberger und sein ländliches Heervolk und brachte ihm eine völlige Niederlage bei.

Jetzt konnte das Regiment in der Stadt Bern die Maske ganz abwerfen. Und es tat das auch ohne Weiteres, da die Herren wohl glauben mochten, man habe sich an ihrem Herrschertum, als an einem gottgewollten Zustand, schwer versündigt. Die bernischen Häscher fahndeten sofort nach Leuenberger, der nicht hatte flüchten wollen. Mit Hilfe eines elenden Verräters gelang es, ihn festzunehmen. In Ketten brachte man dieses Haupt des Aufstandes nach Bern. Dort verhöhnte man ihn zuerst, indem man ihm einen hölzernen Degen und eine Schärpe von Stroh anlegte und ihn so durch die Gassen führte. Zwei Monate nachher wurde dieser aufrechte Mann enthauptet, seine Leiche gevierteilt und auf den Hauptstraßen des Standes Bern zur Schau ausgestellt, auf dass dieser Anblick die Untertanen vor aller Empörung abschreckte. So sprang man damals mit einem Mann um, der wohl den Geist, den Mut Tells, aber nicht sein Glück hatte.

Aber auch andere Hauptleute des aufständischen Volks in Berner und Luzerner Landen wurden gefangen gesetzt, sogar gefoltert und alsdann hingerichtet und an allen Wegen ausgestellt, angeblich als Verbrecher gegen das Regiment, in Wahrheit als Märtyrer und Wegbereiter der Freiheit.

Die pflichttreue Wache und die gute Antwort

Wie ich schon irgendwo erzählt habe, wollten die fremden Herren und Fürsten immer möglichst viele Schweizer zum Kriegführen, aber auch vor ihren Schlössern und Palästen, ja vor der Kammertüre haben, da diese Draufgänger ihrer Tapferkeit wegen berühmt waren. So hatten die französischen Könige stets besonders viele Eidgenossen im Dienst und ließen sich das etwas kosten.

Auch Ludwig XIV., den man den Sonnenkönig nannte, hatte viele Schweizer, ganze Regimenter, in seinem Heer. Eines Tags wollte er, von einem Spaziergang zurückkehrend, durch eine kleine Pforte in sein großes Schloss zu Versailles hineingehen. Vor dieser Türe aber stand ein Schweizer Wache, und weil er strengsten Befehl hatte, niemanden da hineinzulassen ohne Erlaubnis seines Vorgesetzten, verweigerte er dem König den Eintritt.

Da sagte ein Bedienter des Königs zu der Wache: »Kamerad, siehst du nicht, dass es der König ist?!« Aber der

Schweizer erwiderte: »Ja, ich kenne ihn wohl, aber ich habe von meinem Wachtmeister den Befehl, niemanden durch diese Pforte einzulassen.«

Diese Antwort und Festigkeit des unentwegten Eidgenossen freute den König, denn er liebte die größte Zuverlässigkeit im Dienst. Daher sprach er: »Die Wache hat recht. Gehe jemand zu seinem Wachtmeister; man ersuche ihn, den Befehl aufzuheben.«

Geduldig wartete der König, bis der Wachtposten die Erlaubnis erhielt, den mächtigen Herrscher samt seinem Gefolge durch die treu beschirmte Pforte einzulassen.

Im Dienste dieses Königs Ludwig XIV., mit dem einst unter Vortritt Bürgermeister Masers von Zürich eine besonders große Gesandtschaft aus der Schweiz ein feierliches Abkommen zu Paris abschloss, stand auch ein Graubündner, namens Peter Stuppa, als Oberst eines schweizerischen Garderegiments.

Es kam nun eines Tages dazu, dass er bei dem König um den Sold für die schweizerischen Offiziere nachsuchen musste, da die Krone damit seit längerer Zeit im Rückstand war.

Da sagte der eben anwesende Minister Louvois zum König: »Sire, wenn Eure Majestät alles Geld hätte, das Ihr und Eure Vorfahren den Schweizern geschenkt habt, so könnte man von Paris bis Basel die Straße mit Talern pflastern lassen.« – »Das ist wohl möglich, gnädiger Herr«, erwiderte Stuppa, »aber mit dem Blut, das in Eurem Dienst von Schweizern vergossen worden ist, könnte man von Basel bis Paris einen Kanal füllen.« – »Es liegt viel Wahres in Eurer Behauptung«, sagte darauf der König und befahl, dass man die schweizerischen Offiziere sogleich auszahle.

Die Schiefertafeln

Die Glarner sind seit alter Zeit und sind es heute noch, ein unternehmendes, kluges Völklein, das sich auch auswärtigen Verhältnissen anzupassen weiß. Sie haben deshalb nicht nur im eigenen Land eine leistungsfähige, brotschaffende Industrie ins Leben gerufen, sie machen sich auch im Überseeischen, d. h. in aller Welt, einen guten Namen.

Ein Beispiel ihrer Findigkeit und ihrer Betriebsamkeit sind die Schiefertafeln. Einst fiel es zwei Glarnern ein, am Plattenberg im Sernftal Schiefer zu brechen und ihn zu feinen Platten auszupolieren. Ein Schreiner rahmte sie in Holz ein, und siehe, da hatte man die Schiefer- oder Schultafeln hergestellt, auf die einst wir Alte und nun auch unsere Erstklässler noch ihre Schreibkünste mit dem Griffel zu entwickeln anfangen.

Also lernten die Leute von Enneda und andere Glarner, mit solchen Tafeln, aber auch mit Tischplatten, Schieferziegeln, Ofen- und Bodenplatten Handel zu treiben. Diese kleinen und großen Tafeln kamen in aller Herren Länder hinaus. Sie gaben dem Glarnerland viel zu verdienen, wie der Glarnertee, der bis ins Russische hinein getrunken wurde, und der Schabzieger oder Glarner Kräuterkäse, der als eine billige, wohl bekömmliche Zukost überall in der Schweiz herum geschätzt wird.

Seither hat die Fähigkeit, zu erwerben, das Wirtschaftliche, in unserm Schweizerland, wie in der weiten Welt herum auch, in damals ungeahnter, fast ungeheuerlicher Weise zugenommen. Die vormalige, Jahrhunderte hindurch sich ziemlich gleich bleibende Art, sich durchzubringen, zu nähren, zu kleiden usw., hat sich sehr stark gewandelt. Allerlei das Alltagsleben umgestaltende

Unternehmungen, Erfindungen und also auch die daraus hervorgehenden Industrien haben sich machtvoll neben das Bäuerliche und Handwerkliche unseres alten Hirtenlandes gestellt. Umso mehr ein Grund, der Vorläufer im Kleinen, der Pioniere dieser großartigen, freilich leider nicht in jeder Richtung segensvollen Wandlungen zu gedenken.

Der edle Unterwaldner

Zu Beginn des achtzehnten Jahrhunderts hatten die Eidgenossen wieder einmal einen Glaubenskrieg miteinander, den sogenannten zweiten Villmergerkrieg.

Da überfiel eine Schar aus den fünf katholischen Orten eine Abteilung Berner. Diese wehrten sich tapfer, zogen sich aber allmählich in einen Friedhof zurück und von da in die Kirche, wo sie sich nach einigem Widerstand ergaben.

Die ergrimmten Kriegsgesellen aus den katholischen Ständen wollten nun erst recht über sie herfallen. Aber da trat Johann Jakob Ackermann aus Unterwalden, einer der angesehensten Hauptmänner, mit dem die Berner die Übergabe abgeschlossen hatten, unter seine rachsüchtigen Kriegsgenossen und sprach als ein zweiter Wengi: »Keine Hand soll die Überwundenen antasten! Ich habe ihnen das Leben zugesagt, und wer es ihnen nehmen will, der hat's mit mir zu tun, der muss mich zuerst umbringen!«

Diese männliche und edelmütige Entschlossenheit dämpfte die Wut der wilden Krieger, und so fügten sie sich, und die Berner wurden nicht weiter bedroht.

Die ehrlichen Schweizer

Im Jahre 1714 schlossen die Gesandten von Frankreich und Österreich in der Stadt Baden einen Frieden. Der Gesandte des Königs von Frankreich wollte das nun mit einem Freudenfest feiern. An diesem festlichen Anlass ließ er auch die Einwohner der kleinen, berühmten Bäderstadt teilnehmen. Es wurde also für die Gesandten und ihr Gefolge und die Geladenen am Abend im Freien eine üppige Mahlzeit an prächtig ausgestatteter Tafel gegeben. Es sollen hiefür alle Speisen in goldenen und silbernen Geschirren aufgetischt worden sein. Was nach den verschiedenen Gängen der Mahlzeit übrig blieb, ließ der freundliche französische Gesandte unter die armen Leute verteilen, die dem Essen zusahen, wobei ihnen ja wohl das Wasser im Mund mag zusammengelaufen sein. Man überreichte diesen Zaungästen aus der Stadt die Überreste der Gerichte ohne Weiteres in den wertvollen Geschirren.

Sowie nun so ein ärmlicher Zuschauer eine Schüssel oder einen Teller mit Speisen erhielt, lief er damit spornstreichs nach Hause, um auch seine Lieben am guten Essen teilnehmen zu lassen. So kamen nach und nach alle die goldenen und silbernen Gefäße fort, und als die Mahlzeit der hohen Herren zu Ende war, zeigte es sich, dass weder Schüsseln noch Teller mehr da waren.

Jetzt wurde es aber dem französischen Hofmeister um die kostbaren Geschirre angst und bang; er glaubte sie verloren und klagte das seinem Herrn, dem Gesandten. Dieser aber, der ein vornehmer Graf war, sprach zu ihm: »Sei unbesorgt, mein Freund! Es ist mir in der Schweiz noch nichts entwendet worden.«

Das schöne Vertrauen in die Schweizer wurde denn auch gerechtfertigt. Kaum kam der nächste Tag ins Land, erschienen die Armen von gestern bei der französischen Gesandtschaft und brachten all das glänzende Geschirr, aufs Sorgfältigste gereinigt, wieder mit vielem Dank zurück. Schon um 9 Uhr morgens fehlte kein einziges Stück mehr. Die Gesandten aber und ihre Höflinge äußerten über diese für sie keineswegs alltägliche Ehrlichkeit ihre freudige Verwunderung.

Der Uhrenmacher von Le Locle

Es war ja selbstverständlich, dass sich die Menschen immer um den Gang der Zeit kümmerten und gern immer gewusst hätten, wie spät es ist. Sie hatten es aber in jenen Zeiten noch nicht so gut, dass sie wie die heutigen Schüler einfach an die Kirchenuhr oder an die Wanduhr der Stube hinaufschauen konnten, um zu wissen, ob's Zeit sei, in die Schule zu gehen oder zum Essen. Von der Sand-, Sonnen- und Wasseruhr der alten Zeiten bis auf unsere kleine und feine Armbanduhr ist's eben ein weiter Weg.

Immerhin hatte man in der Schweiz schon vor Jahrhunderten Kirchenuhren, aber die Sackuhr, gar in ihrer heutigen Vollendung, kannte man lange nicht, obwohl schon ein Bürger von Stein a. Rhein, namens Rudolf Stadler, sich als ein sehr geschickter Uhrenmacher in hohen Ehren beim König von Persien um die Mitte des siebzehnten Jahrhunderts aufhielt.

Aber im Jahre 1665 wurde zu La Sagne, im Neuenburgischen, ein Büblein, Daniel Richard, geboren, dessen Vater nur ein einfacher Schmied war. Und von diesem Knaben nun stammen, kann man fast sagen, unsere heutigen weltberühmten Uhren aus dem Juragebiet ab.

Nämlich im Jahre 1679 brachte ein Rosshändler aus London, aus Englands Hauptstadt, eine englische Taschenuhr heim. Das war nun für die Leute im schweizerischen Jura ein gar wunderliches Ding, das man daselbst noch nicht kannte. Allein die Uhr war nicht in Ordnung; sie wollte nicht gehen. Da kam eines Tags der Rosshändler zum alten Schmied Richard und zeigte ihm das unbekannte Kunstwerk, wobei er bedauerte, keinen Meister finden zu können, der es wieder in regelrechten Gang zu bringen vermöchte. Der Schmied rief seinen geschickten Sohn, und der Rosshändler händigte seine Uhr dem vierzehnjährigen Daniel aus, er solle versuchen, sie wieder herzustellen.

Daniel Richard hatte bisher nur Kirchturmuhren zu sehen bekommen, aber dennoch begriff er bald den Sinn und die Einrichtung des kleinen Taschenuhrenwerks. Er fand auch den Schaden daran, und sehr bald hatte er die Uhr, die er auseinandergenommen hatte, wieder beisammen, und sie ging vortrefflich. Aber das junge Bürschchen begnügte sich damit keineswegs. Er hatte sich das ganze Werklein der Uhr aufs Genaueste eingeprägt und auch gezeichnet. Und nun fasste er den kühnen Entschluss, selber eine Uhr zu machen. Das war schon deshalb keine leichte Sache, da ihm ja das Werkzeug fehlte, um Federn, Gehäuse und das ganze unerlässliche Drum und Dran zu verfertigen. Auch hatte er weder Vorlagen, noch Bücher, noch sonstige Anleitung, die ihm bei seinem Unternehmen hätten helfen können. Also musste sein freilich erfinderischer Geist für alles aufkommen. Aber siehe da, nach anderthalb Jahren konnte er seinen Landsleuten die erste Uhr zeigen, die im

Jura und noch weit herum hergestellt worden war. Man bewunderte den noch so blutjungen Meister landauf, landab, und von allen Seiten kamen nun Bestellungen für Uhren an ihn. Sie brachten ihm reichen Gewinn und viel Arbeit, da er seine Uhren immer mehr zu verbessern strebte und die Gehäuse zu verzieren verstand.

Da erfuhr Daniel Richard, dass es Maschinen gebe, vermittelst deren man die Räder der Uhren genauer und rascher ausfeilen könne. Gleich reiste er nach Genf, wo eine solche Maschine in Tätigkeit sein sollte. Allein der Besitzer der Maschine behandelte dieselbe als Geheimnis und wollte sie ihm nicht zeigen. Der zähe Jurassier ließ sich aber nicht zurückschrecken. Es gelang ihm, selber eine Maschine zu erfinden, die ihm die Arbeit außerordentlich erleichterte und ihn auch befähigte, Tafel- und Zieruhren zu machen, wie er sie in Genf bewundert hatte. So wurden seine Uhren immer schöner und genauer, und die Bestellungen mehrten sich gar sehr. Alsdann siedelte der junge, gesuchte Uhrmacher nach Le Locle über. Und nun gab's Großbetrieb. Zu seinen Werkstätten drängten sich die Burschen, die seine Lehrlinge zu sein wünschten. Auch seine fünf Söhne unterrichtete er nachmals in dieser Feintechnik. So war denn Daniel Richard der Stifter eines sehr einträglichen und schönen Erwerbszweigs im Schweizerland geworden. Viele und großartige Werkstätten wurden nach und nach überall in jenen Gegenden gegründet, und Richards immer vervollkommnetere Uhren versandte und versendet man noch heute in alle Welt.

Major Davel

Es war nun, wie schon gesagt, so eingerichtet im Schweizerland, dass es freie und mehr oder weniger untertänige Eidgenossen gab. Das verursachte überall im Lande Empörungen dieser und jener Art, kleinere und größere, denn die Untertanen der Städte- und Landregenten fühlten sich nicht minder reif und tüchtig zur Selbstregierung als ihre »gnädigen Herren und Obern«. Wie viel klüger, einsichtiger und wie gerecht und hochherzig wäre es von den herrschenden Völkerteilen unserer Gebiete damals gewesen, die ihnen unterstellten Eidgenossen in voller Gleichberechtigung neben und mit sich leben und wirken zu lassen! Wie ganz anders hätten sie sich da ihre frei gewordenen Untertanen, gar für die Zeit auswärtiger und innerer Drangsal und Not, in herzlicher, nicht nur gezwungener Treue verbinden können, wenn sie freiwillig gewährt haben würden, was sie später doch, gern oder ungern, gewähren mussten. Vor allem: Wie hätten sie in ihren zu Unrecht bevogteten Landesgenossen die Liebe, den Hang zu einem Vaterlande, in dem sie wahrhaft frei gewesen wären, vertiefen können!

Es gab Empörungen. Tal und Bergland brachten ihre Menschenopfer für die Freiheit. Auch die ennetbirgischen Eidgenossen, die Tessiner des Livinentals, hatten ihre blutigen Märtyrer der Freiheit unter der Herrschaft Uris.

Aber auch Major Davel, kein adeliger, aber ein hochedler Waadtländer, der sein schönes Land um den Genfersee samt der Hügelstadt Lausanne vom bernischen Joch erlösen wollte, war nicht der Mann dazu, den Entschluss, sein Volk zu befreien, mit Erfolg durchzuführen. Für ein so schwieriges Unternehmen war er viel zu wenig weltklug und vorbedacht, zu versonnen, zu vertrauensselig.

Die Waadt war von den savoyischen Herzögen an die Stadt Bern gekommen. Seit dem Jahr 1536 wurde sie von bernischen Landvögten regiert. Man ertrug diese Herrschaft mehr oder weniger willig. Aber eines Tags gab's also doch einen Waadtländer, der seine Heimat nicht länger wollte knechten lassen. Allein er war nur ein einzelner Mann und sein Plan so unpraktisch als möglich, da er auf die Empörung eines Volkes hoffte, dem das Joch, wenn auch nicht süß, so doch ein gewohntes, fast selbstverständliches geworden war.

Ausgangs März des Jahres 1723 begaben sich alle waadtländischen Vögte nach Bern, des Ämterwechsels wegen. Jetzt wollte Major Davel handeln. Als Befehlshaber eines Militärbezirks nahm er vorerst in Cully eine Musterung vor. Darnach rückte er mit fünfhundert Mann nach Lausanne und eröffnete dem Stadtrat seine Absicht, die Heimat zu befreien. Die Ratsherren heuchelten Beifall, schickten aber sogleich hinterrücks eine Botschaft nach Bern; auch gelang es ihnen, die Soldaten meistens außerhalb der Stadt einzuquartieren, und heimlich riefen sie die Bürger zu den Waffen. Und bevor Davel es ahnte, nahmen die erschrockenen Herren von Lausanne ihren Mitbürger gefangen, und darauf entließ man seine Mannschaft. Bern sollte an ihrer untertänigen Ergebenheit nicht zweifeln.

Auch in Bern verbreitete die Nachricht von Major Davels Aufstand Schrecken. Man fürchtete eben, wenn die Waadtländer sich erheben, werden es auch die bernischen Untertanen noch einmal probieren, und dazu wäre es wohl und kaum erfolglos gekommen. Die regimentsfähigen Familien Berns atmeten auf, als man ihnen die Verhaftung Davels anzeigte. Sie wollten aber nicht glauben, dass er ganz mutterseelenallein den Aufstand hatte wagen wollen.

Sie rückten also mit Truppen nach Lausanne und folterten Davel erbarmungslos, um ihm Namen Mitschuldiger abzunötigen. Aber er hielt an seinen Aussagen fest und blieb unter allen Martern standhaft. Ja, er rief aus: »Glücklicher Tag, an dem ich zum Heil meines Vaterlands leide!« Als die Untersuchung beendet war, verurteilten ihn die Richter von Lausanne zum Verlust der rechten Hand und zur Enthauptung. Bern begnügte sich mit der Hinrichtung. Major Davel ging völlig gefasst in den Tod. Auf dem Blutgerüst mahnte er das Volk zur Umkehr und sprach die Hoffnung aus, sein Opfer werde gute Früchte tragen.

Einsamer Mann, von aller Welt verlassen,
Jedoch dir selbst bis in den Tod getreu;
Ein gläubig Kinderherz in einem Leu,
Ein Heldenlied in tief verschlaf'nen Gassen.

Samuel Henzi und die Familienherrschaft

Ein Beispiel dafür, wie weit die Tyrannei nicht nur einzelne Fürsten, sondern auch eine ganze Versammlung von Köpfen und Kappen führen kann, ist die Stadt Bern der damaligen Zeit, obwohl auch anderwärts die vorgebliche Freiheit der freien Eidgenossen immer wieder zu Stadt und auch etwa in den Ländern in Familienherrschaft ausartete. Das Regiment war also nach und nach in den Besitz gewisser patrizischer Familien gekommen, die ängstlich dafür sorgten, dass sich ihre Zahl nicht vermehrte. Sie regierten den Staat und verfügten zugleich auch über Amt und Würde höherer, gutbezahlter Art. Die andern Bürger mussten mit den kleinen Stellen, also mit den Brosamen vom Tische der Herren, vorlieb nehmen.

Da wagten es zwanzig Bürger und Patrizier im Jahre 1742, mit einer Beschwerdeschrift ans Regiment zu gelangen, worin sie über die Bevorzugung einzelner Geschlechter sich beklagten. Aber die Regierenden erklärten diese Bittschrift für Aufruhr und verurteilten die Urheber und Unterzeichner derselben zu zehn- und fünfzehnjähriger Verbannung.

Unter den Verbannten war auch Hauptmann Samuel Henzi. Dieser nun verband sich mit siebzig Bürgern der Stadt zum Sturz des tyrannischen Regiments. Aber die Verschwörung wurde verraten. Henzi wurde mit zweien seiner Genossen eingesperrt. Er zeigte sich als ein ganzer Mann. Als man ihm das Verzeichnis seiner Mitverschworenen verlangte, zog er das Schriftstück aus dem Futter seines Gewands, zerriss es und verschluckte die Fetzen vor seinen Richtern. So wurde er mit den zwei Mitgefangenen zum Tod verurteilt. Als man sie auf der Richtstätte enthauptete, kam Henzi als Letzter dran. Zum Scharfrichter aber, der schon seine Genossen ungeschickt hingerichtet hatte, sagte er, als er ihn nicht mit dem ersten Streich zu töten vermochte: »Du richtest, wie deine Herren urteilen!«

Die beiden Nachbarn

Jetzt kann ich aber wieder einmal etwas aus unserer alten Schweiz erzählen, das allen Lesern wohl gefallen wird, und es ist auch ein wahres Geschichtlein.

Einst hatten zwei Bauern im Goldauertal im Lande Schwyz längere Zeit Streit um eine Wiese. Eines Abends kam nun Kaspar zu Franz, der eben vor seinem Hause den Heuwagen zurecht richtete. »Franz«, sagte er, »du weißt, dass wir einer Wiese wegen im Streit sind, und jetzt ist gerade Heuet, deshalb habe ich die Richter in Schwyz zusammenrufen lassen, auf dass sie entscheiden, wer von uns im Recht sei, da wir doch dafür nicht gescheit genug sind. Komm also morgen auch nach Schwyz vor das Gericht!« – »Nachbar«, erwiderte Franz, »du siehst, dass ich meine große Wiese gemäht habe, und morgen muss ich bei gutem Wetter das Heu in Haufen bringen; ich kann also unmöglich mitgehen.« – »Und ich«, meinte Kaspar, »kann die Richter, die diesen Tag angesetzt haben, nicht wieder auseinandergehen lassen.«

Nach einigem Nachdenken sagte Franz: »Weißt du was, Nachbar. Geh morgen allein nach Schwyz und trag den Richtern deine und meine Gründe vor, dann brauche ich ja nicht dabei zu sein.« – »Ich will's tun«, antwortete Kaspar, »wenn du mir das Zutrauen schenkst. Sei versichert, dass ich für dein Recht reden will wie für das meinige.«

So ging denn Kaspar andern Tags nach Schwyz und trug, so gut er's vermochte, seine und seines Gegners Gründe dem Gericht vor.

Das Gericht entschied den Streithandel zugunsten des daheimgebliebenen Franz.

Als es gegen Abend ging, kam Kaspar bei seinem Nachbarn im Goldauertal an, und nun sagte er zu ihm: »Franz, die Wiese ist jetzt dein; die Richter haben sie dir zugesprochen. Ich wünsche dir Glück dazu und bin froh, dass der Streit entschieden ist.«

Der würdige Herr Landammann

Gebhard Zürcher von Teufen im Appenzellerland war Bauer und Zimmermann und ein edler, besonders gescheiter Bürger. Daher wählte ihn die Landsgemeinde von Appenzell a.Rh. zu ihrem Landammann.

Eines Tags, als er eben vor seinem Hause arbeitete, erschien ein vornehmer Herr hoch zu Ross, um Zürcher, als dem regierenden Landammann, eine Sache vorzutragen. Dieser noble Herr glaubte nun, er brauche vor dem einfachen Mann, der da sein Handwerk trieb, auch wenn er Landammann sei, den Hut nicht abzunehmen. Zürcher ließ ihn auch ruhig sein Anliegen vortragen. Aber als er zu Ende gekommen war, fragte er ihn: »Guter Freund, mit wem wollt Ihr eigentlich reden, mit Gebhard Zürcher, dem Bauern, oder mit dem Landammann?« Der Herr antwortete: »Mit dem Landammann.« Da sprach Zürcher mit Ernst und Würde: »So tut Eure Schuldigkeit. Es ist mir nicht um meine Person zu tun, sondern um mein Amt.«

Hochachtungsvoll entblößte nun der Herr sein Haupt und trug ihm die Sache nochmals vor. Jetzt behandelte ihn der Landammann erst recht freundlich und wie ein braver Landesvater. Der Herr, der auch von keinem mindern Faden war, freute sich des kleinen Erlebnisses und erzählte es selber seinen Freunden.

Zürcher war aber ein durch und durch gerechter Mann, denn als einer seiner Söhne in eine strenge Strafe verfällt werden sollte, gedachte der Rat die Strafe um des hoch angesehenen, verdienten Vaters willen zu mildern. Aber dieser sprach: »Mein Sohn steht wie jeder Bürger unter dem Gesetz, und darnach soll auch er gerichtet werden und die Strafe seines Unrechts erhalten.« Sodann entfernte er sich aus der Ratssitzung, und sein Sohn wurde verurteilt, worüber der Landammann seine Zufriedenheit bezeigte.

Und nun noch etwas Fröhliches von ihm. Eines Abends saß der Landammann mit mehreren Freunden vor seinem Hause. Da kamen zwei böse Weiber des Wegs, die einander heftig schmähten. Einer von des Landammanns Freunden wollte sie zu einem verständigen Betragen ermahnen, aber Zürcher sagte: »Lasst sie doch einander schmähen; sie sagen sich ja nur die Wahrheit.« Aber die zwei Weiber kamen nun ganz nahe heran und beschimpften sich jetzt aufs abscheulichste.

Eine Weile hörte ihnen der Landammann gelassen zu, dann aber hieß er sie schweigen und sagte: »Gebt euch doch einmal zufrieden, ihr habt ja alle beide recht!«

Da schämten sich die zanksüchtigen Weiber und gingen still nach Hause.

Fürsten im Geiste

Vor mehr als hundert Jahren lebte zu Wermetschwil im Zürcheroberland eine Bauernfamilie. Der jüngste der Söhne hieß Jakob Gujer; weil er aber klein war, nannte man ihn nur Kleinjogg.

Dieser Kleinjogg gehörte zu den merkwürdigsten Männern der damaligen Schweiz, und doch war er nur ein schlichter Bauer. Er war sehr gescheit, ungewöhnlich weitsichtig und dabei äußerst fleißig und rechtschaffen. Er dachte immer und immer über den Betrieb der Landwirtschaft nach und förderte sie durch Bodenverbesserung und auf jede Weise. Auch suchte man weitherum seinen guten Rat nach. Man kannte den außerordentlichen Mann in der ganzen Eidgenossenschaft. Auch die Herren in den Städten suchten seine Bekanntschaft.

Eines Tages kam auch ein deutscher Fürst in die Stadt Zürich. Als er von dem weisen und originellen Kleinjogg erzählen hörte, sprach er: »Diesen Bauersmann möchte ich auch kennen lernen.« Man schickte sogleich einen Boten von Zürich an den Kleinjogg und ließ ihm sagen, er möchte doch so gut sein und nach Schinznach kommen; ein deutscher Fürst wolle mit ihm über Landwirtschaft reden.

Kleinjogg machte sich also in seinem einfachen rauen Zwilchrock auf nach Schinznach zum Fürsten. Dieser empfing ihn freundlich; er umarmte ihn sogar und sprach: »Es freut mich sehr, Kleinjogg, dich zu sehen, nachdem ich so viel Gutes von dir gehört habe.« Der aber antwortete frisch und frei: »Es freut mich auch, Herr Fürst, und es ist gar schön, wenn große Herren auch freundlich mit den Bauern umgehen.«

Längere Zeit redeten sie nun miteinander. Endlich wollte Kleinjogg Abschied nehmen. Da drückte ihm der Fürst ein Goldstück in die Hand. Kleinjogg aber schaute ihn ernsthaft an und fragte: »Was soll das sein?« — »Es ist nur ein kleines Geschenk, weil du mir soviel Freude gemacht hast.« Aber das Geld wurde vom Bauern nicht angenommen. Das machte den Fürsten sehr verlegen: »Du hast ja aber Unkosten gehabt«, sagte er, »und die Zeit versäumt, um mich zu besuchen.« Kleinjogg erwiderte: »Ich habe von Haus ein Stück Brot mitgenommen, und am Brunnen habe ich frisches Wasser getrunken, also habe ich keine Unkosten gehabt.«

Der Fürst musste das Goldstück wieder zurücknehmen; alsdann verabschiedeten sich Herr und Bauer in aller

Herzlichkeit, und fröhlich und frisch kehrte Kleinjogg in seine ländliche Wohnung heim.

Dieser Kleinjogg aus dem Zürichgebiet war gewiss ein bedeutender Mann in seiner Art, ein geistiger Graf, ja ein kleiner Fürst im Geiste unter seinen Landsleuten. Aber zu jener Zeit lebte in Bern ein Mann, der eine ganze Größe seiner Tage war und an den man sich heute noch ehrfürchtig erinnert.

Er hieß Albrecht Haller und wurde im Jahre 1708 in Bern geboren. Er entstammte einem alten Geschlecht. In seiner Jugend war Albrecht körperlich schwächlich, aber geistig erwies er sich sehr rasch als außergewöhnlich stark. Schon in seinem vierten Jahre trug er dem Hausgesinde biblische Geschichten vor, während er kränkelnd in seinem Lehnstühlchen saß. In seinem siebenten Jahre fing er schon an, alles, was er gelernt hatte, schriftlich zu fassen. Im neunten Jahre begann er unter Leitung eines Lehrers ein großes Wörterbuch aller hebräischen und griechischen Wörter mit ihrer Ableitung, wie sie im Alten Testament vorkommen, zu schreiben. Als er zwölfjährig war, schrieb er einige hundert Lebensgeschichten berühmter Männer.

In seinem fünfzehnten Jahre kam Haller auf die Universität Tübingen und nachher nach Leyden. Mit neunzehn Jahren wurde er schon Doktor der Medizin. Darauf kam er nach London, Paris, Basel, wo der größte Mathematiker seiner Zeit, Johannes Bernoulli, wirkte. Wie gesagt, Haller ward ein hochbedeutender Gelehrter und ein vielseitig wirkender Geist; davon zeugt auch sein Gedicht »Die Alpen«.

Seine Vaterstadt Bern ehrte ihn hoch, und kurz vor seinem Tod besuchte ihn, dessen Ruf durch alle Lande ging, der österreichische Kaiser Joseph II. Dieser wurde von dem bernischen Geistesfürsten so eingenommen, dass er ihn nachher in höchst anerkennenden Worten lobpries.

Ein geschickter Kriegsmann

Unter den vielen Schweizern, die in fremden Ländern an allerlei Herrenhöfen Kriegsdienst annahmen, waren etwa auch solche, die sich darnach zu Hause als vielerfahrene Truppenführer besonders im Militärwesen Anerkennung verschafften.

Ein rechter Haudegen und Söldnerfeldherr, der General Franz Ludwig Pfyffer von Luzern, leistete aber nach seiner Heimkehr etwas ganz besonders Beachtenswertes, ja Verdienstliches, das ihn als einen ganz geschickten, kunstfertigen Mann auswies. Nämlich im Alter von fünfzig Jahren begann Pfyffer sein Relief, die Nachbildung des ganzen Geländes der Innerschweiz. Jeden Sommer bereiste er hiefür das Hochgebirge, machte sich durch Schluchten aller Art hinauf und hinab und erstieg und erkletterte höchste Berggipfel. Sein Werk, die erste Arbeit dieser Art, ist ein Muster genauester Darstellung. Es umfasst auf hundertsechsunddreißig Tafeln oder Vierecken, die getrennt werden können, einen Raum von hundertachtzig Geviertstunden und enthält die Kantone Zug und Unterwalden, von den Kantonen Luzern, Uri und Schwyz den größten Teil und einiges von Bern, Zürich und Aargau. Nach zehn Jahren hatte er das sehr anspruchsvolle Werk in einer von ihm selbst erfundenen, erst weichen Masse, die dann steinhart wurde, vollendet. Aber er arbeitete, solange er lebte, an seiner Vervollkommnung.

Die Auswanderer in die neue Welt

Schon seit Langem zogen die Schweizer, vorab die aus den Bergtälern, in die Welt hinaus, meistens zu Krieg, wie schon gesagt. Allmählich begann man aber auch in die sogenannte neue Welt, vorab nach Nordamerika, auszuwandern, um jenseits des Meeres als wagemutiger Schweizer sein Glück zu versuchen in friedlicher Arbeit. Ich will hier wenigstens von zweien der vormaligen Auswanderer erzählen.

Eines Tags begab sich Johann Peter Pury von Neuenburg mit seiner Familie und noch vierhundert Mitbürgern aus der französischen, oder wie wir sagen, aus der welschen Schweiz nach Nordamerika. Er hatte einen Sohn, namens David. Dieser blieb jedoch in Genf zurück, um den Handel zu erlernen. Dann kam David nach London und Lissabon, der Hauptstadt von Portugal. Dort fing er einen Handel mit Brasilienholz und Diamanten an. Er wurde schwer reich. Sein großes Vermögen benutzte er aber dazu, seine Vaterstadt Neuenburg aufs Reichste zu beschenken. Sie konnte aus seinen Zuwendungen Straßen, Armenhaus, Rathaus, Kirche, Stromeindämmungen bauen und für ihre Bürger viel Gutes tun. Als er starb, setzte er die Stadt sogar zum Haupterben ein. Er soll ihr vier Millionen hinterlassen haben. Dieser David Pury hat in der Fremde wahrhaftig sein Glück gemacht.

Ein anderer, freilich späterer Auswanderer, der ein merkwürdiges Schicksal hatte und dem das Glück plötzlich von der Schaukel sprang, als es ihn hochauf hatte schnellen lassen, war August Suter. Er war mit seinem Vater aus Rünenberg in Baselland nach der Stadt Basel gekommen. Auch er lernte dort den Kaufmannsberuf, kam dann nach Aarburg, wo er sich verheiratete, und darnach nach Burgdorf. Dort ging's ihm mit seinem Geschäft so schlecht, dass er, mit Hinterlassung von Frau und Kindern, sich vor seinen Gläubigern nach Amerika meinte retten zu müssen, um sich dort wieder heraufzuarbeiten und sein Glück erst recht zu suchen.

Er gelangte nach New York, dann nach St. Louis im Staate Missouri, der sechsmal so groß ist wie die Schweiz. Er versuchte es mit mancherlei Geschäften, wobei er die Heimat und seine Lieben keineswegs vergaß.

Aber eines Tags brach er mit noch andern Männern und Frauen nach dem fernen Westen, nach Kalifornien auf. Dieses Land war damals noch eine riesige Wildnis voll Indianer, die den wenigen Forts oder Festungen immer wieder gefährlich wurden. Da gab's Riesenzedern und Fichten von bis zweihundert Fuß Höhe und überhaupt unabsehbare Wälder, aus denen Berge ihre Schneehäupter emporreckten, und in den Wäldern auch Pelzjäger und Trapper nach Art des Pfadfinders in »Lederstrumpfs Erzählungen«, die meine jungen Leser gewiss kennen werden. Aber unser August Suter kam bis an den einsamen Meerhafen von San Francisco, der heutigen großen Hauptstadt von Kalifornien. Damals hatte das ganze Land, das noch unter mexikanischer Hoheit stand, nur 5000 weiße und 30 000 rote oder indianische Einwohner.

Suter ließ sich im fruchtbaren Tal des Sacramento-Flusses nieder und baute daselbst seinen einfachen Wohnsitz, Rancho geheißen, den er Neu-Helvetien nannte. Nun fing er an, erst im Kleinen, danach im Großen das Land zu kultivieren und zu bebauen. Er zog andere Auswanderer nach. Aber die Indianer machten ihm und seiner Niederlassung das Leben sauer. Er hatte viele Kämpfe zu bestehen. Der mexikanische Gouverneur, der Suters Wert für die Entwicklung des Landes erkannte, half ihm und ernannte ihn zum Kapitän oder Hauptmann; auch schenkte er ihm eine Strecke Land in der Ausdehnung des halben Baselgebiets. Und nun baute Suter mit seinen Leuten eine Mauer um seine Ansiedlung, zum Schutz gegen Überfälle von roter und weißer Seite. Er bewehrte sie gar mit 18 Kanonen. Einige hundert Untergebene, Weiße, Indianer und Kanaken, hatte er zur Arbeit bei sich, und zu Tausenden weideten seine Pferde und Kühe auf seinem Besitztum. Auch zwei Handelsschiffe hatte er auf dem Fluss.

Als nun gar im Jahre 1847 Kalifornien an die Vereinigten Staaten von Nordamerika kam, begann sich Suters Grundeigentum und Reichtum gewaltig zu vermehren. Er pflanzte Obst, Oliven, Feigen, Baumwolle, Reis und Indigo, aber am meisten pflegte er seine großartigen Weinberge. Nun wollte er als fabelhaft reicher Mann auch seine Familie nach Kalifornien kommen lassen, denn nun stand er auf dem Gipfel seines Glücks.

Aber ungeahnt, wie ein böses Unwetter, kam das Unglück über den so tatkräftigen Mann, und schuld daran war, so seltsam das klingt – das Gold.

Nämlich eines Tages fanden ein paar seiner unzähligen Arbeiter in einem Kanal Gold. Suter ließ sich daraus einen Siegelring machen mit der Inschrift »das erste Gold, entdeckt im Januar 1848«. Dieses Gold sollte, sozusagen, sein letztes vom eigenen Grund und Boden sein. Wie der Blitz sprach sich der Goldfund im Lande herum, und bevor sich Suter dessen versah, war sein Land von Goldsuchern, die bald aus aller Welt herbeiliefen, überschwemmt. Auch alle seine vielen Angestellten und Knechte verließen den Kapitän Suter und machten sich dem Golde nach. Sein Land wurde tatsächlich für Tausende und aber Tausende zur Goldgrube, nur für ihn nicht.

Noch einmal schien ihm das Glück kommen zu wollen, als man den vierten Jahrestag des Eintritts Kaliforniens in die nordamerikanische Union in San Francisco hochfestlich beging. Da wurde Suter um seiner Verdienste willen zum General ernannt und mit Ansprachen und in jeder Weise gefeiert. Man versprach ihm eine günstige Erledigung des Prozesses, den er durch seinen Sohn um den Wert seines Landes, das man auf 200 Millionen Dollar schätzte, gegen den Staat führen ließ, und der Gerichtshof von Kalifornien entschied auch in diesem Sinne. Aber er erlangte die Bestätigung dieses gerichtlichen Spruches in Washington, der Hauptstadt Nordamerikas, nie. Und als es endlich doch dazu zu kommen schien, starb Suter während eines Besuchs im Weißen Haus, wie man das Präsidentschaftsgebäude zu Washington nennt, wo man ihm zugegeben hatte, dass seine Ansprüche »billig und gerecht seien«. Aber die Goldschätze und andere Schätze seines großartigen Besitztums in Kalifornien sind auch seinen Erben nicht zugekommen.

Ein Gämsjäger

Die Jagd auf Hochwild ist in der Schweiz so alt wie die Besiedelung ihrer Bergtäler. Und obwohl man einst nicht eigentlich in die abgelegensten Wildnisse des ewigen Schnees hinaufstieg, da man jene eisstarrende, zerrissene Hochgebirgswelt voll Drachen und anderer Ungeheuer, voll Gespenster und Geisterspuk aller Art glaubte, so ging man dem Hirsch, dem Bären, dem Wolf und auch der Gämse doch in die Bergwälder nach, und besonders kühne Jäger mögen sich auch auf die Alpen und unter die dortigen vermeintlichen Schrecknisse hinaufgewagt haben.

Wie nämlich die Jagd zur Leidenschaft werden kann, zeigt uns der zu seiner Zeit wahrhaft berühmte Gämsjäger David Zwicki von Mollis im Glarnerland. Von Kindesbeinen an fast hatte er sich dem Weidwerk ergeben. Und als er zum Mann geworden war, ging er ihm Tag für Tag, im Winter wie im Sommer, nach. Oft überraschte ihn ein Schneesturm, und er musste in den abschüssigen Felsen übernachten.

Da man seit Tells Zeiten, der es freilich noch mit einer armseligen Armbrust machen musste, bei uns einen guten Schützen zu schätzen wusste, wählte nun die Obrigkeit des Standes Glarus diesen Gämsjäger Zwicki, da er zugleich ein treuer Mann war, zum Freibergschützen oder Wildhüter. Seit alten Zeiten bestand im Glarnerland für die Schonung der Gämsen und des andern Alpen- oder Hochwilds die Verordnung, dass in den sogenannten Freibergen alles Wild, das da sprang, flog und kroch, eine sichere Zufluchtsstätte haben sollte. Bei Ehr und Eid war es jedem Landesbewohner verboten, dort irgendein Tier zu töten oder zu fangen oder auch nur eine Flinte herumzutragen.

Für vier Jahre waren die Freiberge gebannt, und in den darauf folgenden vier Jahren hatten nur die acht gewählten Freibergschützen das Jagdrecht insoweit, dass sie jedem Glarner, der zwischen Jakobitag und Martinitag Hochzeit hielt, zwei Gämsen schießen durften, ferner auch eine Gämse dem Landammann und dem Landesstatthalter und zwei dem regierenden Bürgermeister von Zürich für seine Bemühungen bei Feststellung der Brottaxe.

Solange nun die Freiberge gebannt waren, entschädigte sich unser Molliser Gämsschütze Zwicki durch eine unermüdliche Jagd im offenen Jagdgebiet. Nichts war da gegen sein sicheres Auge und seinen sichern Schuss gefeit. Entdeckte er eine Gämse, so ruhte er nicht, und wenn's tagelang andauerte, bis er sich über die unwegsamsten Abstürze und Grate an sie hingepirscht hatte. Er wusste nicht nur alle Gewohnheiten, sondern auch alle Stände und Plätzchen und Salzlecken des Wildes, und weder Dachs, noch Fuchs und Murmeltier konnten sich vor ihm in ihren Gruben und Schlupfwinkeln geborgen fühlen. Er wusste sie alle auszugraben oder sonstwie an sich zu bringen.

Aber dem Berggeist scheint diese unbarmherzige Jagdleidenschaft des weit bekannten Freischützen zu viel geworden zu sein. Nämlich acht Tage vor Michaelitag 1796 kehrte Zwicki abends nicht nach Hause zurück. Das fiel seinen Nachbarn auf, da es Samstag war und sie wohl wussten, für was für eine große Sünde ihr Freischütze die Jagd am Sonntag hielt.

Als er aber auch in der Woche nachher nicht heimkam, suchte man den ganzen Wiggisberg, wohin er gegangen war, nach ihm ab. Er wurde nicht gefunden.

Erst im folgenden Jahr fand man ihn zufällig in der Nähe der von steilen Felsenhängen überhöhten Alp Auern. Er saß auf einem Hügelchen, und es sah aus, als ob er schlafe. Um ein Bein hatte er etwas wie ein Nastuch gewunden. Er musste wohl irgendetwas gebrochen haben und war nicht mehr weitergekommen. Alsdann war er im furchtbaren Schneewetter, das eingefallen war, wohl erfroren; hoch ob den Dörfern, die er in gähnender Tiefe sehen konnte.

»O wie luegt sis Wib am Abe!
Chunt er ächt? — Lueg wie du witt,
*Leider Gott, er chunnt dir nit.«**

Fürsorge

Im Sommer des Jahres 1789 geschah in Frankreich, wo das arg bedrückte und ausgebeutete Volk die Jahrhunderte alte Herrschaft der Könige, Fürsten und Adeligen überhaupt bis ans Halszäpflein hinauf satt hatte, ein gewaltiger Aufstand.

Es wurde eine Volkserhebung von nie geahnter Größe. Sie brachte auch den Eidgenossen der bevogteten Gebiete die lang und immer heißer ersehnte Befreiung und Unabhängigkeit.

Zu Beginn dieser großen Französischen Revolution, die sogar dem König, der ein guter Mensch war, und seiner so standhaften Frau Königin das Leben kostete, fiel nun das Volk im Elsass besonders über die Juden her, die dort in großer Zahl wohnten. Man plünderte ihre Wohnungen und jagte sie mit Weib und Kind zum Land hinaus. Zu Hunder-

* Etwa: Wie hielt sein Weib am Abend Ausschau nach ihm! Kommt er denn nicht? Du kannst nach ihm sehen, solang du willst, er wird nicht kommen – Gott sei's geklagt!

ten kamen nun diese Leute, mit Greisen und Kranken, im größten Elend vor die Tore der Stadt Basel.

Aber da fanden diese Kinder Israels gute Aufnahme und Erbarmen. Man beherbergte und bewirtete sie und versah sie mit allem, was gut schien, wie Brüder, also dass sie sich von ihrem Schrecken und Jammer zu erholen vermochten.

Als die Juden nun nach der Verfolgung wieder ins Elsass zurückkehren durften, gedachten sie in den Synagogen an jedem Sabbat ihrer Wohltäter von Basel und beteten also: »Herr, Gott unsrer Väter, segne die, welche uns ihre Wohnungen geöffnet und aus der Gewalt der Verfolger uns gerettet, ihr Brot mit den Hungrigen gebrochen, die Nackten gekleidet und die Schwachen gestärkt haben. Lass ihr Almosen vor deinen Thron erheben, schau auf sie herab von deiner heiligen Wohnung und gieße aus über sie den Becher deines Segens!«

Ein Ehrenmann

Der General Peter Viktor von Besenval von Solothurn stand am französischen Hofe seiner allerchristlichsten Majestät König Ludwigs XVI. in hohem Ansehen.

Dieser Herr Besenval war zur Zeit, als das Pariser Volk am 14. Juli 1789 das fürchterliche Staatsgefängnis, die Bastille, eine hohe Festung in Paris, stürmen wollte und dann auch wirklich erstürmte, Befehlshaber der schweizerischen Söldnertruppen dortselbst. Seine Pflicht war, sich gegen die aufrührerischen Massen zu wenden, und deshalb mahnte er den Befehlshaber der Bastille zu deren Verteidigung.

Nachdem nun aber diese düstere Festung von den Aufständischen eingenommen worden war, wurde der solothurnische General in Königsdiensten vor das Blutgericht der Pariser gezogen. Siehe, da fanden seine Verteidiger den eigenhändigen Befehl des Königs, der hieß: »Der Baron Besenval soll Gewalt mit Gewalt zurücktreiben.« »Das rettet Euch«, sagten ihm die Verteidiger, »dagegen kann man nichts einwenden«. Besenval aber sprach: »Wie, soll ich mich eines solchen Befehls bedienen, den man alsbald gegen den unglücklichen König gebrauchen wird? Nein, meine Herren, rettet mich ohne dieses Papier, wenn Ihr könnt!«

Also nahm er das für sein Leben so wichtige Schriftstück, zerriss es und warf es ins Feuer. Alsdann wurde er aber dennoch freigesprochen.

Die roten Schweizer

Die große Revolution des französischen Volkes nahm immer weitere Ausdehnung an. Von Paris ausgehend, trug sie darauf ihre sieghafte Fahne weit über Frankreichs Grenzen und auch über unser Land. In Paris aber ging's in jenen Tagen des Aufflammens der Empörung stürmisch zu. Man erhob sich gegen das absolute Königtum, aus dem heraus Ludwig XIV. gesagt hatte: »Der Staat bin ich!« als ob die andern Leute nur Wachsfiguren oder ein Puppentheater für seine Majestät, den König, wären.

So kam's dazu, dass der eben regierende König Ludwig XVI., der eine harmlose Seele war, und seine Frau Königin, die österreichische Kaiserstochter Marie Antoinette, die so vielfach liederliche Willkürherrschaft ihrer Vorgänger auf Frankreichs Thron büßen mussten. Sie waren in ihrem stolzen Palast, in den Tuilerien, der heute den Besuchern so reiche Kunstschätze zeigt, des Lebens nicht mehr sicher. Und als sich der nachgiebige König in die gesetzgebende Versammlung der Aufständischen hatte führen lassen, wälzte sich das Volk von Paris, darunter auch ein unflätiger Pöbel, in der Nacht vom 10. August 1792 nach dem königlichen Palast, in dem die Königin mit ihren Kindern und Herren und Damen vom Hof zurückgeblieben war.

Das war nun für diesen Hof eine ganz böse Sache. Alle französischen Regimenter hatten den König verlassen. Schreckensbleich fuhr im Palast alles durcheinander, denn man fühlte sich der freiheitsfreudigen Bürgerschaft von Paris, aber auch allen den ungezügelten Horden der Vorstädte ausgeliefert.

Da hörte man plötzlich in den Höfen der Tuilerien trommeln. Und als die Königin Marie Antoinette in die Nacht hinausschaute, sah sie unten bei Fackellicht ihre rotberockte Schweizergarde kampfbereit den Ansturm der Pariser und ihrer Regimenter erwarten. Das war ihr ein rechter Trost; da war also doch noch jemand, der die Königin und ihr Haus in der höchsten Not nicht im Stich ließ.

Rot ist mein Banner, rot das Kleid,
Blutrot das Herz und treu dem Eid,
Den es hat zugeschworen.
Die Trommel wirbelte durchs Schloss:
Wach auf, wach auf, o Eidgenoss,
Paris steht vor den Toren!
Die Königin am Fenster stand:
Hab ich denn keine Seel' im Land,
Die treu zu mir wollt' stehen?
Frau Königin, vielgute Nacht!

Der rote Schweizer hält die Wacht,
Kein Leid soll Euch geschehen!

Aber da brauste der gewaltige Sturm, unter Kanonendonner und dem Geläute aller Glocken von Paris, gegen den geschlossenen Vorhof des Palastes heran. Und nun forderte man die Schweizer auf, die Waffen niederzulegen und den Aufständischen den Königspalast zu übergeben. Doch die treue Garde antwortete, die Schweizer seien es nicht gewohnt, ihren Posten zu verlassen, ihre Waffen aber werden sie nur mit dem Leben lassen.

Jetzt verloren die Pariser die Geduld; sie feuerten Kanonen gegen die Schweizer ab und stürmten in die abgesperrten Höfe der Tuilerien. Aber es geriet ihnen nicht so ohne Weiteres; auch die Schweizer schossen; alsdann rückten sie im Sturmschritt vor und warfen den Ansturm der französischen Truppen und des tobenden Volkes wieder zu den Höfen hinaus. Ja, der nachherige weltberühmte Schlachtenkaiser Napoleon I., der auch unter dem aufständischen Bürgertum war, sagte darnach, wenn die Schweizergarde eine ganz tüchtige Führung gehabt hätte, so wäre sie dem Aufstand für einmal noch Meister geworden.

Nun, es sollte nicht sein, und für das Königtum war's kein schade, gar nicht, dass es zusammenbrach, wohl aber sind der gutmütige König und seine Familie und noch so viele harmlose und pflichttreue Opfer der blutigen Revolution zu beklagen.

Also die Schweizer hatten den Sturm der wütenden Pariser abgeschlagen. Aber siehe, da schickte der eingeschüchterte König aus der Ratsversammlung, wo man ihn gefangen hielt, ein Brieflein an seine Schweizergarde, und darin stand geschrieben: »Der König befiehlt den Schweizern, die Waffen niederzulegen und sich in ihre Kaserne zurückzuziehen.« Und da sie gewohnt waren, ihrem Herrn aufs Wort zu gehorchen, schossen sie nicht mehr.

Das war ihr Untergang, den sie voraussehen mussten; denn nun wälzte sich die gewaltige Flut des so schwer bedrückten, ausgebeuteten Volkes von Neuem gegen die Höfe des Palastes, und da die Schweizer nicht mehr schießen durften, erging's ihnen schrecklich. Wohl wehrten sie sich wie Löwen mit Säbel und Bajonett, aber nun waren sie unter dem empörten, tobenden Paris nur noch ein geringes Häuflein. Der Kampf zog sich in den Palast hinein, über dessen glänzende Marmortreppen nun Blut floss. Tausende fielen über die heldenmütige Garde her. Und so kam's, dass sie niedergemetzelt wurde und dass nur ein kleiner Teil von ihr dem Blutbad durch Gefangenschaft oder Flucht entkam. Man kann sich denken, wie es die überlebenden roten Schweizergardisten schmerzte, dass sie der König von der Verteidigung seines Hauses abgehalten hatte und dass es ihnen also nicht gelingen konnte, die seelisch so starke Königin Marie Antoinette und ihre Familie zu beschützen.

Rot ist mein Banner, rot das Kleid
Und rot die Wang' vor Scham und Leid,
Dass ich sie nit kunnt retten.

In der Stadt Luzern steht ein Denkmal, einen sterbenden Löwen darstellend. Es ist zum Andenken an die treue Schweizergarde gesetzt. Aber noch viel lebendiger wird die Treue jener braven roten Schweizer in unserem Blute weiterleben.

Die französische Armee in der Schweiz

Nicht nur Jahre lang, nicht Jahrzehnte, sondern Jahrhunderte hindurch waren die Schweizer in fremde Kriegsdienste und vor allem in den Dienst der französischen Könige gelaufen. Ströme von Blut hatten sie in Frankreich und anderwärts im Kampfe für königliche Ehrsucht, etwa auch für königlichen Übermut, sowie für Glaubenskämpfe vergossen. Sie waren auch der feste Wall, der die Könige gegen ihr mit Lasten aller Art bedrücktes und leiblich und seelisch bevogtetes Volk zu beschirmen hatte, was diese Schweizer, wie wir eben sahen, getreu bis in den Tod auch taten.

Aber jetzt hatte das Volk von Paris, von Frankreich, die Fesseln seiner Untertänigkeit gesprengt. Nun wollte es die Freiheit auch in andere Länder tragen. Bald aber wurde diese schöne Absicht zum Vorwand für Eroberungen. Also zog die Trikolore, die dreifarbige Fahne Frankreichs, eines Tags auch in unser Vaterland hinein und hinauf bis in seine Hochalpen, zum Kampf wider das Hirtenvolk, das sich vordem so lang für das Lilienbanner der französischen Könige um Ruhm und Gold hatte hinschlachten lassen.

Wie erschrak man da bis ins Herz hinein im festen Bern, in den Städten unseres Landes und in den so schön mit Ahnenbildern ausgeschmückten guten Stuben der übrigen Herrensitze, als nun die französische Heeresmacht, ein Volksheer, in die alte Eidgenossenschaft einrückte. Nun war's ja wohl mit dem schönen und einträglichen Landvogtspiel zu Berg und Tal aus. Es ist daher begreiflich, dass die bevogteten Städte und Landschaften des Waadtlandes, im Tessin, Thurgau, Aargau, im St. Gallischen,

Luzernischen, Solothurnischen, Basellandschaftlichen und anderwärts mit freudigen Hoffnungen diese Befreier erwarteten, und wundern muss man sich anderseits über die Treue, mit der auch weitherum die Untertanen herrschender Städte und anderer, ländlicher Regiments sich für die alte Ordnung der Eidgenossenschaft selbst gegen die mit der Fahne der Freiheit anrückenden Franzosen einsetzten. Hiefür zeugen die tapfern, ja todesmutigen Widerstände des Bernervolkes gegen den Angriff der übermächtigen französischen Truppen bei Neuenegg, Fraubrunnen, im Grauholz, im Frühjahr 1798. Aber das alte Bern ging dennoch unter, und in die nie besiegte Stadt zogen die Franzosen ein.

Die alte Verfassung der Eidgenossenschaft wurde durch eine neue, freiheitlichere abgelöst. Auch gab's eine neue Ländereinteilung. In der kleinen Stadt Aarau, die so schön in eine ideale Aarelandschaft hineingestellt ist, richtete man den Regierungssitz der neuen helvetischen Republik ein. Ein neuer Geist, eine andere, gerechtere Ordnung erstand in der Schweiz.

Aber es ging nicht ohne erbitterte Widerstände ab, wenigstens in einigen Bergländern, deren Häupterfamilien das Herrschen so gut gefallen hatte. Auch glaubte man in der katholischen Innerschweiz die Religion der Väter von Paris aus bedroht. Das alte Land Schwyz, mit seinen freien und verlandrechteten oder zueroberten Landschaften, wehrte sich, unter dem Oberbefehl des Landeshauptmanns Alois Reding von Biberegg, in mehreren Kämpfen und Gefechten gegen die französischen Eindringlinge heldenhaft, mit erfolgreicher Beihilfe der Glarner und Urner. So bei Wollerau, Schindellegi, Morgarten und anderwärts, aber vor allem bei Rotenturm, wo die Schwyzer die Franzosen, mit dem Ausruf: »Machen wir's kurz und nehmen wir sie unter die Kolben!« in wildem Angriff zurückschlugen. Aber auch die Bergbewohner waren dann froh, Frieden schließen zu können; denn was hätten sie gegen die mächtige Armee und die kriegskundigen Generäle Frankreichs, die eben im Begriffe waren, die halbe Welt zu erobern, ausrichten können.

So wurde auch der Stand Schwyz zur neuen Ordnung gezwungen, wie das Land Tells, Uri, und Winkelrieds, Unterwalden. Man machte darnach aus den drei Urständen sogar eine Einheit, den Kanton Waldstätten, denn nun wurde die Benennung »Stand« mit dem Vornamen »Kanton« für immer vertauscht, obwohl zwar der Kanton Waldstätten selber nicht lange bestand. Kurzum, es war eine gewaltige Umwälzung und ein Neuaufbauen, dem sich, gern oder ungern, zuletzt alles im Schweizerlande unterzog.

Die zähesten Eidgenossen von 1798

Aber da gab's in den Bergländern der Innerschweiz noch ein Ländchen, das sich der heranziehenden neuen Weltanschauung und ihrem gewaltsamen Auftreten um keinen Preis anbequemen wollte. Lieber sterben! hieß es da. Und halten es alle anders, und wenn auch das mächtige Bern, das starke Land Stauffachers um die Mythen sich ergeben hat, und wenn die ganze ungeheure französische Armee auf uns losrückt, wir geben nicht nach. Wir wollen diese ganze Revolution bekämpfen, hau's oder stech's, auf Leben und Tod.

Das Völklein, das also heldenmäßig redete und sich mehr denn von Stahl und Eisen dünkte, waren die Unterwaldner nid dem Kernwald, die Nidwaldner.

Wohl hatten sich auch noch andere Eidgenossen, so im Rheintal, in Appenzell und anderwärts, gegen die neue Verfassung der helvetischen Republik erhoben, aber sie wurden von den französischen Bajonetten und Kanonen ziemlich leicht zum Schweigen gebracht.

Nicht so die Nidwaldner, die sich im Besondern auch für den Glauben ihrer Väter bis aufs Messer wehren wollten.

Sie rüsteten sich also, Mann und Weib, gegen das französische Heer, das unter General Schauenburg anrückte. Und alsdann wurde ein verzweifeltes Ringen, ein Kampf bis auf Nagel und Zahn, bis auf den letzten Blutstropfen, von diesem wütend gewordenen Hirtenvolk ausgefochten. Man kämpfte am See und bis hinauf ins Gebirge drei Tage lang. Hart und opferreich wurde der Sieg der französischen Übermacht. Tausende aus dem französischen Heere kamen um, aber endlich unterlagen die Nidwaldner nach der blutigen Schlacht im Drachenried.

Dann, oh, dann zeigten sich alle verruchten Dämonen, die den Menschen zum Tier machen. Die Sieger wüteten schrecklich in Stans, im ganzen Nidwaldner Ländchen. Sie brannten Dörfer und Weiler nieder. Alles wurde hingeschlachtet, auch die Frauen, die an der Seite ihrer Männer als echte Nachkommen Winkelrieds gekämpft hatten. Nidwalden verblutete fast unter namenlosen Gräueln. Das war am 7., 8. und 9. Herbstmonat und das Ende der alten Eidgenossenschaft.

Merkwürdige Erlebnisse aus den Nidwaldner Kämpfen

Eine Frau von Ennetmoos hatte sich am Morgen des Schlachttages, am 9. Herbstmonat 1798, mit ihren Kindern zu Bekannten nach Stans geflüchtet und sich dort mit ihnen in einem Keller verborgen. Aber ihr zwölfjähriger Knabe stieg während des Mordios und Furios, das durch alle Gassen heulte, zur Haustüre hinauf. Eben rückte eine Rotte Mordbrenner aufs Haus los. Die Magd wurde erschossen, und die entmenschte Horde stürmte in den Hausflur. Aber der kleine Nidwaldner war durch den Haufen der Soldaten gedrungen, und in der Gasse hing er sich an den Schwanz eines Offizierspferdes und schrie, bis der Offizier anhielt und fragte: »Was willst du denn, Kleiner?« – »Komm«, schrie der Knabe verzweifelt auf, »hilf meiner Mutter!«

Und siehe da, der Offizier stieg vom Ross, ging mit dem Knaben ins Haus und rettete die ganze Familie.

Unweit Stansstad lebte ein ärmlicher Greis. Er hieß Kaspar Engelberger und wurde nur der alte Trommler genannt. Der Alte hatte zwei Söhne und eine Tochter. Der jüngere Sohn war mit der Gicht behaftet, und diesen und den greisen Vater pflegten die beiden ältern Kinder.

Als nun im Jahre 1798 die Franzosen auch gegen Unterwalden vorrückten, raffte sich der alte Talmann auf. Er gürtete seine Trommel um und schlug und wirbelte Sturm weit im Lande herum. Der ältere Sohn aber war mit den Scharfschützen ausgezogen und also nur die Tochter zur Besorgung des gichtkranken Bruders daheim geblieben.

Der Morgen des furchtbaren 9. September erschien. Kaum war nun der alte Trommler, nach den so unglücklich verlaufenen Kämpfen, zu Hause angelangt, stürmte auch schon der rasende, blutlechzende Feind in die Stube. Der Greis sollte sofort Geld hergeben; aber das konnte er eben nicht, da er ja keines hatte. Während er nun den wütenden Franzosen Kisten und Kasten öffnete, hörte er hinter sich einen Schuss, und nun musste er sehen, wie seine Schwester und sein kranker Sohn sich in ihrem Blut wälzten. Er selber wurde durch Kolbenstöße zu Boden geworfen, wo er liegen blieb. Seine Tochter aber, die noch Zeit gefunden hatte, sich zu verstecken, hörte es nun unheimlich prasseln und brennen im Häuschen. Sogleich eilte sie zu ihrem Vater und half ihm auf und ins Freie. Aber kaum waren sie aus dem aufflackernden Gebäude, stürmte eine andere Horde Soldaten heran, und einer von ihnen hob den Säbel, um den wehrlosen Alten niederzuhauen. Da umschlang die Tochter den Franzosen und schrie verzweifelt auf: »Bring mich um, du Unmensch, meinetwegen! Aber solang ich lebe, sollst du deine Hand nicht an den Vater legen.«

Und nun kam ihr ein edler Soldat, deren es unter diesem Kriegsvolk doch auch gab, zu Hilfe. Er schlug dem andern den Säbel aus der Faust und geleitete die tapfere Tochter mit ihrem Vater auf ein Schiff, das sie nach Luzern in Sicherheit brachte.

An diesen Kämpfen nahm auch ein Fischer, namens Ludwig Fruonz, als ein Führer seines Volkes teil. Er hatte 18 Jahre hindurch in Frankreich Kriegsdienste getan, weshalb ihm seine Landsleute denn auch zu Hause einen Anführerposten übertrugen. Er war auch ein ganzer Hauptmann, der im Kampf aushielt bis ans Ende. Aber da gelang's den Franzosen, ihn zu fangen, und also wurde er am 10. September in das Wirtshaus zur Krone in Stans gebracht.

Als er nun in die Wirtsstube trat, erkannten in ihm die französischen Offiziere sofort ihren einstigen Kameraden.

Sie brachen in ein Gelächter aus, da sie ihn gefangen sahen, und überschütteten ihn mit Hohn und Spott.

Da erhob sich Klara Jann, die Tochter des Hauses, ein wahrer Schutzengel ihrer Heimat, trat, zum Erstaunen der französischen Offiziere, auf den gefangenen Nidwaldner Ludwig Fruonz zu, und ihm auf die Schulter klopfend, rief sie aus: »Sei mir willkommen, mein wackerer Kommandant!« Und sogleich wandte sie sich an den französischen Obersten und sagte: »Herr Oberst, was würdet Ihr als braver Mann und Held getan haben, wenn die Unterwaldner in Euer Land gefallen wären? Das Gleiche aber, was Ihr getan hättet, das tat dieser Ehrenmann für sein Vaterland.« Und nun befahl der Oberst, ihn loszubinden.

Weiteres aus der Franzosenzeit

1. Edelmut

Die Franzosen hatten es nun dazu gebracht, dass unser Schweizerland zum Kriegsschauplatz für die europäischen Heere wurde, was vielleicht hätte verhindert werden können, wenn unser Land, wie heute, ein einheitlicher Bundesstaat mit einer gemeinsamen Armee statt einem losen Staatenbund gewesen wäre. Nämlich in diesem Staatenbund war, zum Ersten, unter den die große Mehrzahl bildenden, bevogteten Eidgenossen kein rechter Wille, keine Begeisterung zur Abwehr vorhanden, und zum Andern hatte jeder Stand oder »Ort«, sogar das kleine Zug, sein eigenes Militärwesen. Nun aber war die Schweiz ein rechter Hexenkessel geworden, in dem's donnerte und blitzte von auswärtigen Heeren, die sich bekriegten. Ein russischer General, Suworow, zog sogar mit einer ganzen Armee über die Alpen in unser Land hinein. Da hatten jetzt unsere Urgroßväter und Urgroßmütter den schweren Schaden. Die helvetische Republik mit ihrem Direktorium in Aarau aber war noch zu jung und zu ohnmächtig, um diesen kriegerischen Gästen zu zeigen, wo der Zimmermann das Loch gemacht hat.

Zu dieser Zeit, im Winter 1798/99, zog, bei gar bösem Unwetter mit Frost und Schnee, eine kleine französische Heeresabteilung über den St. Gotthard. Es fehlte aber an Leuten, die für die Truppen den Proviant über den hohen Berg hätten tragen können. Man nahm hiezu, wen man erwischen konnte. So wurde ein junger Mann, namens Franz Danioth, von einem französischen Offizier in Amsteg unter vielen Misshandlungen zu diesem schweren Dienst gepresst. Der so schlecht behandelte Bursche machte nun sein Ross zurecht und zog mit schwerer Last mit dem französischen Militär im Schneesturm über den Berg.

Bei Ursern war Danioth etwas zurückgeblieben. Als er darnach höher ins Gebirg hinauf kam, fand er einen Menschen, der halb erfroren im Schnee lag. Da sah der Urner Bursche, dass dieser zurückgebliebene Mann jener französische Offizier war, der ihn zu Amsteg so sehr misshandelt hatte. Aber der brave Sohn der Berge kannte kein Rachegefühl. Er nahm den Erstarrten auf seine starken Schultern und trug ihn so den rauen Bergweg hinauf, bis er die französischen Mannschaften zu erreichen vermochte.

Als er den Offizier nun vom Tode des Erfrierens gerettet und bei seinen Kriegsgenossen in Sicherheit sah, sagte er lächelnd zu ihm: »Gelt, nun stoßest du mich aber nicht mehr?«

Der französische Offizier war tief beschämt und segnete den wackern jungen Bergschweizer von Herzen.

Die Franzosen erschienen auch an den Graubündnergrenzen. Von Österreichern unterstützt, rüstete sich das Volk zum Widerstand. Am 7. März 1799 stürmten im Bündner Oberland die Glocken. Es waren 1500 Franzosen von Uri her und 500 aus dem Tessin herauf ins Land eingebrochen.

Die mit Flinten bewaffneten Bergbauern und eine Abteilung Österreicher, die in der Talebene standen, wurden vom Feind ins Dorf Disentis, wo das uralte Kloster steht, zurückgedrängt. Man sprach bereits von Ergebung oder Rückzug. Da stürzte mit einem Mal wie eine Lawine der Bündner Landsturm, mit schlagfertigen Keulen und Morgensternen, von den Höhen auf die Franzosen herab.

Alles, was nicht schleunigst sich zu retten vermochte, wurde erschlagen.

Allein die Siegesfreude dauerte nur kurz. Die Hauptmacht des französischen Heeres war unterdessen in Chur eingezogen, und nun begann man von dort aus auch das Oberland zu besetzen. Und alsdann wurde das Volk mit unerträglichen Steuern zur Verzweiflung gebracht.

Jetzt erhoben sich die Bündner Oberländer noch einmal. Sie fielen über die Franzosen her und richteten ein großes Blutbad unter ihnen an. Selbst die Verwundeten und Gefangenen wollten sie nicht schonen. Der Pfarrer von Disentis, der für sie bat, musste vor der Wut der Bevölkerung sogar in die Kirche fliehen. Schon schienen die Gefangenen, die kniefällig um Gnade flehten, verloren, da trat ein alter Mönch unter die rasenden Bauern und rief aus: »Wollt ihr Blut, so nehmt das meinige! Wenn ihr der Gefangenen nicht schont, so wird ihr Blut zum Himmel um Rache schreien.«

2. Die herzhafte Bündnerin

Als am 2. Mai 1799 die Franzosen den bündnerischen Landsturm von Chur zurückwarfen und ihn verfolgten, hielt dieser am obern Ausgang des Dorfes Ems stand. Jetzt rückten die Franzosen heran, und ihnen voraus fuhren die Kanonen.

Da sprang ein Mädchen von einundzwanzig Jahren, Anna Bühler, mit einer Keule bewaffnet, aus einem Hause. Sie stürzte sich auf die Rosse der ersten Kanone und schmetterte den Stückknecht nieder. Flugs war sie auch an der zweiten Kanone, und schon hieb sie mit ihrem Knüttel auch den dortigen Reiter aus dem Sattel. Und da die Gasse eng war und die Kanonen den Pass versperrten, konnten die Franzosen nicht so rasch an die wütende Bündnerin kommen. Dagegen rannten jetzt ihre Landesgenossen, die staunend diesem Mädchen zugeschaut hatten, wie das böse Wetter über die Kanonen her, und es gelang ihnen, den Feind wieder zum Dorfe hinauszuwerfen.

3. Der mutige Knabe

Um jene Zeit erhoben sich auch die Schwyzer im sogenannten Hirthemdenkrieg noch einmal gegen die Franzosen, die ihr Land besetzt hielten und sie bedrückten. Aber der Aufstand wurde rasch und leicht gedämpft.

Es bekriegten sich damals aber in jenen Gegenden die Franzosen, Österreicher und Russen.

Und als nun im August 1799 die Österreicher vor den Franzosen aus dem Land Schwyz zurückweichen mussten, flohen die meisten Landleute in die Berge. Ein Senn, Anton Ulrich, der zu Steinen wohnte, war zu dieser Zeit auf einer Alp in der von den Österreichern besetzten Gegend abwesend. So floh denn seine wehrlose Frau Elisabeth mit ihren zwei Kindern und ihrer Schwester Katharina auf den Urmiberg. Jede trug einen Korb. Die eine hatte die Lebensmittel mit sich, die andere etwas Gerät und Schmuck. Das vierjährige Büblein aber trug das Kleidchen für seine kleine Schwester.

Als sie hoch am Berg, unter Buchen und Felsen, eine Höhle fanden, sagte Elisabeth: »Hier wollen wir bleiben; die Höhle schützt uns vor Wind und Wetter.« Sie ließ sich also nieder und suchte das weinende Kindchen mit einem Stück Brot schweigen zu machen.

Plötzlich stürzten aus dem Bergwald zwei französische Soldaten auf das Grüpplein der Flüchtigen zu. »Ha«, lärmte der eine in deutscher Sprache, »haben wir da wieder so ein Häuflein gefunden. Gebt her, was ihr bei euch habt, sonst ergeht's euch schlimm!«

Elisabeth drückte ihr Kind fest an sich, ihre Schwester aber schob den Soldaten die Körbe hin.

Wie nun der kleine Franz das sah, setzte er sich flugs auf den Korb mit den Kleidern. Aber einer der Kriegsgesellen wollte das Gewand unter ihm weg an sich reißen. »Nein, nein«, schrie der Franzeli auf, »das sind meines Schwesterleins Kleider, die sollst du nicht haben!« Wüst auflachend, stieß der Soldat das Büblein vom Korb. Aber da der Kleine nun erkannte, dass seine Abwehr nichts nützte, umfasste er des Franzosen Knie und jammerte: »Ach, lass doch meinem armen Schwesterlein sein Gewand, nimm lieber meinen Rock und gönne dem Kind die Kleider! Es müsste ja sonst erfrieren.«

Und nun war der grimmige Soldat auf einmal wie verwandelt. Er blickte auf den Knaben nieder, der sich an ihn anklammerte und seine Füße mit Tränen überströmte: »Nein, mein gutes Kind, dir nehme ich nichts, dein Schwesterlein soll seine Kleidchen behalten.« Und mit Tränen in den Augen drückte er den Franzeli ans Herz.

Die Mutter und ihre Schwester wollten ihm danken, aber, sie unterbrechend, sagte er: »Verlasst euern hiesigen Aufenthalt und kommt mit uns in euer Dorf. Wir wollen bei euch Quartier nehmen und euch beschützen. Beeilt euch, auf dass uns in eurem Heim niemand zuvorkomme.«

Hoch beglückt folgten die Flüchtlinge den Soldaten ins Tal hinunter und ins verlassene Dorf, in dem schon mehrere Häuser ausgeplündert waren. Aber ihr Häuschen blieb verschont; denn die paar französischen Soldaten beschützten sie und ihr Hab und Gut, bis sie mit den fremden Truppen wieder abziehen mussten.

Ein Seelsorger

Es kam nun die Zeit, in der sich die Schweizer nicht nur mit dem Schwert vor der Welt, sondern immer mehr auch auf geistigen Gebieten auszeichneten, als Wegbereiter für höheres Geistesleben, so als Denker, Forscher, kurz, als geistig Schaffende mancher Art, denen dann noch später große Dichter, große Maler und andere bedeutende Männer folgten.

Also in jenen Tagen, da im deutschen Reiche Goethe, Schiller und andere hervorragende Geister wirkten, lebte in Zürich unter andern hellen Köpfen auch ein Mann, der sich durch seine eigentümlichen Anschauungen über den Zusammenhang der Schädelbildung mit den geistigen Eigenschaften des Menschen einen großen Namen machte. Dieser Mann war der reformierte Pfarrer Johann Kaspar Lavater. Dieser Pfarrherr hatte die Gewohnheit, täglich in der Bibel zu lesen und für einen jeden Tag sich einen Wahlspruch zur Nachachtung zu merken.

Eines Tags nun las er seiner Frau aus der Hl. Schrift vor: »Gib dem, der dich bittet, und wende dich nicht von dem, der von dir entlehnen will.«

»Wie ist das zu verstehen?« fragte den Pfarrer seine Gattin. »Wie es da steht«, antwortete Lavater.

In diesem Augenblick betrat eine arme Witwe das Pfarrhaus und bat um Gotteswillen um ein Darlehen von sechs Talern. Sie habe wegen Krankheit lange nichts verdient und könne den Hauszins nicht bezahlen. Der Pfarrer aber wies sie freundlich ab, hieß sie jedoch vor der Türe warten.

Jetzt trat seine Gattin zu ihm in die Stube und fragte: »Wie heißt doch der Spruch, den du mir eben aus der Bibel vorgelesen hast?« — Lavater antwortete: »Gib dem, der dich bittet, und wende dich nicht von dem, der von dir entlehnen will, und«, fügte er schalkhaft hinzu: »Willst du etwa den Ring vom Finger geben?« — »Mit Freuden«, erwiderte sie und streifte ihren Ring sogleich ab. »Ist's dir denn wirklich Ernst mit dem Ring?« fragte der Pfarrer betreten. »Ja«, antwortete die Gattin, »du hättest aber allerdings noch mehr als sechs Taler im Kasten.«

Jetzt umarmte Lavater seine Frau und sagte: »Du bist gerechter als ich; behalte deinen Ring, ich bin beschämt.«

Hierauf gab er der wartenden Witwe die sechs Taler. Seine Frau aber sprach nachher zu ihm: »Solange ich noch Schmuck habe, darfst du zu keiner armen Seele sagen, du könnest ihr nichts schenken.«

Im September 1799 rückten die Franzosen, die eben die Österreicher und Russen völlig geschlagen hatten, wieder in Zürich ein. Dabei wurde Pfarrer Lavater also von der Kugel eines Franzosen getroffen, dass er sich davon nie mehr ganz zu erholen vermochte. Es gibt aber noch ein schönes Geschichtlein vom Tod dieses edlen Mannes.

Nämlich mit Ende Januar des folgenden Jahres durfte Lavater das Zimmer nicht mehr verlassen, und sein Zustand wurde von Tag zu Tag ernster. »Ich mag den, der die tödliche Kugel auf mich abschoss, nicht kennen«, sagte er oft, »aber wohl wünschte ich, dass ich ihn wissen lassen könnte, wie ich ihm von Herzen verzeihe.«

Am Neujahrstag 1801 erlöste den wahrhaft guten Pfarrer der Tod von seinen Leiden.

Der Bergsturz von Goldau

Der Rigi gegenüber steht der Rossberg mit dem Wildispitz, dem Gnippen und dem Ruffiberg. Im tiefen Grund aber, zwischen den beiden Gebirgen, liegt Goldau.

Was war das einst für eine liebliche Landschaft, die zu beiden Seiten schöne Seen, den kleinen Lowerzersee und den wunderlich blauen Arther- oder Zugersee hatte und noch hat! Aber die vormaligen, von Kirschblüten umleuchteten braunen Häuser und Tätschhäuschen sind spurlos verschwunden; denn heute liegt das einstige herrliche Goldauer Tal samt seinem idyllischen Dorf und den Weilern Busingen und Rotten unter haushohen Nagelfluhfelsen begraben.

Schon seit langer Zeit hatten die Hänge des Gnippen und Ruffibergs unruhig zu werden angefangen. Immer wieder rollten Blöcke und kleineres Gestein zu Tal, und der Bergwald neigte sich immer auffallender. Auch zeigten sich in Weid und Wald Risse und Spalten, was die Hirten, die dort oben umgingen, nachdenklich stimmte. Aber sie dachten, es werde sich schon wieder bessern; denn sie schrieben all das dräuende Unheil, den zeitweiligen Niedergang von Steinen usw., der Bosheit gespenstiger Kobolde und Unholde aller Art zu, von denen sie die Berge bevölkert glaubten.

Es war am 2. Herbstmonat 1806, nach langem Regenwetter. Da horchten die Goldauer erschrocken auf, denn der Berg ob ihnen schien wieder einmal ungewöhnlich aufgeregt. Nein, diesmal tat er auch gar wüst, als ob alles tote Gestein lebendig werden wollte und die Erdmännchen hoch oben ein Steinstoßen ins Tal abhielten. Es krachte ab und zu unheimlich, und nachmittags gab's allerlei geringere Erdrutsche. Aber gegen 5 Uhr abends lösten sich auf einmal ganze Felsen, und grausig war's zu sehen! Der Tannwald schien, wie von einer Riesenhand getragen, durch die Luft gegen die Rigi hinüber zu schweben. Und jetzt donnerte und brauste es daher, der ganze Berg kam.

Entsetzt heulten die Goldauer auf, von denen ein Schwarm bei der Kirche zusammengelaufen war, und dann war's aus. Eine ungeheure Staubwolke bedeckte das Tal, und als sie sich verzog, lag das fruchtstrotzende, prächtige Tal von Goldau mit seinen Dörfchen und all seinem Leben unter einer grauenhaften Wüste von Felsen, Schutt und Schlamm. Auch vom Lowerzersee war ein gutes Stück verschwunden. Ein schrecklicher Bergsturz, ein Erdrutsch größten Ausmaßes, wie einst jener, der Plurs im Kanton Graubünden und seine Bewohner begraben hatte, bedeckte die goldene Au und mit ihr 457 Menschen und all ihr Hab und Gut.

Unter diesen vielen Verschütteten befand sich auch eine vornehme Hochzeitsgesellschaft aus Bern. Nur einige Teilnehmer, die etwas zurückgeblieben waren, wurden gerettet. Auch von den Talleuten selbst kamen einige mit dem Leben davon.

Nämlich im Hofgut zum Unterlindenmoos wohnte ein Bauer mit seiner Frau und fünf Kindern und einer Magd. Als der Vater das kommende Verderben merkte, ergriff er zwei seiner Knaben und, indem er seiner Gattin zurief, sie solle ihm schleunigst folgen, eilte er bergan davon. Aber die Mutter wollte den schlafenden Säugling holen, und die Magd lief nach dem Töchterchen. So entging der Hirte mit seinen Buben knapp dem Bergsturz. Als nun alles vorüber war, kehrte er so schnell als möglich dahin zurück, wo er wusste, dass sein begrabenes Haus gestanden hatte. Und weil das am Rande der Trümmerwelt war, gelang es ihm, einzudringen, und da fand er seine Gattin mit dem Kindchen tot vor. Laut jammerte er auf. Aber nun vernahm er ein wimmerndes Beten und erkannte darin die Stimme seines Töchterchens. Mit verzweifelten Anstrengungen gelang es ihm, zu dem Kind zu kommen und es zu retten. Das aber sagte ihm, die Magd werde auch noch leben, denn es habe mit ihr sprechen können. Also suchte der Bauer von Neuem im Schutt und fand auch die Magd, die schrecklich zwischen dem Gestein eingeklemmt war, noch lebend, und auch sie konnte gerettet werden. Sie erzählte nachher, sie hätte gemeint, der jüngste Tag sei gekommen.

Noch vieles ließe sich hier erzählen.

Heute ist auf dem Riesenhaufen haushoher Felsblöcke und übereinandergedonnerten Gesteins, das von Tannen und Föhren überwachsen und zu einem Teil in einen einzigartigen Wildpark verwandelt worden ist, ein neues Dorf Goldau erstanden, und es fahren die Bundesbahnen über das große und tiefe Grab mit tausendfältigem Leben dem sonnigen Süden zu.

Ein Geschichtschreiber

Es ist etwas Schönes um einen Dichter, der uns Geschichten zu erzählen weiß, die uns unterhalten, das Herz fröhlich oder gut oder vielmehr beides machen, und die uns den Geist heben und fortentwickeln. Aber nicht nur der Geschichtenschreiber, auch der Geschichtschreiber ist, wenn er dazu von Gott berufen ist, (wie etwa jedermann seine Sendung haben mag), ein gar wertvoller Nächster. Oder ist's nicht etwas, das uns fesseln muss, von den Historikern zu vernehmen, wie's vor uns und zurück bis in die vorgeschichtlichen Zeiten in der Welt zugegangen ist und wie alles gekommen sein könnte.

Und da hatten wir denn in der Schweiz für die Geschichte unseres Landes einen Geschichtschreiber, der seines Ruhmes wert ist. Er war ein Schaffhauser, aus der kleinen und feinen Erkerstadt am Rhein, und hieß Johannes Müller. Auch er scheint in seiner Art ein Wunderkind gewesen zu sein, wie seinerzeit Albrecht Haller. Ich will also von diesem hochverdienten Schaffhauser Geschichtschreiber ein wenig erzählen.

Am 3. Januar 1752 wurde Johannes Müller geboren. Sein Vater war in der kleinen Stadt am Oberrhein Prediger, wohl der richtige Vorläufer eines Historikers, der ja gar die Menschen und ihre Schicksale tausendfach predigen lässt. Johannes war ein zarter Knabe, aber ungemein beweglich und wissbegierig. Sein mütterlicher Großvater, ebenfalls ein Geistlicher, besaß eine größere Bibliothek und eine reiche historische Kupferstichsammlung. Bei diesem Großvater holte sich der Kleine viel. Alle Hauptereignisse der Schweizergeschichte wusste das Büblein schon zu erzählen. Einst zeigte ihm der Greis eine Reihe von Bänden, die er mit eigener Hand geschrieben hatte, und sprach zu ihm: »Schau, Hansli, das alles habe ich für dich zusammengetragen. Ich schenke es dir, lies fleißig drin und trage Sorge dazu!« – »Ein solches Buch will ich auch schreiben, Großpapa«, war die Antwort. An der Hochzeit eines Vetters bestieg der fünfjährige Knabe eine Bank und hielt zur Verwunderung der

ganzen Gesellschaft einen Vortrag aus der Schweizergeschichte. Und kaum hatte er ein wenig schreiben gelernt, so verfasste er schon die Geschichte seiner Vaterstadt in Fragen und Antworten.

Als Johannes sieben Jahre alt wurde, trat er in die Schule. Im Lateinischen half ihm sein Vater nach, und auf Spaziergängen soll er sich mit ihm oft in dieser Sprache des alten Rom unterhalten haben. Er wurde der Liebling seiner Lehrer und der hilfsbereite Freund seiner Mitschüler. Er besaß, was ja für einen Geschichtschreiber unerlässlich ist, ein erstaunliches Gedächtnis. Selbst im Alter wusste er die Krönungs- und Todestage aller Fürsten der vier Weltmonarchien und der europäischen Staaten, die Geburtstage aller Bürgermeister und aller Kirchenvorsteher Schaffhausens noch herzusagen. Die Schriften der alten Römer aber entzündeten in dem Studentlein die Liebe zu Freiheit und Vaterland. In seinem sechzehnten Jahre hatte er an einem Schulfest eine Rede zu halten. Die Wahl seines Stoffes, die Glut seines Vortrags und die Einfachheit seiner Darstellung setzten die Zuhörer ebenso in Erstaunen wie die Klarheit seiner Gedankenwelt, die Selbstständigkeit und Treffsicherheit seines Urteils und der Reichtum seiner historischen Kenntnisse.

Er besuchte die Hochschule von Göttingen. Aber bei all seinem Streben nach Wissen und Betätigung lag ihm die Geschichte seines Schweizerlandes am meisten im Sinn. Ihr widmete er sein ganzes Wissen und Können. So kam's, dass er das so wertvolle Geschichtsbuch, von welchem er als fünfjähriges Büblein geträumt hatte, wirklich schreiben konnte.

Die Anerkennung allum blieb nicht aus. Aber vielleicht war dem ausgezeichneten Mann doch das nachstehende kleine Erlebnis der willkommenste Dank für all sein Mühen um die vaterländische Geschichte.

Johannes Müller machte einst eine Fußwanderung durch die Kantone der drei alten Waldstätten. Eines Tags trat er in eine Bauernhütte. Von ihr aus konnte man die Ruine einer Burg sehen. »Wie heißt dieser alte Stammsitz, und von wem wurde er erbaut, bewohnt und zerstört?« fragte der Gelehrte den Hirten. Und siehe da, auf alle diese

Fragen erhielt er die richtige Antwort. Das wunderte den Historiker, und so fragte er den Bauer weiter: »Von wem wisst Ihr das?« – »Heja«, kam ihm der Bescheid, »ich habe es in dem Buch gelesen, das Johannes Müller von Schaffhausen geschrieben hat.«

Der Landvogt von Greifensee

Die Landvögte mögen heißen, wie sie wollen, Geßler oder Landolt, wir wollen sie uns heute und zu keinen Zeiten gefallen lassen. Aber da es nun einmal Landvögte gegeben hat, so muss doch auch gesagt werden, dass darunter solche waren, die dem Volk das Joch leichter machten und die sich durch hohe Werte des Geistes und Herzens auszeichneten. Und deswegen möchte ich von einem zürcherischen Landvogt, von Salomon Landolt, etwas Weniges erzählen.

Einstimmig ernannte ihn der Rat von Zürich im Jahre 1781 zum Landvogt in Greifensee. Dort zeigte er sich sehr bald als weiser Regent. Nämlich damals, wie da und dort heute noch, war das junge Volk auch in jenen Gegenden dem Kartenspiel gar sehr und etwas zu sehr ergeben, besonders am Sonntag. Der Landvogt Landolt hielt aber dafür, ein gelegentliches Kartenspiel in Ehren sei niemand zu wehren, aber man könne das, wie noch manches, übertreiben. Es gebe denn doch noch weit bessern und für Leib und Seele bekömmlichern Zeitvertreib als diese ewige, im Ganzen genommen ziemlich nichtssagende Kartenspielerei. Hätte er den Sport damals gekannt, das Turnen, Bergsteigen und anderes und gar das Skifahren, das ja erst Ausgangs des 19. Jahrhunderts bei uns aufkam, so würde er dem Jungvolk schon den Weg gezeigt und ihm gesagt haben, wo und wann und wie. Aber der körperliche Sport, den ich hochschätze, über dem aber das Geistige ja nicht vernachlässigt werden sollte, wie's jetzt mancherorts der Fall ist, war damals noch nicht in den Köpfen der Jugend. Landolt wusste jedoch gleichwohl ein Mittel gegen die törichte Kartenspielsucht und Wirtsstubenhockerei. Er ließ einfach am Sonntag, vor- und nachmittags, in seinem landvögtlichen Schloss Greifensee Gesangsübungen halten. Und willig kamen die jungen Leute beider Geschlechter zu ihm und wetteiferten bald mit ihren Gesangskünsten. So unterblieb das unmäßige Kartenspielen. Und der »Schellenunter« oder »Chöpferölli«, wie wir im Bergland sagen, musste sich in der Wirtin Kommodentruhe zurückziehen. Das Jungvolk aber gewann augenscheinlich an äußerer und innerer Haltung. Der Landvogt gab auch zur Aufmunterung allerlei Feste, die bald auf dem See, bald im Schloss abgehalten wurden.

Müßiggänger hielt dieser Salomon von Greifensee unerbittlich zur Arbeit an. Da war einmal ein Schneider in seiner Gegend, der wenig arbeitete, aber fleißig blauen Montag machte und seine Familie darben ließ. Da ließ ihn der Landvogt, aber nicht hoch zu Ross, aufs Schloss kommen. Hier musste er nun arbeiten, gern oder ungern, wofür er in aller Ordnung bezahlt wurde. Und schau, nach einigen Wochen hatte er ein schönes Sümmchen verdient. Das machte ihn rege und arbeitsam. Er wurde haushälterisch und hielt sich fortan so, wie sich's für einen Mann, der für eine Familie zu sorgen hat, von selbst verstehen sollte.

Eines Tags war ein Waisenknabe von Greifensee von seinen Stiefbrüdern beim Landvogt verklagt worden. Hunger und Elend blickten dem armen Buben aus den Augen. Landolt fuhr ihn hart an, schickte aber die klägerischen Brüder weg, sagend, er wolle das ungeratene Bürschlein schon in den Senkel stellen. Im Herzen meinte er's jedoch anders. Er ließ dem Knaben, der Schläge erwartete, eine warme Suppe vorsetzen, die der heißhungrig verschlang. Und als er ihn gesättigt hatte, verhörte er ihn, und so brachte er heraus, was er schon vermutet hatte, dass die bösen Stiefbrüder den hilflosen Jungen also hungern ließen, dass er in seinen Nöten Lebensmittel zu stehlen begonnen hatte. Nun behielt ihn der Vogt einige Tage im Schloss, darnach ließ er ihn ein Handwerk erlernen.

Salomon Landolts Scharfsicht schien kaum etwas zu entgehen, was den Angehörigen seines Regierungsbezirks schädlich sein konnte. So verbot er das Tabakrauchen in Stall und Scheune und wo es sonst feuergefährlich werden konnte, bei einer Buße von einem halben Taler. Hierin vergaß aber mein »Hochwohlweiser und insonderheit vorsichtiger Herr Landesvater« einmal das bewährte Sprüchlein: »Was du nicht willst, das man dir tu, das füg auch keinem andern zu.« Und da er sich also mit seiner Pfeife oft selber vergaß, so befahl er seinen Knechten, auch ihn allenfalls an seine Pflicht zu mahnen. Als er nun eines Tags mit der Tabakpfeife, gar wohlgemut und tüchtig Wolken machend, in seine Stallungen ging, um nach dem Vieh zu sehen, sagte ein Knecht zu ihm: »Nichts für ungut, Herr Landvogt, aber nach Euerm eigenen Verbot solltet Ihr nicht also mit der brennenden Pfeife in den Stall kommen.« -Der Landvogt wurde betreten, sagte aber gleich: »Jawohl, du hast recht, du bist ein braver Kerl.« Und ihm einen halben Taler einhändigend, setzte er bei: »Da nimm die Buße, die ich wohl verdient habe.«

Eines Tags erschien das Weib eines Untervogtes bei Landolt. Sie brachte ihm ein Kalbsviertel, durch welche Gabe sich ihr Mann, der bäuerliche Schläuling, bei seinem Vorgesetzten beliebt machen wollte. Nun ließ der Landvogt der Bäuerin eine Flasche Wein aufstellen und von dem geschenkten Fleisch einen Teil kochen. Als sich dann die Frau des Untervogts verabschieden wollte, sagte Landolt zu ihr, entweder müsse sie im Gefängnis das Kalbsviertel bis auf die letzte Faser aufessen oder es warm und kalt wieder mit nach Hause nehmen. Erschrocken packte die Frau das Kalbsviertel wieder ein und machte, dass sie davon kam. Ihr Mann, der Untervogt, wird darnach kaum mehr einen Bestechungsversuch probiert haben.

Jedermann achtete den gerechten und guten Landvogt. Darum sagten die Bauern allgemein, als er von ihnen abberufen wurde, sie wollten sich keinen andern als ihn zum Regenten wünschen. Und einer aus ihnen sprach: »Ihr wisst, dass er mich einmal wohlverdienterweise an den Pranger stellen ließ. Aber ich bin der Erste, der dem strengen Landvogt die Stimme gäbe, denn er ist ein gerechter Mann und straft keinen, der's nicht verdient hat.«

Im Jahre 1795 wurde Salomon Landolt Landvogt zu Eglisau. Um sein Volk kennenzulernen, ritt er zuerst fleißig im Land herum und machte Bekanntschaft mit allen Ständen seiner Unterstellten. Die Mutter eines seiner Untergebenen, die ihn hie und da besuchen durfte, war eines Tags eben wieder bei ihm zu Besuch. Da speiste sie nun in zahlreicher Gesellschaft. Von anstrengenden Nachtwachen am Krankenbett ihres Sohnes erschöpft, schlief sie an der Tafel ein. Das sah Landolt. Er winkte den Gästen Stillschweigen zu: »Wecke ja niemand die gute Frau«, flüsterte er, »sie hat in ihrem Leben mehr gearbeitet und gewacht als wir alle.«

Die Jahre 1798 bis 1802 waren traurige Kriegszeiten für unser Vaterland. Die fremden, sich bei uns bekämpfenden Heere schädigten unsere Heimat gar arg. Eines Tags besuchte Landolt, freilich jetzt nicht mehr Landvogt, eine Gegend unweit Zürichs, die durch den Krieg hart mitgenommen worden war. Während nun seine Begleiter sich ins Wirtshaus begaben, setzte er sich auf einen Haufen Bauholz, seine Pfeife schmauchend, und ließ sich von einem Schärlein verhudelter und ausgehungerter Dorfkinder erzählen, was sie alles während der Kämpfe der fremden Armeen zu sehen bekommen hätten. Da trug eine Magd aus einer Waschküche eine große Schüssel dampfender Suppe ins Wirtshaus, und nun wurde Landolt gewahr, wie alle Augen der Kinder sich sehnsüchtig an die Schüssel hingen. Das ging ihm ins Herz. Er rief die Magd zu sich heran, und also musste sie die Schüssel auf einen Balken stellen und rasch Löffel und Brot dazu bringen, und alsdann rief er aus: »So Kinder, jetzt aber haut drauflos!«

Das war noch ein Landvogt, vor dem man den Hut abnehmen darf. Ehre seinem Andenken!

Der Statthalter von Mallorca

Immer noch, auch im 19. Jahrhundert, nachdem doch die Verfassung und Gestalt der Schweiz sich gewaltig geändert hatte und änderte, gab's ganze Regimenter Schweizersöldner in fremden Kriegsdiensten. Die letzten waren die Schweizertruppen der Könige von Neapel. Sie hatten diese Könige sozusagen gegen ihre eigenen Untertanen zu beschützen. Um Mitte des letztvergangenen Jahrhunderts wurden die Regimenter aufgelöst. Ich habe noch diesen und jenen stramm, flott auftretenden »Napolitaner« gekannt. Sie waren darnach in der Heimat oft übel dran; denn außer dem Exerzieren hatten sie in ihrem Soldatenleben nicht viel gelernt, als etwa in den vielen müßigen Stunden Strümpfe zu stricken. Heute gibt's nur noch in Rom beim hl. Stuhl als Schutzwache und Palastpolizei eine Schweizergarde, deren junge Leute aber zugleich Studien obliegen können.

Also anfangs des 19. Jahrhunderts brachte es ein Offizier aus der alten, hoch angesehenen Schwyzerfamilie der Reding von Biberegg, Nazar hieß er, erst zum General und dann gar noch zum königlichen spanischen Statthalter der Insel Mallorca. Das war nun freilich für einen Schwyzer aus dem Hirtenland um die Mythen eine ungewöhnliche Ehre und ging noch über einen Pascha. Dieser General Nazar Reding regierte seine Insel denn auch ganz vortrefflich, und seine Schuld war's nicht, dass im Jahre 1810 ein Auflauf der Einwohner von Palma gegen die verhassten französischen Kriegsgefangenen ausbrach.

Jetzt beschützte der edle Statthalter seine Schutzbefohlenen mit eigener Lebensgefahr gegen die Wut der Bevölkerung. Er glaubte anfänglich, die Volkswut durch sein Ansehen und seine Fürsprache beschwichtigen zu können. Wie die Haufen immer mehr anschwollen und ihre Angriffslust wuchs, wurde ihm um die wehrlosen Franzosen bange, denn die Inselbewohner hatten schon Geschütz aufgefahren. Als aber eine Kanone auf die Gefangenen abgefeuert werden sollte, stellte sich General Reding vor deren Mündung. Diese heroische Tat des Statthalters dämpfte die Rachsucht des Volkes für einige Zeit, und Reding benützte dies, um die Franzosen rasch nach der Insel Caprera einzuschiffen. Der Bischof der Insel und die ganze Geistlichkeit begleiteten die Gefangenen, unter Glockengeläut, in den Meerhafen.

Aber da stürmte das Volk auf einmal dem Zuge nach, und nun gelang es dem wilden Pöbel, viele der französischen Gefangenen zu töten. Mit Not wurde es dem Statthalter Reding möglich, den Rest der Überfallenen mit seinen Schweizern vor der Wut der Volkserhebung zu beschützen und die hart Bedrängten aufs Schiff zu bringen. Er und einer seiner Offiziere wurden dabei selber verwundet.

Nazar von Reding aber erkor man, nachdem er später die Statthalterschaft der Insel Mallorca aufgab, zum Geschäftsträger der spanischen Krone bei der schweizerischen Eidgenossenschaft.

Die Wildwasser

Schweres Unglück hat sich in unserm Schweizerland immer wieder durch Überschwemmungen ereignet, wie auch durch Lawinen, die ganze Wälder wegrasierten und oft sogar Häuser mit Menschen und Ställe mit Vieh niederrissen. Es gibt Lawinen, deren Sammelort man da und dort in unsern Bergtälern gar wohl kennt, und von denen man weiß, wohin sie zielen. Auch hat man zum Schutze gegen sie große Verbauungen angelegt. Aber viel größere Verbauungen, Wehre und Sperren aller Art wurden in der zweiten Hälfte des letzten Jahrhunderts gemacht. Da wurden gar viele Flüsse, die ganze Gegenden verödeten in den Tälern, und viele Wildbäche in den Bergen und Felsenschluchten mit gewaltigen Opfern von Arbeit und Geld eingedämmt, ausgemauert und dadurch gezähmt. So konnte man weite Strecken, die von den Hochwassern vormals verheert wurden und sich mit Sümpfen, Schutt und Buschwerk überzogen, in Nutzland mancher Art verwandeln. Das bedeutete für unser Vaterland einen großen Segen.

Ich will hier nur von einem merkwürdigen Wassersturz erzählen.

Also im Unterwallis, südlich von Martinach, liegt der Zehnten Entremont, der das Tal der Dranse und mehrere Seitentäler umfasst. Das Haupttal geht nach Südosten bis zum Berg Combin, der es mit seinem acht Stunden langen Gletscher von Bagne schließt. Dieser Gletscher führt dem Fluss reichlich Wasser zu. Er überlagert die Höhen von Montpleureux und Mauvoisin, die mit ihren steilen Abhängen den obern Teil des Tals abgrenzen, so dass die Dranse nur einen engen Abfluss ins untere Tal hat. Hier nun stürzte im Frühling des Jahres 1818 ein Teil des Getroz-Gletschers, eine gewaltige Eismasse, ab. Sie verstopfte die Kluft der Dranse. Also bildete sich ein Eisdamm von viertausend Fuß Höhe, wie der Chronist meldet, und dreitausend Fuß Dicke. Seine Länge von einem Berg zum andern aber habe siebenhundert Fuß betragen. Hinter dem riesigen Eiswall entstand nun ein Stausee, der nach und nach eine Länge von zehn- bis zwölftausend Fuß, eine Breite von vierhundert Fuß und eine Tiefe von zweihundert Fuß erlangt haben soll. Er überfloss und überschwemmte so das schöne Alptal von Torembac und die Triften der Montagne les Vingt-huit.

Als das bekannt wurde, eilten Sachkundige herbei. Unter der geschickten Leitung eines Ingenieurs machte man einen Stollen, um dem See Abfluss zu verschaffen. Aber auf einmal durchbrach das gewaltige Gewässer den Eisdamm und stürzte sich verheerend zu Tal. Ungeheure Felsblöcke wurden mitgewälzt und das Land bis Martinach von der anstürmenden Flut verwüstet. Etwa fünfzig Menschen verloren dabei das Leben, und der Verlust an Behausungen, Ställen usw., auch an Vieh, war schrecklich groß.

Derartige, ungemein schädliche Ereignisse kamen in unsern Landen also immer wieder vor, so dass die Leute meinten, das werde immer so bleiben, niemand könne es ändern. Aber die Menschen und so auch das Volk in der Schweiz waren nun doch geschulter und fortgeschrittener geworden. Das zeigte sich auch in dieser Hinsicht; denn man fing an, den wilden Wassern den Meister zu zeigen.

Ein solcher Meister, von dem ich hier erzählen will, war Hans Konrad Escher von Zürich.

Nämlich zu Ende des 18. Jahrhunderts war die weite Talebene unterhalb Mollis und Näfels und dem Walensee bis weit hinab ins St. Gallische Gasterland und in die schwyzerische March hinein ein versumpftes, ungesundes Gebiet. Die Linth hatte dasselbe nach und nach also hergerichtet und mit vielen Läufen und Morästen durchzogen, die nach jedem Hochwasser zu faulenden Tümpeln wurden. Es war nicht immer so gewesen; hundert Jahre vorher noch war die Gegend voll fetter, schöner Wiesen, auf denen die Bauern gut bestehen konnten. Aber durch die fortwährenden Anschwemmungen war der Wasserspiegel des Walensees erhöht und sein regelmäßiger Auslauf gestört worden. So war's gekommen, dass die Hochwasser den Leuten etwa durch Tor und Türe hereinschwemmten und nach Ablauf ringsum einen scheußlichen Gestank hinterließen und die Luft verpesteten. Immer weiter griff die Versumpfung um sich, und das Elend der Anwohner stieg. Hätte dieser Zustand noch länger gedauert, so wäre der ganze weit ausgedehnte Talboden unbewohnbar geworden und völlig verödet.

Siehe, da erschien ein starkmütiger und geschickter Helfer. Am 1. September 1807 machte sich H. K. Escher an das große Werk, das er sich gesetzt, an die Eindämmung und Regulierung des Linthflusses, der nicht nur die Wasser des Walensees, sondern auch die nicht immer weiße Gletschermilch aus den Glarner Schneebergen in diese riesige Ebene gen Tuggen hinunterwälzte.

Schon lange hatte Escher Vorbereitungen für die Linth-Verbauung getroffen. Er hatte im Sinn, die Linth von Mollis an durch einen Kanal in den Walensee zu führen, wo sie ihr Geschiebe unschädlich würde ablagern können, und sie alsdann von Weesen aus durch einen weitern, schiffbaren Kanal durch die große Ebene des Gasterlands in den obern Zürichsee zu leiten. Escher verstand es, die ganze Schweiz für sein großes Unternehmen zu gewinnen.

Und nun möchte ich von diesem seltenen Mann einiges berichten, das so recht zeigt, wer er war und was solche Leute wert sind.

Eines Morgens früh war Escher in Regen und Wind bei den Arbeiten an seiner Linthunternehmung tätig, denn er hatte die Oberaufsicht selber. Da begegnete er einem Arbeiter, der ihm einen guten Tag wünschte. Escher dankte ihm. »Herr Präsident«, sagte nun der Arbeiter, »warum bleiben Sie doch bei solchem Unwetter draußen? Wenn ich so ein Herr wäre wie Sie, ließe ich's mir daheim Wohlsein.« Aber Escher erwiderte ihm: »Darum hat Euch der liebe Gott kein Geld gegeben, weil Ihr, wenn Ihr reich wäret, nicht mehr arbeiten würdet.«

Es war an einem regnerischen Herbstabend, als Escher in der Gegend von Bitten daran war, den Kanal auszustecken. Da wollte eine Abteilung Arbeiter das Wasser von sich ab und einer andern werkenden Gruppe zuleiten. Es entstand Streit. Jetzt kam Escher heran. Sogleich begab er sich selber ins Wasser und zeigte dadurch den streitenden Arbeitern, wie man solche Beschwerden allenfalls auch ohne Zank, ja gleichmütig ertragen könne.

Eines Tags war ein Aufseher von Benken von ihm auf morgen früh zur Vermessung bestellt worden. Escher war pünktlich da, aber der Aufseher ließ sich nicht blicken. Nach Langem aber erschien er und wollte sich entschuldigen. Da sagte Escher zu ihm: »Ihr seid den unklugen Jungfrauen zu vergleichen, die ihre Lampen nicht zur rechten Zeit füllten. Ihr hättet sie halt gestern Abend und nicht erst heute Morgen füllen sollen.« Das war, wenn auch nicht durch die Blume, so doch gut gegeben. Der Aufseher soll nie mehr zu spät erschienen sein. Was aber an diesem »Herrn Präsidenten« und Oberaufseher auch zu loben ist, war sein Ausharren im rauesten Wetter bei den Arbeitern und in seiner mühevollen Arbeit. Für kranke Arbeiter tat er sehr viel; er unterstützte sie, wie er konnte, oft auch aus dem eigenen Sack.

Am 8. Mai 1811 hatte Escher die Freude, den obern Teil des Riesenwerks, den Molliser- oder Escherkanal, in Gegenwart einer großen Menschenmenge eröffnen zu können. Wie jauchzte das Volk, als die Linth erst als ein Bächlein, dann wachsend und auf einmal als gebändigter Strom den Kanal durchfloss! Im Jahre 1822 war das ganze Unternehmen der Linthkanalisation vollendet. Und jetzt zieht die einst so tolle Linth gar brav durch herrliches Wiesen- und Ackerland, und Gesundheit und Wohlergehen sind auf die weite Linthebene zurückgekehrt.

Das Vaterland ehrte diesen wackern Baumeister H.K. Escher mit dem Ehrentitel »Escher von der Linth«, ein Adel, der auf einer gerechten Waage hundert goldene Orden und Adelsbriefe hochaufschnellt.

Der Orgelbauer

Die Musik ist doch etwas Wunderbares und eine große Wohltat für Leib und Seele. Nicht wahr, wenn wir Musik hören, so findet sie in unserm Innern ein Echo, denn alsdann spielt auch unsere Seele mit, fröhlich, traurig, je nachdem, und auch sonst je nachdem wir feiner oder weniger fein besaitete Echos in uns haben. Aber das wisst ihr doch alle, sobald eine Handorgel auch nur einen Tanz gut aufspielt, so fängt's in uns zu jubeln und zu tanzen an. Da sieht man also, was für einen großen Einfluss die Musik auf uns Menschen hat, wie sie uns trösten, erfreuen, ja begeistern kann.

Heutzutage hat man gar viele Instrumente. Man soll nur in einem Orchester nachschauen, was da alles vom Geiglein weg bis zum Saxophon und andern wunderlichen Instrumenten Musik machen hilft. Bis man aber zu dieser Vielfältigkeit kam, dauerte es lange. Die alten Eidgenossen rückten mit tierischen Hörnern, Trommeln und Pfeifen aus zu Krieg, und zu Hause im Bergland oder auf den öffentlichen »Tanzdielen« tanzte man zur Schwegelpfeife. Aber es kam dann auch die freilich schon längst bekannte Geige auf den Tanzplatz. Es erschienen die Mund- und Handharmonika usw.

Aber die Kirche besaß schon lange ein einzigartiges Musikinstrument zur Verherrlichung des Gottesdienstes und zur Erbauung der frommen Seelen: Die Orgel. Ihrem Bau und ihrer Vervollkommnung widmeten sich große Meister.

Und da möchte ich nun von einem Büblein erzählen, das auch so ein Orgelbauer werden wollte und – das ist das Verwunderliche – es durch seine Gottesgabe und sein kraftvolles Streben auch wurde. Wenn jener Knabe auch nicht in der großen Geschichte des Orgelbaus steht, so soll er doch in diesem Buch sein verdientes Plätzlein finden.

Eingangs des Jahres 1766 wurde zu Alt St. Johann im Toggenburg, wo auch ein begabter Schriftsteller, Uoli Bräcker, »der arme Mann im Toggenburg«, wie er sich selber nannte, her ist, Johann Ulrich Ammann geboren. Er war der Sohn eines Bauern, der daneben auch noch als Zimmermann sich betätigte. Schon in seiner Kindheit schnitzte der kleine Hans Uoli allerlei Gerätschaften, die man verschenkte oder verkaufte. Er mochte etwa zehn Jahre zählen, als er einen Wandermusikanten eine Art Geige verfertigen sah, die der Landfahrer den Leuten um dreißig Kreuzer verkaufte. Gleich machte sich der Kleine daran, auch solch ein Instrument herzustellen. Er brachte auch wirklich in einigen Monaten eine Geige zustande, die ihm freilich nicht genügte. Eines Tages sah er dann in einer Krämerbude auf dem Markt zu Alt St. Johann eine niedliche Pfeife. Sie gefiel ihm ausnehmend, und ein Bekannter kaufte sie ihm. Nun spielte er sie, bis sie sprang. Hans Uoli aber setzte sich hin, und es gelang ihm, eine neue Pfeife, und zwar eine ebenso gute, zu machen. Und nun schnitzte und bildete er Pfeifen mehrfacher Art, auch Schalmeien, Schwegelpfeifen und andere, wie sie die dortigen Hochtalbewohner liebten. Er verkaufte sie ihnen billig.

Da hörte er einst in der Wohnung eines Landmanns eine Hausorgel. Bewundernd und betrachtend stand er lange davor. Ach, dachte er, wenn ich doch auch so etwas fertigbrächte! Er war erst vierzehn Jahre alt, aber nun wollte er ein Orgelbauer werden. Oft besuchte er das ländliche Harmonium, um es zu studieren. Er hörte nicht auf, seinen Vater zu bitten, er möchte ihn doch die Orgelbaukunst erlernen lassen. So gingen sie denn eines Tags, sein Vater und er, nach Hemberg zu einem Orgelbauer. Aber zur großen Bestürzung des jungen Ammanns erklärte jener, ihn nicht aufnehmen zu wollen. Als Vater und Sohn wieder heimzu wanderten, ermannte sich der Junge und rief aus: »Dem Orgelbauer zum Trotz will ich nun eine Orgel bauen!« Und Hans Uoli ließ sich durch keine Widerstände abschrecken. Er machte sich ans Werk, und unter unsäglichen Schwierigkeiten brachte er nach drei Jahren eine Orgel zustand, die ihm und seinem Vater große Freude bereitete. Diese ungewöhnliche Leistung machte ihn bekannt, und jetzt bekam er alles, was zur Ausübung seiner Geschicklichkeit notwendig war.

Er zählte achtzehn Jahre, und sein Ruf als kunstfertiger Bursche verbreitete sich weitherum. Musiker besuchten ihn und erstaunten über sein Können. Ein Kaufmann in der Stadt St. Gallen rief ihn zu sich. Hans Uoli kam in seiner heimatlichen Kleidertracht und hatte ein so schüchternes Benehmen, dass der Kaufherr an ein Missverständnis dachte. Aber bald wurde er vom Künstlergeist des jungen Besuchers überrascht. Und nun lud er ihn zu Tisch. Ammann war dabei verlegen, denn die Speisen und das ganze Gehaben der Tischgenossen muteten ihn seltsam fremd an. Und als man ihm auch Salat anbot, lehnte er ihn ab, weil man, wie er sich entschuldigte, in Alt St. Johann kein Gras esse. Der Kaufmann aber, der ein großer Freund der Musik war, behielt den Burschen noch ein paar Wochen bei sich, während welcher Zeit man ihm allerlei Musikinstrumente zum Verbessern gab. Er wurde dann, bei öfterm Aufenthalt in St. Gallen, mit gebildeten, angesehenen Leuten, vorab mit Musikern, bekannt, aber auch mit Büchern und Schriften, die ihn bilden halfen. Später konnte er sich eine Zeitlang in Augsburg aufhalten, wo er sich für seine Ausbildung hohen Gewinn holte. Er kehrte dann wieder in die Heimat zurück und gelangte, besonders mit seinen Klavieren, zu hoher Anerkennung.

Heinrich Pestalozzi

Auf dem Lande gab es in frühern Zeiten selten jemanden, der lesen und schreiben konnte. Diese Fertigkeiten fand man vor allem in den Klöstern, bei der Geistlichkeit überhaupt und bei jenen nicht allzu vielen Vornehmen, die sich um die Wissenschaften interessierten. Es brauchte aber überhaupt schon einen außergewöhnlichen Trieb und eine große Begabung und Glück, bis einer aus dem Volk dazu kam, lesen und schreiben zu lernen. So mancher erfocht sich alsdann mit seiner Feder eine hohe Stellung.

Ein Hauptverdienst um die Förderung des Schulwesens, für das er zugleich Vorbild ist, hat unser berühmter Jugendfreund und Schulmann Heinrich Pestalozzi von Zürich. Er hat unsern Vätern und Großvätern schon das Tor in die Welt des Geistes so recht aufgetan, jenes schwere Tor, bei dem früher das Volk doch nur durchs Schlüsselloch ahnungsvoll gucken konnte.

Von diesem schlichten und doch so großen Mann, dessen 100-jährigen Todestag wir vor Kurzem feierten, meine ich doch etwas mehr erzählen zu sollen. Also Heinrich Pestalozzi wurde am 12. Januar 1746 in Zürich geboren. Sein Vater war ein geschickter Wundarzt. Seine Mutter, eine geborene Hotze von Richterswil, war eine Verwandte des schweizerischen Generals in fremden Diensten gleichen Namens. Heinrich war sehr lernbegierig. Seine großen Fähigkeiten zeigten sich frühzeitig. Er hatte die Mitmenschen lieb; jeder Leidende und Unglückliche war sein Freund, und er suchte zu helfen, wo und was er konnte. Er wollte sich mit all seinen Kräften dem ärmern Volke widmen. Gerne wäre er Pfarrer geworden, aber da er kein guter Kanzelredner war, studierte er die Rechtswissenschaft.

Aber eines Tags wurde er Landwirt, da er meinte, so sein Bestes leisten zu können. Also erwarb er, mit einem zürcherischen Handelshaus zusammen, viel braches Land bei Birr im Aargau. Er baute drauf ein großes Haus und nannte sein Landgut Neuhof. Da wurde nun das Land bearbeitet, und obschon sich das Handelshaus von Pestalozzi trennte, ließ er sich nicht irre machen. Er legte auf seinem Landgut auch eine Schule an, in die er die ärmsten Kinder aus der Umgegend unentgeltlich aufnahm, sie auch ernährend und kleidend. So lebte er einige Jahre mit etwa fünfzig Kindern, deren Wohl er sich ganz hingab. Aber da seine Mittel nicht reichten und keine Hilfe ihn retten wollte, musste er die Schule aufgeben und sein Landgut, das er mit so großen Plänen und Hoffnungen bezogen hatte, verlassen. Die Welt aber verlachte ihn.

Er lebte nun wieder in seiner Vaterstadt Zürich und war recht arm. Im Jahre 1781 schrieb er sein wertvolles Buch »Lienhard und Gertrud«, das in der Schweiz, aber auch in Deutschland Aufsehen erregte.

Zu seiner Zeit spielte sich in blutiger Weise der Siegeszug der Französischen Revolution durch die Welt ab. Für viele dieser Kämpfe zwischen Franzosen, Russen und Österreichern musste sich, wie wir schon sahen, die Schweiz als Kriegsschauplatz hergeben. Und damals war's, als der verzweifelte Widerstand der Nidwaldner so schrecklich bezwungen wurde. Als Pestalozzi jenes grauenhafte Unglück vernahm, eilte er sofort nach Unterwalden, um den armen, verlassenen Waisen Trost und Hilfe zu bringen. Zu Stans im Kloster sammelte er die ganze schutzlose Jugend um sich und rief das Schweizervolk um Beistand an. Die helvetische Regierung in Aarau und viele Leute halfen, und so konnte Pestalozzi die armen elternlosen Geschöpfe aus größter Not erlösen. Seine Gattin Anna Schultheß stand ihm opferfreudig zur Seite. Er aber war den Waisen Tröster, Beschützer, Lehrer, aber vor allem Vater. Meine lieben jungen und alten Leser und Leserinnen, was man auch von diesem Pestalozzi Rühmenswertes erzählen mag, seine Wirksamkeit bei den Waisenkindern in Stans ist doch seine schönste und größte Tat gewesen, und sie bleibt sein haltbarster Lorbeer in Ewigkeit.

Er wurde dann nachher Lehrer an einer Kinderschule in Burgdorf im Berngebiet. Es zeigte sich, dass die Kinder unter seiner Leitung mit großer Freude lernten und nach seiner neuen Lehrmethode viel mehr gewannen als nach der alten. Es wurde bald im Schloss zu Burgdorf eine große Lehranstalt eingerichtet, und Pestalozzis Name als Schulverbesserer ging in allen Ländern um. Und als er nachher auch zu Yverdon im Waadtland eine Lehranstalt eröffnete, schickte man ihm die Jugend von weit und breit zu. Auch kamen viele Lehrer, um des zürcherischen Schulmeisters Lehrart sich anzueignen. Ja, das war ein Schulmeister im besten Sinne des Wortes.

Zur Zeit der kriegerischen Umtriebe vom Jahre 1814 wollte man das Anstaltsgebäude Pestalozzis zu Yverdon, ein Schloss war es, mit Soldaten füllen und ihn samt seiner Schülerschaft hinausjagen. Da reiste Pestalozzi nach Basel, um den eben dort befindlichen russischen Kaiser Alexander I. um Beistand anzurufen. Als er nun vor ein Stadttor zu Basel kam, bat ihn ein armer Mann um ein Almosen. Pestalozzi aber hatte kein Geld bei sich. Flink machte er seine silbernen Schuhschnallen los und schenkte sie dem Armen. Alsdann ging er zum Kaiser, nachdem er sein Schuhzeug mit Strohhalmen so gut als möglich gesichert hatte. Und siehe, der Kaiser empfing ihn freundlich, und er wurde von Pestalozzis Schilderungen des Unglücks im Lande und von seinen Bitten sehr gerührt. Zuletzt umarmte und küsste ihn der russische Selbstherrscher sogar. So blieb das Schloss zu Yverdon Lehranstalt.

Im hohen Greisenalter kehrte Pestalozzi auf den Neuhof zurück. Aber Undank war in den letzten Lebensjahren sein Teil. Vor seinem Tode sprach er: »Ich vergebe meinen Feinden. Mögen sie jetzt den Frieden finden, da ich zum ewigen Frieden eingehe.« Er starb am 17. Februar 1827 zu Brugg. Heute ist Pestalozzi ein gefeierter Mann, und sein Andenken bleibt im Segen, vorab auch bei unserer schweizerischen Lehrerschaft, die in ihm ein so leuchtendes Vorbild hat.

Von einem mundartlichen Dichter

Nicht wahr, in unserm Schweizerland sind wir mehrsprachig. Der Großteil der Eidgenossen spricht deutsch, ein kleinerer Teil französisch und ein dritter kleinster Teil jenseits des Gotthards italienisch. Will man's ganz genau nehmen, so haben wir im Graubündnerland gar noch eine vierte Sprache, das Rätoromanische. Trotz der verschiedenen Sprachen verstehen wir uns recht gut, und das ist für das Wohlbefinden unseres Staatswesens die Hauptsache.

Wir in der deutschen Schweiz aber haben in Wahrheit noch eine zweite Sprache, denn obwohl wir hochdeutsch schreiben, so sprechen wir doch unter uns, und zwar der Bundespräsident wie der letzte Arbeiter an der Straße, schweizerdeutsch. Das Schweizerdeutsche in seinen verschiedenen Mundarten ist also eigentlich unsere rechte Sprache und die Sprache unserer Ahnen, die wie alle andern Zungen, auch manche Änderung erfahren hat, aber immer noch ziemlich urwüchsig und haltbar geblieben ist. Wenn wir uns so recht wohl befinden wollen, so reden wir unsere Dialekte, und besonders liegen sie uns in allem, was das Gemüt, das Herz angeht. Wenn wir aber z.B. über Wissenschaftliches reden, so kann's vorkommen, dass wir hie und da beim Hochdeutschen oder vielmehr bei der allgemein-gültigen deutschen Schriftsprache Anleihen machen müssen, weil sich unsere Mundarten gerade in dieser Richtung nicht genügsam fortentwickelt haben. Nämlich vor ein paar Jahrhunderten noch, so zu Luthers und Zwinglis Zeit, hätten wir ganz gut unser »Schwizertütsch« auch zu unserer Schriftsprache machen können, so dass wir jetzt, wie etwa die Holländer und Flamen, eine völlig eigene Sprache hätten. Die Zeitverhältnisse ließen uns dann aber zur hochdeutschen Sprache Goethes und Schillers kommen. So eigenschön eine schweizerische Sondersprache gewesen wäre, so ist's doch noch schöner, durch diese ausgebildete hochdeutsche Schriftsprache sich mit der ganzen weiten deutschen Sprachgemeinschaft verbunden zu wissen, die uns so Wertvolles, Großes schon geboten hat und immer wieder bieten wird. Unsere lieben Mundarten aber wollen wir nicht vergessen. Das »Schwizertütsch« ist ja die Sprache unserer Mütter wie keine zweite, und deswegen wollen wir ihr treu sein und es uns angelegen sein lassen, sie auch recht und echt zu sprechen, so dass sie immer selbergewoben-haltbar aussieht und nicht wie ein fadenscheiniger Kittel.

Während wir nun in der hochdeutschen Schriftsprache zu schweizerischen Meisterwerken gekommen sind, von denen ich nachher ein Weniges berichten will, ist in unsern alten oberdeutschen Dialekten nicht eben viel Schätzenswertes an Büchern da, weil man überall, wie in Amt und Schule, hochdeutsch zu schreiben anfing, damit es in allen Ländern deutscher Zunge verstanden würde. Aber einiges gebuchte Gut haben wir doch. Einmal sind uns uralte und alte Volkslieder in Schweizerdeutsch erhalten geblieben.

So gibt's z.B. im Bernerdialekt ein schönes, tiefes Lied, es heißt »Simeliberg«. Dann gab und gibt es heute noch auch in unsern Mundarten Schriftsteller, von denen wir Gedichte und Geschichten haben. Es ist aber selten ein wirklicher Dichter darunter, obwohl die Leute der völlig irrigen Meinung sind, in Schweizerdeutsch sei's gar leicht, weit leichter als im Hochdeutschen, ein Dichter zu werden.

Obwohl ich hier keine Literaturgeschichte schreibe, so möchte ich doch wenigstens einen Dichter erwähnen, der auch zu jenen Zeiten lebte, als in Zürich Salomon Geßner seine hochdeutschen Schäfergeschichtlein, die so porzellanig, fein poliert aussehen, herausgab. Der Mundart-Poet, von dem ich erzählen will, war ein bodenguter Zürcher und hieß Johann Martin Usteri (geb. 1763). Von ihm haben wir ein paar schöne Dichtungen im Zürcherdialekt. Eine, »De Vikari«, gefiel besonders. Das war also einer, der unsere Mundarten zu Ehren brachte, wie übrigens auch noch dieser und jener. Ich nenne hier noch den Berner I. G. Kuhn, der Lieder dichtete, die man heute noch so gern singt, und den Zürcher August Corrodi, der sogar eine Reihe von den schönen Gedichten des schottischen Hochlandspoeten Burns meisterlich ins Schweizerdeutsche übersetzte. Den prächtigen, auch von Goethe gelobten I.P.Hebel, der zwar kein Schweizer, aber unser alemannischer Nachbar und Sprachgenosse ist, brauche ich euch nicht vorzustellen; er steht schon lang in den Schulbüchern.

Johann Martin Usteri nun war auch sonst ein mustergültiger Mann und Schweizer. Nämlich, als gegen Ende des Herbstmonats 1799 die französischen Truppen auf Zürich losrückten und die geschlagenen Russen sich vor dem Rückzug aus der Stadt noch ans Plündern machten, befand sich der gute Martin Usteri, der Obereinnehmer des Standes Zürich war, gar übel dran, denn er hatte die Staatskasse in Sicherheit zu bringen. Was tat der kluge

Mann? Er ließ die volle Kasse auf einen ganz gewöhnlichen Schubkarren setzen und sie mit Stroh zudecken. So gelang es ihm, ganz unauffällig mit ein paar Genossen den Staatsschatz in die Fraumünsterkirche zu schaffen. Da war diese Staatsgeldtruhe nun freilich sicher, denn in einer Kirche suchten die Russen kein Geld.

Also, dieser alte Zürcher hielt seines Landes Muttersprache hoch in Ehren. Aber er vernachlässigte darüber die hochdeutsche Sprache erst recht nicht, denn er mag, wie unsere spätern großen Schweizerdichter, gedacht haben: Wohl dem, der aus zwei so reichen Gruben schöpfen kann! Zum Schluss noch eine Strophe aus einem Lied, das er gedichtet hat:

»Freut euch des Lebens,
Weil noch das Lämpchen glüht!
Pflücket die Rose,
Eh' sie verblüht!«

Vom Sonderbund

Wie wir gesehen haben, entstand aus der altersschwachen vormaligen Eidgenossenschaft im Jahre 1798 die sogenannte eine und unteilbare helvetische Republik. Aus ihr ging dann später, nach vielen Verfassungskämpfen, in denen sich sogar der Kanton Basel in Baselstadt und Baselland teilte, die heutige Schweiz als ein wahrhaft freier Bundesstaat hervor. In diesem unserm Staatswesen hat der Bürger nun eine Selbstherrlichkeit, wie sie, meines Wissens, kein anderes

Land in der Welt, Amerika nicht ausgenommen, aufweisen kann.

In jener Zeit, in der sich aus dem Durcheinander des Alten und Neuen die heutige Schweiz herauszubilden begann, wurden zu den alten dreizehn Orten der Eidgenossenschaft auch die andern schon lange in der Gemeinschaft befindlichen oder doch zugewandten Orte in den ewigen Bund aufgenommen. So als Neubildungen im Jahre 1803 der Kanton St. Gallen, der Kanton Aargau, der Kanton Thurgau, der Kanton Tessin und der Kanton Waadt und als längst befreundete Orte 1815 noch die Kantone Wallis, Neuenburg und Genf.

Das alles ging, wie ich schon andeutete, nicht so leicht. Gewaltige Verfassungskämpfe – auch der Kanton Schwyz wollte sich in Inner- und Außerschwyz teilen – spielten sich ab. Sie fanden im Jahre 1848 einen Abschluss, der das Schweizerhaus sozusagen völlig neu auf- und ausbaute.

Diese Kämpfe mit der Feder und mit dem Redwerk, die sich heute, im Gegensatz zu der Geschichte des handlichen Draufgehens der alten Schweizer, so langweilig lesen und die doch auch so notwendig sein mochten, führten zu einem, wie wir zu Gott hoffen, letzten Bruderkrieg zwischen den Eidgenossen. Nämlich die katholischen Kantone Luzern, Uri, Schwyz, Unterwalden, Zug, Freiburg und Wallis schlossen unter sich ein Sonderbündnis zu Schutz und Trutz. Sie erachteten vorab ihren Glauben durch all das Neue, was da kam, bedroht.

Aber die andern Schweizerkantone wollten es nicht gelten lassen. Sie erklärten dieses Sonderbündnis für unrechtmäßig und aufgelöst. Die sonderbündlerischen Stände kehrten sich jedoch nicht daran, und da eine Einigung nicht gelang, kam's zum Krieg. Obwohl er nur kurze Zeit dauerte, so kostete er doch zu viel Bruderblut. Es fanden bei Gislikon im Luzerner Gebiet und anderwärts einige Kämpfe statt, in denen der Sonderbund unterlag. Und bald wurde wieder Friede geschlossen.

In diesem eigenschweizerischen Krieg zeichnete sich vor allem ein Mann aus, der auf den Verlauf des Bruderzwistes einen gar großen Einfluss haben musste. Es war der General Wilhelm Heinrich Dufour von Genf, der Feldherr des sogenannten eidgenössischen Heeres der Kantone Zürich, Bern, Aargau, Thurgau usw. Sein vornehmes Wesen, das im grimmigen Feind von gestern den treuen Eidgenossen von vorgestern und heute erkannte und hochschätzte, brachte es rasch zu einem nicht nur äußerlichen, sondern auch innerlichen Versöhnungswillen der bezwungenen Orte des Sonderbunds. Vor diesem Mann wollen wir uns respektvoll verneigen als vor einem Schweizer wahrhaft edler Art. Dufour war ja keineswegs der erste schweizerische General, denn in fremden Diensten und im Dienste eidgenössischer Regenten-Kreise hatte es schon lange manchen tüchtigen General gegeben. Jedoch Dufour war der erste schweizerische General der neuen Schweiz von Volkes wegen.

Von der neuen Schweiz

Nach Beendigung des Sonderbundskrieges im Jahre 1847 traten die Boten der Kantone zusammen, um zu beraten, wie die Unabhängigkeit des Landes gegen außen und die Ordnung im Innern erhalten und die gemeine Wohlfahrt gefördert werden könnte. Man entwarf also eine neue Bundesverfassung, welche das Schweizervolk am 12. September 1848 mehrheitlich annahm. Mit Freudenfeuern von manchen Höhen des Landes wurde dieser hochbedeutende Tag abgeschlossen.

Und da diese Abstimmung unser Volksleben zu einem ansehnlichen Teil neu gestaltete, so meine ich, über ihr Ergebnis etwas Näheres berichten zu sollen.

Also die neue Bundesverfassung von 1848 beschränkt die Selbstherrlichkeit der frühern Stände und erteilt allen Schweizern vor dem Gesetz gleiches Recht. Das Militärwesen, sowie Zoll, Post, Geld, Maß und Gewicht sind nun Sache des Bundes. Die Verfassung sichert, unter zweckmäßigen Beschränkungen, das Recht der freien Niederlassung, die Ausübung jedes Gottesdienstes, die Pressfreiheit, das Vereins- und Petitionsrecht. Sie erlaubt keine Ausnahmegerichte. Militärkapitulationen dürfen nicht mehr abgeschlossen werden. Die Anwerbungen für fremde Kriegsdienste sind also verboten.

Die oberste Behörde der Eidgenossenschaft ist die Bundesversammlung, an Stelle der alten Tagsatzung. Sie besteht aus National- und Ständerat. Der Nationalrat wird aus Abgeordneten des Schweizervolkes gebildet. Auf je 20 000 Seelen trifft's ein Mitglied. Eine Bruchzahl über 10 000 Seelen wird für 20 000 berechnet. Jeder Kanton oder Halbkanton hat Anspruch auf wenigstens einen Vertreter. Die Wahlen des Nationalrats sind direkt. Jeder unbescholtene Bürger, der das zwanzigste Jahr erreicht hat, ist Wähler und wählbar. Der Nationalrat wird für drei Jahre bestellt. Der Ständerat besteht aus 44 Abgeordneten. Jeder Kanton hat zwei, jeder Halbkanton einen Vertreter.

Die Bundesversammlung betreut die Verfassung. Sie wählt den Bundesrat, das Bundesgericht, den Kanzler, den General oder Höchstkommandierenden, den Chef des Generalstabs. Die Schweiz wird im Auslande durch Gesandte vertreten, die der Bundesrat ernennt. Die Bundesversammlung anerkennt fremde Regierungen, schließt mit ihnen Bündnisse und Verträge ab, ergreift die notwendigen Maßregeln für die äußere und innere Sicherheit der Eidgenossenschaft und für die Aufrechterhaltung ihrer Unabhängigkeit und Neutralität. Sie erklärt Krieg und schließt Frieden, gewährleistet die Verfassungen der Kantone und übt auch das Recht der Begnadigung aus.

Auch noch einiges vom Bundesrat. Er besteht aus sieben Mitgliedern, welche die Bundesversammlung für drei Jahre aus ihrer Mitte ernennt; jedoch darf aus einem Kanton nur ein Mitglied erwählt werden. Unsere sieben Herren leiten, den Gesetzen und Beschlüssen der Bundesversammlung gemäß, die eidgenössischen Angelegenheiten; sie überwachen die innere und äußere Sicherheit des Landes und sorgen für Ruhe und Ordnung. Falls die eidgenössischen beiden Räte nicht tagen, kann der Bundesrat in dringenden Fällen die notwendigen Truppen aufbieten. Er hat auch, wie schon angedeutet, das Post-, Zoll- und Telegraphenwesen unter sich. Er verwaltet die Finanzen. 50 000 stimmberechtigte Schweizerbürger können die Initiative zu einer Totalrevision der Bundesverfassung ergreifen. Der Sitz der Bundesversammlung und des Bundesrates ist Bern, der Sitz des aus der 1848er-Verfassung hervorgegangenen Bundesgerichts Lausanne.

Am 14. Januar 1866 fand eine Revision der Bundesverfassung statt. Es wurde den Juden das Recht der freien Niederlassung und freien Ausübung ihres Gottesdienstes zugestanden. Bei einer abermaligen Revision am 19. April 1874 wurde das Militärwesen, das nur einen losen Zusammenhang hatte, in der Hauptsache dem Bund übertragen. Und so wurde nach und nach auch die Gesetzgebung großzügig erweitert, in den Kantonen sowohl, als auch für die Eidgenossenschaft überhaupt. Wir haben heute auch ein eidgenössisches Zivilgesetzbuch, und wir werden auch noch, bei klugem Vorgehen, zu einer eidgenössischen

Strafgesetzgebung kommen. Und gar an Volksrechten haben wir, wie ich schon bemerkte, soviel man sich nur wünschen kann. Meine jungen Leser werden das einmal sehen, wenn sie z.B. zwei so gewaltige Volksrechte, wie das Gesetzesreferendum durchs Volk und die Verfassungsinitiative für Partialrevisionen (1891), kennenlernen werden. So können durch das Referendum 30 000 Stimmberechtigte oder acht Kantone (seit 1874) die Abstimmung über Bundesgesetze oder nicht dringlich erklärte allgemein verbindliche Bundesbeschlüsse verlangen.

An diesem allem haftet der Schweiß unserer Väter und Vorväter, und an der nachkommenden Schweizerjugend wird es sein, diese großen Errungenschaften der Neuzeit richtig einzuschätzen und verständig anzuwenden. Gar vieles ist eben Recht und Gesetz geworden im Vertrauen auf den fortgeschrittenen und fortschreitenden, immer einsichtiger werdenden Geist der jungen Schweiz.

Nach dem Jahre 1850, möchte ich hier noch bemerken, kam unser Land auch zu einem einheitlichen Geld, Maß und Gewicht. Das sah vorher in unsern vielen Kleinstaaten gar kunterbunt aus. Ich habe im Kasten noch ein Schützenbeutelchen mit alten Münzen aus Großmutters Zeiten. Da gibt's drin Gulden, Böcke, Angster, Blutzger, Kreuzer, Schillinge, Batzen, aber keine Dukaten und Goldtaler – leider; denn die Schwyzerbatzen, Züriböcke, St. Galler Rappen und Schaffhauser Dicken machen mich nicht reich, und die Angster und Blutzger noch weniger, nicht einmal die Schützenmarken-Münzen der Waldstatt Einsiedeln mit den zwei Raben. Aber das hat nichts zu sagen, wenn man nur gesund ist.

Nationaleigentum

Unser Heimatland, die Schweiz, besitzt, wie wir alle wissen, in der Stadt Bern einen großen Bundespalast, in dem unsere sieben Herren regieren, soweit es der National- und Ständerat erlauben, und in welchem hohen Haus eben auch diese zwei Räte ratschlagen und reden. Und es ist ein gar großartiger Bau; aber das Schönste daran sind die Fenster, durch die man die Berge mit ewigem Schnee sieht, so dass es vielleicht dort manchen eidgenössischen Ratsherren ergeht wie den Schülerknaben, dass sie oft lieber durchs Fenster gucken als die Reden der andern anhören, umso mehr, als man sich doch am liebsten selber reden hört. Aber in Lausanne steht der Palast des schweizerischen Bundesgerichts, der eine nicht weniger schöne Aussicht auf den Genfersee und das savoyische Hochgebirge hat. Jedoch, die Herren Bundesrichter haben gar wenig Zeit, durchs Fenster zu schauen. Gott mit unsern Rats- und Gerichtsherren allen!

Aber dann haben wir noch etwas gar Kostbares als Nationaleigentum, das unsere Schuljugend um die Mitte des vergangenen Jahrhunderts (1859) angekauft hat, nämlich das Rütli am Vierwaldstättersee, die Wiege unserer Freiheit. Vorher war es Privateigentum. Eines Tags wollte der Besitzer, ein Urner, einen Gasthof drauf bauen lassen. Da gelang es in letzter Stunde, das zu verhüten und das »stille Gelände am See« anzukaufen, und zwar mit dem Geld, das die Schulkinder durch eine öffentliche Sammlung in der ganzen Schweiz zusammengebracht hatten. Und ums Jahr 1891 haben wir darauf den 600-jährigen Bestand der Eidgenossenschaft gefeiert und nachher auch noch in Schwyz unter den beiden Mythen, in der Heimat Stauffachers. Und es war ein gar herrlicher Tag. Der Urirotstock leuchtete in seinem weißesten Feiertagsgewand, und der Himmel und der Urnersee waren herrlich blaugrün.

Und das ist noch lange nicht alles, was uns Schweizern gemeinsam gehört. Ich will nur noch einiges anführen, das dartut, welch reichen gemeinsamen Besitz wir haben. Da ist einmal der Nationalpark in Graubünden im Unterengadin, da wo die Welt an ungeheuren Bergwänden ein Ende zu nehmen scheint. Also, dort hat man einen gewaltigen Umschwung an Bergwaldwildnis, Hochweiden und Wildwassern zu gemeinschweizerischem Eigentum gemacht, mit der vorsorglichen Bestimmung, dass in diesem Nationalpark immer alles unberührt bleiben muss, auf dass sich alles auch ursprünglich erhalten oder entwickeln kann, so wie's die Schöpfung will. Kein Zweiglein soll abgerissen, nicht einmal ein Stein verschoben, noch eine Blume gepflückt werden. So bekommen wir dort einen Naturzustand, wie man ihn bodenechter und wildweltschöner sich nicht träumen könnte. Und so haben wir doch einen recht umfänglichen Fleck Boden, den man nicht mit allerlei Bauwerk überstellen und gar mit Fabrikkaminen, die ja freilich dort, wo sie sind, auch sein müssen, entstellen oder mit sonstigen, wenn auch anderwärts höchst nützlichen Anstalten verunzieren kann. In diesem Riesenbergpark lässt man auch all die wilden Tiere und Vögel und die Falter und ein jegliches Käferlein sein eigentümliches Leben leben, ganz so, wie es will oder von Natur wegen muss, ohne dass man ihm mit Paragraphen und Zirkeln und Maßstäben aller Art den Weg einengt. Diese unbehinderte, vogelfreie Bergwildnis am tosenden Inn soll also sehr schön sein. Und so meine ich, man sollte es wenigstens unsern Kindern oder Kindskindern ermöglichen, dass sie mit ihrer Lehrerschaft, der eine solche Schau doch auch wohlbekommen müsste, zu ganz billigen Preisen nach diesem Nationaleigentum in die rätische Hochwelt fahren können. Alsdann haben wir Schweizer noch etwas ganz Großartiges zu Eigentum erworben, und zwar in den Neunzigerjahren des vergangenen Jahrhunderts, als wir das nicht hoch genug zu schätzende eidgenössische Postwesen schon lange hatten. Das sind die Hauptlinien der schweizerischen Eisenbahnen oder kurz die S.B.B. Sie liegen uns heute aber ziemlich teuer an, und obwohl ein jeder von uns Eigenherr dieser Bahnen ist, so muss er doch recht tief in den Sack langen, wenn er ein größeres Stück Wegs drauf zu reisen hat. Aber das kann sich bessern. Wie schön wird es sein, wenn wir auf diesen eisernen Straßen dereinst so billig fahren können, dass auch der Ärmste sich unser schönes Schweizerland mit eigenen Augen und nicht nur auf der Landkarte ansehen darf. Diese Bahnen sind mir immer noch weit lieber als das menschenfressende und Staubwolken aufjagende Auto, das im Eingang unseres zwanzigsten Jahrhunderts seinen Einzug in alle Welt gehalten hat und das sogar über unsere Bergpässe fährt. Es ist freilich ein wunderbar schnelles Beförderungsmittel, und es ist auch angenehm darin zu fahren, aber unsere Bundesbahnen fahren ja auch rasch und dabei so ruhig, besonders da, wo sie nun seit mehr als einem Jahrzehnt mit elektrischer Kraft betrieben werden. Und immer mehr wird man die Eisenbahnzüge elektrisch führen, da uns dieser Betrieb die teuern ausländischen Kohlen so weitum ersetzt. Zu diesem Zweck, d.h. zur Gewinnung elektrischer Kräfte, hat man die vielen Gewässer, die wir in der Schweiz besitzen, die Ströme vorab, auszunutzen angefangen. Ja, man hat Stauseen errichtet und wird hiefür wohl noch dies und jenes Hochtal eindämmen und in einen See verwandeln. Man soll es aber auch hierin nicht übertreiben, denn was sich für die eine Gegend wohl schicken mag, könnte für eine andere ein schwerer Schaden, ein Gräuel und ein Vergehen gegen die Heimat sein. Wir haben nun zum Glück eine tatkräftige Gesellschaft, den »Heimatschutz«, und immer mehr auch den Widerstand des Volksempfindens zur Abwehr gegen solche Verunstaltungen.

Und alsdann besitzen wir auch eine eidgenössische Lehranstalt, die technische Hochschule in Zürich, und ferner das schweizerische Landesmuseum in Zürich, das aus frühesten Pfahlbauzeiten bis auf heute Schätzesammlungen besitzt, die uns auch Landesgeschichte, Kulturgeschichte bedeuten.

Diese und andere Nationalgüter sind uns zur Freude, aber das beste und kostbarste Nationaleigentum bedeuten uns doch wohl die Schulen, deren heutigen Wert unsere Urgroßväter noch kaum ahnten. Sie vor allem werden die Menschen zum guten Ziel führen, wenn sie dabei auch die Wegweisung des größten, selbstlosesten Lehrmeisters aller Zeiten voll beherzigen und verkünden: »Liebe deinen Nächsten!«

Der Brand von Glarus

Ein gar unheimlicher, heißblütiger, aber im Frühling auch lieber Geselle ist der Südwind, der Alpenwind, unser Föhn. Er ist's, der den Schnee mit Macht von den Bergen zwingt. Man nennt ihn auch den ältesten Urner, da er besonders im Land Uri und in den Bergtälern der innern Schweiz gute und schlimme Umflüge abhält. Als ich noch ein Büblein war, wie oft horchte ich im Bett unruhig auf, wenn hoch oben in den Tannenwäldern der Föhn zu raunen und zu murren begann; denn alsdann fuhr er plötzlich wie ein heißatmiger Drache zu Tal, heulte und jauchzte durch die Gassen, rüttelte Dach und Fach, dass es einem war, er werde das Haus noch über alle Berge hinweg vertragen.

Der Föhn ist's aber auch, der den Frühling ins Hochland der Alpen bringt und der uns, im Herbst vorab, oft unter einer halben Stunde, mitten im trübsten Regenwettertag, den Himmel tiefblau hervorzaubern kann.

Wir wollen ihn im Bergland, trotz allem, recht gern haben, wenn er nur das Brandstiften endlich bleiben ließe. Er hat in dieser Hinsicht schon schreckliches Unglück angerichtet, und nicht umsonst hat man Föhnwachen und war bis in die neuere Zeit mancherorts das Anfeuern im Herd usf. während des Föhnsturms verboten. Dreimal ist z.B. Schwyz abgebrannt, vier, fast fünfmal Einsiedeln, von wo der Föhn bei einer dieser großen Feuersbrünste die Schindeln noch brennend über die Alpen hinweg bis ins Wäggital hinüber getragen habe. Und noch manche Ortschaft hat der Föhn so eingeäschert.

Auch Glarus, das der Glärnisch als ein Riesenwächter sonst so gut betreut, brannte viermal nieder. Aber die letzte Feuersbrunst, also die vierte, die über Glarus kam, geschah im Jahre 1861 am 10. Mai, und weil sie gar so verheerend war und einen großen Umfang hatte, will ich davon etwas erzählen.

In der Nacht war's, da durchgellte plötzlich der schauerliche Alarmruf »Fürio, fürio!« das große Dorf Glarus. Schon loderte es feuerbrandrot vom Landsgemeindeplatz her über alle Dächer hinaus. Und der Föhnsturm packte die aufgehende Feuersbrunst in ihrem Flammenschopf und zerrte sie durch alle Gassen.

Jetzt rasseln die Spritzen; es läutet Sturm, erst zu Glarus, dann durchs ganze Land. Von allen Seiten strömt, hastet Hilfe herbei; aber wohin man blickt, ist Feuer und Flamme, und wohin man hört, Prasseln und Krachen und Knistern und in allem und über allem das unheimliche, nimmermüde Sturmhorn des Föhns. Und nun auch und immer mehr, lauter, verzweifelter, das Jammergeschrei von Weib und Kind. Und o Entsetzen! Die Häuser fangen an einzustürzen, es bricht plötzlich auch die Kirche zusammen und geht im Feuermeer unter.

Und als nun endlich der Morgen über die himmelanstrebenden Berge kam, fand er das große, schöne Dorf Glarus nur noch als rauchende, verwüstete Brandstätte, als verglühenden Feuerherd des wilden Föhns.

Nahezu 500 Gebäude, die Kirche mit einem neuen Geläute, vier Pfarrhäuser, Rathäuser, Banken, samt einer Anzahl besonders schöner Privatgebäude waren nur noch ein umwölkter Schutthaufe. Darunter lag auch das meiste Hab und Gut der Dorfleute, sogar Menschenleben waren zu beklagen.

Aber der Föhn, der Brandstifter, der dies Unheil angerichtet hatte, ließ sich nicht fangen und einsperren. Jedoch es gab eine eidgenössische Treue. Die ganze Schweiz half Glarus neu aufbauen, und seither hat man sich gegen den rot-mähnigen Gesellen, gegen den Föhn, der sich so oft unversehens vom Gebirge zu Tal stürzt, auch vorsehen gelernt.

Immer noch wird man aber auf diesen unbändigen Berggeist scharf Acht geben müssen.

Das rote Kreuz

»Das weiße Kreuz im roten Feld
Hoch flattert's übern Plan!
Das Zeichen, das den Sieg behält,
Vorwärts, es fliegt voran!«

Dieses feurige Vaterlandslied, das aus zwei treuen Schweizerherzen flammt und ein Bekenntnis zur Heimat und ein Nationalaufruf zur Verteidigung des Vaterlands ist, fällt mir etwa ein, wenn ich unser Schweizerbanner irgendwo über Dach und Landschaft flattern sehe. Wie viel liegt doch für uns Schweizer in diesem rotweißen Tuch! Es hat uns durch Kampf zu Freiheit und Frieden geführt, und so ist's auch den Völkern allen von Genf aus, wo der Völkerbund tagt, ein gutes Wegzeichen in die Zukunft.

Aber von Genf aus erhob sich noch ein anderes Banner, das weiße Banner mit dem roten Kreuz, zum Heil der Völker. Und der es entfaltete und über die ganze, so schwer leidende Menschheit tröstlich hinwehen ließ, war auch ein Eidgenosse, namens Henri Dunant (geb. 8. Mai 1828, gest. 30. Oktober 1910). Und ein gutes Vorzeichen ist's für den Völkerbund, dass dieser Schriftsteller und Menschenfreund, dieser weitsichtige Mann, auch in der Stadt Genf Heimatrecht hat. Dunant regte die Schaffung des internationalen roten Kreuzes an; d.h. dieses »Rote Kreuz« wurde zum Feldzeichen für eine über die ganze Welt ausgedehnte Organisation der Hilfeleistungen für die Verwundeten im Krieg, deren Elend er ergreifend schilderte. Ehre seinem Namen!

Was für ein unsagbarer Segen ist von diesem roten Kreuz aus über die Welt hingegangen! Wie haben sich unter diesem Zeichen, das Wunden heilen will, das die Leiden der sich so unselig bekämpfenden Völker mildern, ja aufheben möchte, schon so unzählige Wohltaten vollzogen!

Dieses rote Kreuz ist das Morgenrot, das über unsere Berge hinaus in die Welt leuchtet, ja, das Morgenrot, das dem hellen Tag vorangeht, der weißen Fahne mit dem sonngoldenen Kreuz des Weltfriedens.

Wir wollen unserm Schweizerbanner Treue halten, dem weißen Kreuz im roten Feld. Es ist auf dem Weg zu Freiheit und Frieden durch gar viele böse Dornichte, Hindernisse aller Art, mutig, lebensfreudig vorangezogen. Aber wir wollen auch treu zum Banner stehen, das uns der edle Genfer entfaltete, denn die Augen der ganzen Menschheit schauen zu ihm auf, wie einst die Juden in der Wüste zur wundenheilenden ehernen Schlange. Und gerade wir Schweizer sollten uns als eifrige Fahnenwache um das Heilsbanner jenes Mannes, unseres Landsmanns, scharen, von dem die große Genfer Konvention des roten Kreuzes ausgegangen ist (1864).

Und seht, liebe Leser, es kommt doch immer wieder auf das Kreuz heraus, ob's nun weiß, rot, blau oder andersfarbig sei. Wohl gibt's gar viele vornehme, ja hochadelige Fahnen und Fähnlein in der Welt. Sie wehen oder wehten ob Kaiser-, König-, Fürsten- und anderer Herren Thronen und Thrönlein, auch ob Republiken, sie haben Einhörner, Löwen, Adler, Luchse, Bären, Schwerter und Helme, Äxte und anderes Mordwerkzeug, sie haben sogar Sterne als Wappenzier. Aber alle diese Feldzeichen werden tausendmal überhöht vom Zeichen des Kreuzes, das aus Betlehem hervorging. Es ist das wahre Feldzeichen des Heils und des ewigen Friedens. In diesem Zeichen müssen wir siegen, denn von ihm geht die Verheißung aus: »Und Friede den Menschen auf Erden, die eines guten Willens sind!«

Der Bergsturz von Elm

Wie sehr sind uns doch unsere Berge ans Herz gewachsen! Man steigt im Sommer und nun seit ungefähr zwei Jahrzehnten unseres Jahrhunderts auch im dicksten Winter auf Skiern oder Schneegleitern bis auf die ewigweißen Gipfel, Grate, Gletscher und Firne des Gebirgs. Ich begreife unsere Gäste aus den fremden Ländern und unsern schweizerischen Alpenklub, die jungen Pfadfinder und andere Leute gar wohl, dass sie besonders große Freude an unsern alpinen und voralpinen Gebieten, an unserer so reichen Bergwelt haben. Und wie wohlbekömmlich für Leib und Seele ein vernünftiger Bergsport ist, habe ich oft genug an mir selber erfahren.

Also die Berge sind unsere Freunde. Leider kann's aber vorkommen, dass sie uns zu argen, hinterhältigen Feinden werden. Aber da es in ihrer Natur liegt und sie nichts dafür können, so müssen wir die Berge in Gottesnamen nehmen, wie sie sind, auch wenn sie von Zeit zu Zeit ihre milchkaffeebraunen Hochwasser, ihre Lawinen und Erdbrechen zu Tal fahren lassen. Aber ganz bös ist's von den Bergen, wenn sie gleich eine ganze Felsenmasse, wie seinerzeit zu Plurs und Goldau und anderwärts, über die Täler hinwerfen. Es ist noch nicht lang her, am 11. September 1881 war's, da ist im glarnerischen Sernftal auf einmal die Bergwand des Tschingels, die über dem Schieferbruch, von dem ich erzählte, hängt, auf das Bergdörflein Elm hereingebrochen. Und das ist so zugegangen:

Es war an einem regnerischen Sonntag gegen Abend, da fuhr eine nicht besonders große Erdbreche von der Tschingelwand ins Untertal. Die dortigen Bewohner begannen, beunruhigt, ihre Habe zu flüchten, und aus dem

Dorf eilte man ihnen zu Hilfe. Da kam ein zweiter Erdrutsch, der bis in die Mitte des Untertals gelangte und die hintersten Häuser samt einigen Bewohnern begrub. Nun floh alles; noch hatte sich die Staubwolke nicht verzogen, als schon der zwanzigmal größere eigentliche Bergsturz erfolgte. Unter gewaltigem Getöse spaltete sich die ganze Bergwand und fuhr pfeilgeschwind in die Tiefe. Sie wurde an der dem Schieferbruch vorgelagerten Erdstufe abgeschnellt und flog als eine ungeheure, schwarze, von Blitzen durchzuckte Wolke ins Tal hinein, wo sie zum turmhohen Kotstrom wurde und, sich rasend dahinwälzend, fast das ganze Dorf einfach wegräumte. Die Häuser hob es nur so auf, sie da- und dorthin schleudernd. Aus dem starken Luftdruck, der auch die Menschen packte und in die Luft wirbelte und tötete, kamen nur acht Talleute mit dem Leben davon. Jetzt staute sich der Sernfbach, und seine Wasser drohten den Rest des Dorfes zu verschlingen. Aber schon war man daran zu helfen, zu retten. Mehrere Menschen konnten noch lebend aus ihren Häusern herausgegraben werden. Zu Tausenden strömte das Volk auf die Stätte der Verwüstung. Und alsdann lagen in der Kirche in Tüchern viele schrecklich verstümmelte Tote. Der Bergsturz aber hatte einen der schönsten Teile des Tales und 83 Gebäude und, was das Beklagenswerteste war, auch 114 Menschen begraben.

Ja, das war traurig, und tief ergreifend ist das Erlebnis jenes Elmer Kindes. Nämlich ein Kind von sechs Jahren ging an diesem Unglückstag mit andern Kindern Beeren suchen. Als es nun heimkam, fand es weder Vater noch Mutter, noch Geschwisterchen mehr. Alle lagen tief, tief mit Heim und Herd unter dem Schutt der abgestürzten Bergwand.

Vom Gotthardgebirge

Was das doch für ein prächtiges Gebirge ist, dieser Gotthard! Nach allen Himmelsrichtungen sendet er seine Schneewasser in großen Strömen – Rhein, Reuß, Rhone, Tessin – erst durch unser Schweizerland und alsdann gar in alle Welt hinaus. Und mit diesen Strömen ziehen unsere Landessprachen bis ans Meer und weit darüber hinaus und erzählen allüberall von der kleinen ältesten Alpenrepublik auf der Hochwarte Europas und von der völkerbindenden eisernen Straße, die heute durch den langen Tunnel des Gotthardgebirgs her, von Berlin, von Oslo, nach der ewigen Stadt Rom führt.

Obwohl's einst ganz anders um den Gotthard aussah, so war er doch seit Urzeiten für die nordischen Völker ein Gebirgspass nach dem sonnigen Süden. Nicht umsonst heißt's schon in den alten Sagen von der Herkunft der Schwyzer und Haslitaler, sie hätten zu Brunnen eine Fähre gefunden. Von dieser Fähre weg pilgerten die Leute über den Vergsee nach dem Süden und nach Rom, schon in alten Zeiten, für das Heil der Seele, für Handel und Wandel, und der Sonne nach.

Alsdann rückten unsere Ahnen schon vor ihren Befreiungskriegen, aber nachher erst recht, über den »stiebenden Steg« und später über die Teufelsbrücke, durch die hochromantische Schöllenenschlucht und über den Gotthard ins welsche Land hinunter, zum Kampf mit Königen und Herzögen und für Herzog, König und Papst. Und diese kriegerischen Übergänge dauerten Jahrhunderte lang. Und es zogen dann immer noch unsere Sentenbauern oder kleinen Hirtenkönige mit ihrem Braunvieh in unsern zueroberten schönen Garten auf der Sonnenseite, ins

Tessin, als endlich die Kriegsläuferei aufzuhören begann. Sie zogen über »Lauis«, wie sie Lugano nannten, bis nach Mailand auf den Markt, und zwar immer im Spätherbst. Das ging nicht jedes Mal leicht ab, denn oft gerieten sie schon ins Schneetreiben auf dem Gotthard und verloren so viele Kühe. Und darnach kehrten sie wieder heim und erzählten vom ewigblauen Himmel Italiens, vom dickroten Wein, und auf den Hüten oder hinter den Ohren trugen sie gelbe Strohblümchen, die sie »Mailänderli« hießen. Und es fuhr über den Gotthard die große Gotthardpost, wie wir zu Zürich im Landesmuseum noch eine sehen können.

Aber eines Tags gerieten die Erdmännchen oder, wie wir auf schweizerdeutsch sagen, die »Härdmandli«, die im Innern der Berge hausen sollen, in wilde Aufregung; denn die Schweizer machten sich daran, durch den St. Gotthard einen unendlich langen Gang, also einen Tunnel, zu bohren, und ihnen halfen die Nachbarn im deutschen Reich und im Königreich Italien, die diesen unterirdischen Gang, wie wir Schweizer, für ihren Handelsverkehr notwendig hatten. Das kostete alle Teile und gar die kleine Schweiz gar viel Geld. Aber noch weit wichtiger war das vorherige Mühen, Raten, Plänemachen und Taten um das Zustandekommen der Gotthardbahnlinie. Größte Verdienste erwarb sich hier, unter andern, Alfred Escher von Zürich.

Was ist das heute für ein Hochgenuss, durch das Gotthardgebirge zu reisen, nachdem nun die Züge nicht mehr durch raucherfüllte Tunnels, mit Dampf, sondern elektrisch geführt werden; und wie schnell geht's heutzutage! In vier Stunden ist man mit dem Schnellzug von Zürich schon in Lugano. Was alles bekommt man da an landschaftlichen Herrlichkeiten, nördlich und südlich dem Berg, in stetem Wechsel zu sehen! Wie machen wir Augen, wenn wir zum ersten Mal über die kühnen Brücken, durch die hoch interessanten Aufwärtswindungen der langen Kehrtunnels fahren und das Kirchlein von Massen in der wilden Urnerhochwelt immer wieder, einmal ob, einmal neben und einmal unter uns, zu sehen bekommen. Und wenn wir darnach aus der überwältigenden Bergwildnis durch den 14900 Meter langen Haupttunnel auf einmal auf die Südseite des Gotthards und damit ins Welschland kommen, das, wiederum nach langen, nun abwärts sich windenden Kehrtunnels, immer weiter, schöner und rassiger wird, bis uns unversehens der Langensee und der Luganersee entgegenblauen!

Ja, das war ein großes Werk, und Ehre den so unternehmenden und überaus geschickten Männern, die es begonnen und vollendet haben! Was muss das für ein Jubel gewesen sein, als nach dem Durchschlag der letzten Scheidewand im Berg »tief unter der Erde«, die Arbeiter im großen Tunnel mit ihren Grubenlichtern zusammenstießen (am 29. Februar 1880). Aber der Erbauer dieses Haupttunnels, der Ingenieur Louis Favre von Genf, erlebte leider den denkwürdigen Augenblick, der das Tor zwischen Norden und Süden gar weit auftat, nicht mehr. Er starb vorher im Tunnel. Man hatte am 4. Juni 1872 mit den Vorarbeiten des Tunnelbaus begonnen, und am 23. Mai 1882 wurde die Gotthardbahn dem Betrieb übergeben.

Man erbaute ja nachher durch unsere Berg- und Höhenwelt noch den etwas längern Simplontunnel und andere lange Tunnels, aber dem Durchbruch durch den Gotthard, der ersten ganz großen Unternehmung dieser Art, kommt in ihrer Bedeutung für unser Land und die mächtigen Nachbarländer keine andere gleich. Wie schön ist's doch für uns Schweizer auf der Nordseite, dass wir nun so rasch bei unsern lieben Eidgenossen auf der Südseite des Gotthards sind und dass uns auch der raueste Winter nicht mehr wie einst abhalten kann, in den Tagen der Festfreude, aber auch in den Tagen der Trübsal zu ihnen zu eilen.

Der unheimliche See

Wir haben schon gesehen, dass nicht nur die Berge, dass auch unsere Gewässer, die uns sonst so große Wohltäter sind, oftmals ungebärdig, ja höchst gefährlich werden. Ganz besonders früher gab es unzählige Überschwemmungen, am meisten durch Bergbäche und Ströme. Heute zwar sind diese so ziemlich gezähmt, und man wird sie weiter zähmen. Es gibt jedoch noch andere Gewässer, und das sind die Seen, die auch schon allerlei Unheil angerichtet haben. Einer unserer hinterhältigsten Seen ist aber doch der Zugersee, denn wie ich bereits erzählte, hat er in alter Zeit schon großes Unglück angestellt. Er brachte noch ein zweites Mal Schrecken übers Land. Heimlich nagte er an seinen Ufern weiter, und eines Tags, am 5. Juli 1887, hatte er die Bahnhof-Vorstadt beim Städtchen Zug so weit unterwühlt, dass sie in seinen Tiefen versank.

Das ging so zu: Im untern Teil der Quaianlagen hatten sich seit einiger Zeit kleinere, fingerbreite Risse gezeigt. Man beachtete sie nicht besonders. Da kam am erwähnten Tag ein Sturmwind über den See, und in der Mauer am Quai gab's Spalten; der Boden wurde unruhig, und mit einem Mal verschwand ein Stück des Quais im See. Und gleich begann es zu krachen, und es versanken eine Schiffhütte, ein Haus und ein Schuppen, wobei fünf Menschen ertranken. Eben fuhr ein Fischer, ein starker Mann, auf seinem Weidling dem Ufer zu, in einem andern Schiffchen folgte ihm sein Knecht. Jetzt riss ein gewaltiger Strudel beide Fahrzeuge unter Wasser. Der Fischer sagte darnach, er sei mit seinem Weidling, an den er sich angeklammert habe, versunken, aber ein aufwärts treibender Strom habe ihn wieder an die Oberfläche des Sees gerissen. Bei dieser wilden Fahrt aufwärts habe er sich an einem Balken festhalten können, und also sei er dem Gestade zugeschwommen. Sein Knecht aber kam nicht mehr zum Vorschein.

Der Sturm nahm zu. Es zeigten sich wieder Erdrisse, die sich zusehends erweiterten. Es krachte das Gebälk in den nahen Häusern, und in ihren Mauern entstanden Bauchungen. Nun rafften die Bewohner in todesängstlicher Hast von ihren Habseligkeiten das Wertvollste zusammen und machten sich davon. Gegen 7 Uhr abends gab's plötzlich ein gewaltiges Krachen; eine Staubwolke stieg auf, und mitten in dem Graus versank der größere Teil der Vorstadt: Häuser, Ställe, Schuppen, Gärten, Wege und Straßen. Wenige Minuten früher wären Hunderte von Menschen verschlungen worden. So aber gingen nur jene verloren, die bei der Rettung ihrer Habe die Warnrufe nicht beachtet oder überhört haben mochten. In der Nacht erfolgte noch ein dritter Nachsturz von drei Häusern.

Was war das am Tage darnach für ein betrübender Anblick! Achtunddreißig Gebäude waren verschwunden, und neununddreißig mussten schleunigst geräumt werden, so dass die Zahl der obdachlosen Leute sechshundertvierundfünfzig betrug. Manche Familie verlor so alles, was sie hatte. Aber auch hier half das Schweizervolk nach dem alten schönen Wort: Einer für alle und alle für einen!

Wandlungen

Und nun leben wir im zwanzigsten Jahrhundert nach Christi Geburt. Es ist unglaublich, wie weit es die Menschheit, die abendländische voran, seit Mitte des neunzehnten Jahrhunderts auf gar vielen Gebieten gebracht hat. Und wenn man genauer auf die Errungenschaften hinsieht, so muss man von dieser Zeit bis in die heutige hinein sagen: Technik ist Trumpf! Während man in den Tagen unserer Urgroßväter noch nur zu Pferd, in Wagen oder, übers Meer, mit Segelschiffen recht mühsam und langwierig, aber freilich geruhsamer reisen konnte und oft Monate brauchte, um nach Amerika zu kommen, hat man nun die so geschwinde Eisenbahn, seit Kurzem sogar durch alle Berge. Ferner hat man das windspielrasche Auto, auch zu Tal und über alle Berge. Und man hat heute sogar Flugzeuge, die uns in einigen Stunden über Länderstrecken bringen, die sonst Tage erforderten, die schon die Meere überfliegen und bis nach Thule, bis an den Nordpol gelangen. Erst vor ein paar Tagen in diesem Jahre 1930, da ich das alles schreibe, ist der Zeppelin, dieses stolze deutsche Luftschiff, als ein silbergrauer, fliegender Riesenfisch, mit Menschen über unser Land, ruhig und sicher, als verstände sich das von selbst seit Adamszeiten, hinweggezogen. Die Leute machen sich schon nicht mehr viel draus; so schnell gewöhnt man sich heutzutage an die merkwürdigsten Schöpfungen oder Entwicklungen auf technischem Gebiet.

Aber wir haben noch Schnelleres, weit Geschwinderes als Auto und Luftschiff bekommen. Zu Urgroßvaters Zeiten mussten sich noch die reitenden Boten und die Läufer mit Ach und Krach um die Verbreitung der Nachrichten in der Welt herumtreiben, wodurch diese Nachrichten zwar recht altbacken, aber wie altbackenes Brot auch bekömmlicher, leichter verdaulich wurden. Diese einfache Fuß-, Pferd- und Kutschenpost vertrug also auch die Zeitungen, die vor einem Jahrhundert noch recht spärlich und von ganz kleinem Format waren, während man mit den heutigen Zeitungen und Zeitschriften Himmel und Erde fast über und über tapezieren könnte. Dann aber erhielten wir zu Großmutters Zeiten auf einmal den Telegraphen, und als ich noch ein Knabe war, kam das Telefon, durch das man jetzt sich zwischen Altdorf und Genf, ja zwischen Wien und Paris unterhalten kann wie mit der Frau Nachbarin über den Gartenzaun. Sogar zwischen Sidney in Australien und Zürich kann man Gespräche abhalten, und man ist gar daran, es einzurichten, dass sich die Sprechenden am Telefon zu sehen bekommen. Also rund um die Erde kann man jetzt reden, und zwar sogar ohne telefonische Vorrichtungen, denn es kam, vor einem Jahrzehnt etwa, noch eine Erfindung, vor deren Unerhörtheit, Großartigkeit einem der Verstand schier still steht, es kam die drahtlose Verständigung durch die Luft, durch die Radio- oder Funktelegraphie.

Es mag nun ein Schiff im unendlichen großen Ozean in Not und Untergang kommen und vom Sturm wie eine Nussschale hin und her geschleudert werden, sein ausgesandter Hilferuf wird vernommen. Welch ein Triumph der Technik, des menschlichen Geistes! Ja, so weit sind wir schon, dass wir nur eine Antenne auf dem Hausdach haben müssen, um die elektrischen Wellen aus aller Welt zu erhalten, so dass wir die Musik, die Glocken usw. aller Länder in der Stube zu hören bekommen. Muss das etwas Schönes sein! Ei, da können wir nun unser altmodisches Bergecho einpacken, denn wir wissen ja jetzt auch, wie's mit dem Schall gemacht werden kann.

Mittlerweile ist auch, und immer mehr, die Maschine aufgekommen und vervollkommnet worden. Früher und noch zu Großmutters Zeiten war sozusagen fast alles Handwerk. Und da ging's freilich gemütlicher zu. Was man auf dem Leib zu tragen hatte – Unterkleider waren noch gar selten – von der Kappe bis zum Leder- oder Holzschuh, wurde von Hand gemacht. Hand oder Fuß, auch beide zusammen, wie beim Spinnen und Weben, waren immer dabei, daneben freilich auch der Kopf. Wir haben ja heute noch Handwerk und Handwerksleute genug, obwohl mancher Handbetrieb völlig verschwunden ist. Und doch ging man zu meinen Kinderzeiten noch zum Nagler, zum Beckenlöter, zum Knopfmacher, zum Kappenmacher und zu andern heute abgedankten Handarbeitern. Da hatten die guten Dorfleute noch schön Zeit, sich etwa ein Stündchen Muße zwischenhinein zu gönnen und vor dem Hause eine Weile zu politisieren und zu weltwerweisen und dabei die Schnupftabaktrühlein umgehen zu lassen und sich langwierig in die großen, buntgesprenkelten »Schnupftücher« zu schneuzen. Auch gab's neben den zahlreichen Feiertagen, die man noch zu meinen Knabenzeiten hatte, etwa für die Handwerksleute ab und zu einen »blauen Montag«, an dem sie einen selber gemachten Feiertag einschalteten. Wie gesagt, man hatte noch reichlich Zeit und konnte dennoch zu einem guten Ziel kommen, denn der Weg zum Grab war damals nicht weiter als heute, obwohl man mit der Schneckenpost recht holperig reiste, während man jetzt hinrast über aalglatte Straßen und sogar durch die Luft, wie der Mann mit dem fliegenden Koffer.

Es ist also die Maschine gekommen und hat unsere ganze Art, zu leben und zu streben, gewaltig, in kaum geahnter Weise, gewandelt. Die Maschine erschien vielfach erst klein, wenig leistungsfähig, im Kleinbetrieb. Aber war es nur eine Holzfräse oder eine Blechwalze oder eine Seidenwinde, es war die Maschine. Als ich ein Büblein war, handhabte ich ja auch schon in der Küche eine allerdings recht einfache Maschine: den Kartoffeldrücker oder in bergländischem Schweizerdeutsch: den »Stunggißstünggel«, mit dem ich der Magd etwa einen »Gumelstunggiß« (Kartoffelstock) zubereiten half, während meine Großmutter in der Stube vor dem Ofen in ihrer weißen Spitzenhaube spann. Welch ein Wandel heute! Wie hat sich die Maschine fort- und hochentwickelt! Man muss staunen über die Erfindungskraft und die Geschicklichkeit der Menschen auf wirtschaftlichem Gebiet. Bald macht nun alles die Maschine. Die Kleinbetriebe verschwinden immer mehr, die große Maschine beherrscht den Tag und den Markt. Wir schreiben sogar mit der Maschine, und es geht wie am Schnürchen. Die Maschine macht uns heutzutage nicht nur das Brot, sie verschafft uns immer vollkommenere Musik usw. usw. Aber das Wunderbarste, in unsern Augen wenigstens, ist doch, dass man fliegen gelernt hat; das ist ungeheuerlich. Aber trotzdem ist's noch nicht, was sich unsereiner wünscht, der einfach so die Arme ausbreiten, wie man's etwa im Traum kann, und über Tal und Seen als ein glücklicher Menschenvogel hinwegfliegen möchte. Gleichwohl ist's wahr, Großes und Gutes hat uns die Maschine gegeben; aber es ist leider auch wahr, vieles hat sie an Großem und Gutem auch hinweggenommen. Und immer vervollkommneter wird sie, und immer neue Maschinen für alles, was bisher noch nicht maschinenmäßig gemacht worden ist, entstehen. Die Maschine macht alles. Vielleicht bringt sie's dazu, dass wir zuletzt noch maschinenmäßig denken; ein wenig tun wir das wohl heute schon. Alles macht die Maschine, leider freilich auch viele Leute brotlos und überflüssig. Die Maschine ist da und wird da bleiben. Es ist also an einer geistig immer höher kommenden Menschheit, sie sich nicht zum Drachen, zum alles verschlingenden Moloch, sondern wahrhaft zum Segen der Erde fortentwickeln zu lassen. Das wird geschehen, wenn die Völker, deren geistiges Fortkommen noch recht bedeutend im Rückstand ist und sich leider durch Rückfälle ins Allzu-Ursprüngliche verlangsamt, endlich einmal sagen: Das Geistige, vor allem das Herz, ist Trumpf!

Vom Licht

»Und die Erde war wüst und leer, und es war finster auf der Tiefe, und der Geist Gottes schwebte auf dem Wasser. Und Gott sprach: Es werde Licht, und es ward Licht.« So steht's in der Hl. Schrift, und mit dem Licht ist doch wohl die Sonne gemeint. Was wollten wir armen Menschen anfangen, hätten wir dieses große himmlische Licht nicht, das uns den Himmel und den See blau und den Tag froh machen kann. So kostbar als Heilmittel das Röntgen-Licht ist, das uns ein großer Forscher vor Kurzem offenbar gemacht hat, die Sonnenbestrahlung erhält die Erde und all ihr Leben. Preis ihrem Schöpfer und Dank! Aber auch Dank dem guten Gott, der uns den Mond und die Sterne an den dunklen Himmel hinausgehängt hat, die Tausenden von Menschen so tröstlich in ihre düstern Kammern hineinleuchten.

Heja, aber wenn's Nacht ist und weder Mond noch Sterne am Himmel stehen?

Ja, das ist freilich eine dunkle Geschichte. Aber siehe, da hat unser Herrgott sehen wollen, was es mit uns Menschen, denen er doch so gute Köpfe gegeben hat, sei, ob wir es wohl zu Licht bringen würden. Und ja, die Menschen wussten sich zu helfen. Aber es ging doch recht lange, bis sie, nach weiß Gott wie manchem Jahrtausend, das Feuer aus Stein und Holz gewinnen lernten, bis sie's zu ihrem anfänglichen Nachtlichtlein, etwa einem harzigen Kienspan, brachten. Wer weiß, vielleicht hat ihnen der Blitz, der so gut Feuer anzünden kann, ein wenig dazu geholfen. Alsdann mussten sie sich Jahrhunderte, Jahrtausende hindurch mit solch dürftigen Lichtern behelfen. Gar lange dauerte es, bis die Wachskerze und das Öllämpchen in den Hütten der Urahnen brannten. Aber als man das Steinöl oder Petrol fand und als man einfach mit einem Schwefelhölzchen Feuer zünden konnte, statt es aus Steinen schlagen oder aus Holz herausreiben zu müssen, da ging's mit dem Licht fabelhaft schnell. Nach den Öllampen und den Kerzen aus Fetten aller Art erschien auf einmal das Gaslicht und bald auch das elektrische Licht in der Welt. Wie staunten wir Buben, als die Gasflammen eines Tags in unserm Hochtal aufgingen! Wie machten unsere Bauern Augen, als sie vor Kurzem das elektrische Licht durch die Drehung eines Knopfes aus den Stallwänden zu zaubern vermochten! O, diese Lichtwunder! Nichts hat mir wohl von allen Erfindungen einen solchen Eindruck gemacht wie das elektrische Licht. Wie sind die alten Chroniken voll von der Erwähnung oder gar Schilderung fast überirdischer Beleuchtungen fürstlicher Thronsäle bei festlichen Anlässen, bei denen Tausende von Wachskerzen auf kristallenen und vergoldeten Leuchtern brannten. O jerum, was war das doch für eine Armseligkeit an Helle gegen jene, die wir heute in die Nächte hineinhexen können. Mit einem festen Handdruck vermögen wir ganze Paläste, Plätze und Straßen zu belichten, dass sie hellscheiniger werden als bei Vollmond, ja fast taghell. Überhaupt das Feuerwerken und die immer wachsende Erzzauberei der Elektrizität! Man denke nur an die Funktelegraphie!

Ja, dieser Erfindungen kann man sich von Herzen freuen. Es lässt sich daher die Verwunderung jenes alten Berghirten wohl verstehen, der die Leute von der Straße weg in seinen Stall führte und zu ihnen immer wieder sagte: »Seht, ich bin ein alter Mann. Als ich noch ein Büblein war, schaute ich alleweil wieder meiner Großmutter zu, wie sie den triefenden Funzen des Ollämpchens mit der Lichtschere schneuzen musste, damit es ein kleines, halbheiteres Plätzchen in die Finsternis der Stube hineinscheinen konnte. Jetzt aber brauche ich nur so einen Knopf an der Wand zu drehen, so habe ich den ganzen Stall, mit Kuh und Kalb und Eimer und Näpfchen, taghell vor mir. Ist jetzt das nicht ein Wunder?«

Aber was ist das alles gegen die Möglichkeiten, die wir von der Lichtentwicklung noch erwarten dürfen, da der geniale Erfinder der Funktelegraphie, der Italiener Marconi, der im Jahre 1902 das erste Funktelegramm über den Atlantischen Ozean sandte, heute schon über weite Meere hinweg, wenn er will, ein Licht auf irgendeinem Festland anzünden kann.

Von berühmten Leuten

Meine lieben jungen Leser, habe ich zu euch vom Licht gesprochen, so möchte ich nun auch etwas Weniges von Lichtern sagen. Diesmal meine ich aber kein Licht, das man nur so aus den Wänden dreht wie das elektrische oder das man einfach aus der Zündholzschachtel herausstreicht, sondern ich meine ein geistiges Licht und geistige Lichter. Es ist auch nicht jenes Licht, das man in der Welt gleicherweise hat;

nein, ich meine jene Lichter, die im Besondern in unserm Schweizerhaus aufgegangen sind und die dann freilich auch in alle Länder hinaus einen hellen schönen Schein geben und die Herzen erwärmen.

Und da sind wir im Schweizerhause keineswegs arm. Hätten die Eidgenossen unter sich nicht behende Geister, strahlenkräftige Lichter gehabt, sie würden den Weg zur Freiheit durch den Krüppelwald von hunderterlei Hindernissen und Widerständen im Äußern und Innern nicht so gut gefunden haben. Die Faust allein tut's auf die Dauer nicht. Auch unter den alten Eidgenossen gab's ein- und weitsichtige Staatsmänner und überhaupt gescheite Männer. Und heute fehlt's an solchen gewiss auch nicht. Wir haben im Bundeshause, in den eidgenössischen und kantonalen Ratssälen Lichter, die sich nicht unter den Scheffel zu stellen brauchen. Und wir haben an den Universitäten und Hochschulen überhaupt Gelehrte und Lehrer, die unserm Lande Ehre machen; wir haben gute, mustergültige Mittelschulen, und auch unsere andern Schulen, besonders die so wichtigen Primarschulen dürften im Großen und Ganzen die Prüfung vor dem Angesicht der Völker wohl bestehen. Und alsdann gibt's noch eine Schule, aus der man zeitlebens nie herauskommt und die einem nur ab und zu einen Ferientag gestattet. Es ist die Alltagsschule des Lebens, die voll Prüfungen ist und deren Schlussexamen erst der Tod abnimmt. In dieser Schule befinden wir uns alle, als öffentliche Beamte, Kaufleute, Handwerker, Bauern, Arbeiter von der Straße, kurzum als Arbeiter und als mehr oder weniger helle Lichter, deren Lämpchen es nicht an Öl fehlt; denn Arbeiter ist jedermann, der sich redlich betätigt. Dann aber finden wir unter den sogenannten Geistesarbeitern, die vor allem für geistige Tätigkeit sich berufen erachten, Lichter, die ihren eigenen besondern Glanz, sagen wir, der technisch gerichteten Zeit gemäß:

mehr Kerzenstärke haben können als andere und die daher auch hier als wahrhaft festliche Lichter besondere Erwähnung, wenigstens so im Vorübergehen, verdienen.

Da muss denn gesagt werden, dass das vergangene neunzehnte Jahrhundert uns manches schöne und große Licht ins Schweizerhaus gesetzt hat, auf jene Kronleuchter, die wir für außergewöhnlichen Lichtzauber, wie jedes echte Völkerhaus, bereit halten oder doch halten sollten.

Wer denkt da nicht an die Dichter, an die Maler, Bildhauer, Musiker und an alle die Leuchten, die unsern oft so düstern Erdenwegen den schönen Schein geben, die uns zu guten Zielen führen wollen!

Die Dichter. Sie sind die Nachfolger der uralten Barden, der Minnesänger aus den Zeiten, in denen die Dichter mit den Königen gingen, als sie von Burg zu Burg, von einem fürstlichen Hof zum andern zogen, um dort zu einem Saitenspiel ihre oft selber vertonten Schlachtgesänge und Lieder vorzutragen. Heute aber gehen oder sollten doch gehen, soweit sie's verdienen, die Bücher der Dichter von Haus zu Haus, oder gar versendet der Radio ihre dichterische Botschaft in alle Stuben wie auch die kristallklaren und farbenbunten Wellen der Musik.

Unsere Schweizer Dichter. Ich spreche nicht von den heute lebenden, deren es gar viele haben soll. Nur von unsern größten verstorbenen Dichtern, die merkwürdigerweise alle der neuern Zeit angehören, möchte ich ein wenig reden.

Schon lange ist unser Pfarrherr von Lützelflüh tot, und doch leuchtet er noch immer, und immer heller sogar. Dieser Berner Pfarrer Jeremias Gotthelf, geboren am 4. September 1797 zu Murten, der mit seinem rechten Namen Albert Bitzius hieß, war ein großer Schriftsteller. Er machte in seinen Werken den Leuten ihr Leben so föhnklar, nahscheinig und also sichtig, dass sie sich bis in alle Winkel ihres Herzens hinein belichtet sahen. Ja, er zeichnete sein Volk so haargenau, stellte es etwa in Holzschnittmanier dar, dass sich jeder, auch wenn er keineswegs besonders gemeint war, ausgezeichnet getroffen fühlte. So kams, dass die Leute im Emmental und derenden meinten, ihr Pfarrer Gotthelf habe sich bei ihnen im Stubenkasten oder gar in der Schlafkammer unterm Bett versteckt und sie ausgehorcht, sonst hätte er nicht alles so getreu dartun können, wie sie in Freud und Leid lebten. Jeremias Gotthelf hat viele Bücher, alle in einem stark mit Schweizerdeutsch durchsetzten, erdrüchigen Deutsch geschrieben. So »Der Bauernspiegel«, »Leiden und Freuden eines Schulmeisters«, »Wie Uli der Knecht glücklich wird«, »Geld und Geist«, Annebäbi Iowäger«, »Uli der Pächter« und noch gar manches andere hochwertige Buch.

Gottfried Keller, der Zürcher (geb. zu Zürich den 19. Juli 1819, von Glattfelden herstammend), darf sich neben Gotthelf gar wohl sehen lassen. Er ist so recht der geborene Dichter. Das Leben lernte er aus einfachen Verhältnissen heraus kennen. Er war der Sohn eines Drechslers. Eine Zeitlang war er Staatsschreiber in Zürich, als er schon ein berühmter Dichter war. Auch von ihm haben wir viele wertvolle Bücher, so Gedichte und einen Roman »Der grüne Heinrich«, »Das Sinngedicht«, »Die sieben Legenden« und neben andern das herrliche Buch »Die Leute von Seldwyla«, das mir weitaus am besten gefallen hat. Von Keller haben wir Schweizer auch das Lied »O mein Heimatland«, das uns W. Baumgartner in Musik setzte. Es ist mit dem von P. A. Zwyssig vertonten und von L. Widmer gedichteten Schweizerpsalm »Trittst im Morgenrot daher« wohl unser meistgesungenes Vaterlandslied. Es ist sogar, wie das andere auch, ein wenig Nationalhymne geworden.

Ein anderer großer Zürcher ist Conrad Ferdinand Meyer (geb. den 11. September 1825 in Zürich). Er kam aus einer vornehmen Wiege und war in seinem Wesen ein rechter Edelmann, außerhalb und innerlich. Viele Reisen hat er unternommen und ein schönes Stück Welt kennengelernt. Seine Geschichten sind fast immer auf den Ton »Lasst hören aus alter Zeit« gestimmt, denn er schrieb mit Vorliebe historische Erzählungen. Seine Gedichte aber haben ein eigenschönes Leuchten; sie haben Firnelicht und mitternächtigblaues, gewitterträchtiges Elmsfeuer. Viele historische Novellen haben wir von diesem Dichter, so »Der Heilige«, »Das Amulett«, »Die Leiden eines Knaben« und »Die Richterin«. Köstlich ist auch »Der Schuss von der Kanzel«. Neben weiteren Novellen hat er uns auch den schönen historischen Roman »Jürg Jenatsch« geschrieben und anderes, auch größere Dichtungen. Er lebte und starb in einer herrlichen, wahrhaft paradiesischen Umwelt ob dem Zürichsee.

Und nun möchte ich noch Carl Spitteler (geb. den 24. April 1845 in Liestal) erwähnen. Dieser Dichter aus Baselland, der vom Schicksal weit herum in der Welt geführt wurde, und der den Kampf ums Dasein kennenlernte, war Lehrer, sogar Hauslehrer in Russland, Redaktor und Dichter. Schließlich hatte er das Glück, auch ob einem See und zwar in Luzern, ob dem Vierwaldstättersee, leben und sterben zu können. Ich habe ihn wohl gekannt. Wenn man seine Dichtungen gelesen hatte, so verwunderte man sich über sein äußeres Benehmen, das etwas durchaus Überlegenes, Erlauchtes hatte, gar nicht. Seine Dichtungen sind auch so, und sie haben einen Goldglanz über und über. Von ihm ist der Spruch, der vielleicht nicht immer wahr ist, aber der für diesen Dichter zeugt. Er heißt: »Aller schönen Künste weit und breit, Grundbedingung ist Gutherzigkeit.« Spitteler ist ein großer Dichter, und er wächst immer noch in den Augen der Nachwelt. Seine Hauptwerke sind epische Dichtungen von großer

Eigenart und Schönheit: »Der olympische Frühling«, »Prometheus und Epimetheus«. Aber er hat noch andere bedeutende Bücher geschrieben. Ein merkwürdiges Büchlein sind seine »Literarischen Gleichnisse« und zwei allerliebste Bücher »Schmetterlinge« und »Die Mädchenfeinde«. Noch viel anderes Lesenswertes gab uns Spitteler. Ja, auch die Maler, die Bildhauer, die Musiker sind Lichter für unsere oft so trübe Welt. Und da darf man sagen, dass wir in der Schweiz in dieser Richtung auch bedeutende Lichter, vorab unter den bildenden Künstlern haben. Man denke nur an unsere Maler, von Holbein an bis zu Böcklin, der noch an Märchen glaubte und sie in wundervollen, zu seiner Zeit ganz unwahrscheinlich schönen Farben auch wundervoll malte. Bis zu Koller, dem ausgezeichneten Tiermaler, zu Segantini, dem Verklärer der Alpen, zu Hobler, der uns, sozusagen, mit seinem Meisterpinsel die Schweizer Geschichte von einst bis heute bodenecht, wahr dargestellt hat. O da wäre noch mancher große Meister zu nennen, wie Albert Welti, der Träume malen konnte. Auch Bildhauer; ich erwähne hier nur noch Richard Kißling, seines originellen Tell-Denkmals wegen. Aber auch mancher bedeutende schweizerische Komponist, Musiker, wäre aufzuzählen. Die Musik, der Wohlklang, ist ja unser großer Tröster, die heimlich-süße Macht, die uns erfreut, erhebt, ja, die uns beglücken kann. Und einen alten grauhaarigen Schweizer Musiker, Hans Huber, habe ich gekannt; der machte so schöne Tongebilde, dass man bei ihrem Leuchten auf einmal vor dem verschlossenen Tor des Paradieses stand und durchs Schlüssellöchlein mitten in diesen Garten Gottes hineinwundern konnte. Genug, das bekommt ihr, meine lieben jungen Leser, einmal alles in andern Büchern ganz ausführlich zu vernehmen. Da werdet ihr dann erst einen rechten Begriff davon erhalten, wie unglaublich wichtig geistige Lichter unserm Land und der Menschheit überhaupt sind.

Der Weltkrieg

Nach dem Sonderbund hatten die Schweizer nichts mehr mit dem Krieg zu tun. Jedoch eines Tags drohte ihnen ein kriegerischer Angriff von außen, im Jahre 1856, als der König von Preußen den zur Schweiz gekommenen Kanton Neuenburg völlig als Fürstentum ansprechen wollte, denn seit 1814 war Neuenburg Fürstentum und zugleich auch schweizerisch. Da machten sich nun die Eidgenossen für ihren welschen Bundesgenossen begeistert an die Grenzen auf. Aber dann, gottlob, kam's doch nicht zum Krieg. Und nochmals mussten die Schweizer unter ihrem General Hans Herzog von Aarau, einem tüchtigen Führer, an die Landesgrenze, als der französische Kaiser Napoleon III. mit ganz Deutschland im Jahre 1870 in Krieg geriet. Und da es dann die Franzosen verspielten, wurden ihrer 80 000 in unser Schweizerland im Westen hineingedrängt, entwaffnet und beherbergt und verpflegt, bis der deutsch-französische Krieg völlig beendet war. Ich sehe ihre brandroten Hosen heute noch. Darnach hatte man friedliche Jahrzehnte in den helvetischen Gauen, und die Wohlfahrt des Landes, auch sein geistiges Leben hob sich mächtig.

Aber im Jahre 1914 brach mit einem Mal, veranlasst durch die Ermordung des österreichischen Thronfolgers, ein Krieg aus, der alles, was bisher an Krieg auf der Erde erlebt worden war, weit übertraf, denn er dehnte sich über die ganze Welt aus. Deswegen heißt er Weltkrieg. Österreich, die Balkanvölker, Russland, Deutschland, Frankreich, Belgien, England und die mit ihm verbundenen Staaten, Indien, Südafrika, Kanada usf., Japan, die Türkei und andere Länder, weiße, schwarze und gelbe Völker, und am Ende auch noch die Vereinigten Staaten von Nordamerika, alle alle bekriegten sich mit bisher unerhörten Waffen aufs Schrecklichste, Unglaublichste vier Jahre hindurch, was unsägliche Trauer und großes Elend über die Menschheit brachte. Die Welt, der Mensch krankt heute noch bis in die Seele hinein daran.

Und als nun dieser entsetzliche Krieg ausbrach, mussten die Schweizer schleunigst wieder an die ringsum bedrohten Landesgrenzen; denn nun war unser Vaterland zur kleinen, friedlichen, aber vom Weltkrieg umbrandeten Insel geworden. Jedoch unsere Wehrleute hielten treue Wache, um zu verhüten, dass die Wogen der blutigen Flut auch über unser Land hereinbrechen konnten. Und es war zur Zeit des Kriegsbeginns und des Abmarsches an die Grenzen eben der 1. August, der Tag unserer Bundesfeier.

Die Höhenfeuer leuchten,
Und alle Glocken gehn'.
Die uns verschollen deuchten,
Die alten Zeiten weh'n.
Die wir die Hand uns reichten,
Wir wollen uns versteh'n.
Ich schwör's am Fest der Freien
In deine Bruderhand:
Wir bleiben Eidgenossen
Im Schweizervaterland!

Aber es war, trotz allen Höhefeuern, als ob eine tiefe, tiefe Sonnenfinsternis für immer und ewig über die Welt gekommen sei. Auch unser Schweizerland war nicht sicher vor den entsetzlichen Kriegsmitteln, deren sich jetzt der Tod bediente und zu denen auch das Flugzeug gehörte. Auch diese ungeheuerlichen Waffen zeigten es mit Scheinwerfer-Grellheit, dass nun die Technik Trumpf auf Erden war.

Und unser Heer stand an der Grenze unter dem Oberbefehl des von der Bundesversammlung erwählten Generals Ulrich Wille, eines Führers von hoher Eignung und einem in dieser gärenden Zeit so notwendigen zuverlässigen Charakter. Und wir hörten in den Bergtälern oben den Kanonendonner der Schlachten, und unsere Fenster zitterten von der Gewalt der Kriegsbrandung, die an unsere schweizerische Insel schlug.

Nicht lange dauerte es, so brachten die Eisenbahnzüge Kranke und Verwundete aus den umliegenden Ländern zu uns. Wir nahmen sie gastfreundlich auf und dankten Gott, dass wir zur Linderung entsetzlichster Kriegsnöte auch etwas Weniges tun konnten. Und dann kam nach und nach die Teuerung und schmale Kost, die sich vorab in Österreich und Deutschland zur jahrelangen unfreiwilligen und Menschen tötenden Hungerkur auswuchs. Es erschienen bei uns die langen Eisenbahnzüge voll ausgehungerter, schmalwangiger Kinder, vor allem aus Österreich (Wien), aus Deutschland, Ungarn, Belgien, Frankreich, der Tschechoslowakei und von anderswo. Wir nahmen sie freudig auf und taten für die armen Geschöpfe, unter denen so viele ihren Vater und ihre Brüder im Krieg verloren hatten, was wir vermochten.

Wie doch diese Kinder bei uns auflebten, in dem Land, in welchem es keine feuerspeienden Kanonen, keine Giftgasbomben, keine bombenwerfenden Flugzeuge gab. Gar die österreichischen Kinder, wie war das bei allem Elend eine fröhliche Gesellschaft! Wie konnten doch diese Kleinen so rasch vergessen, wie waren sie selig über ein Päckchen unserer unvergleichlichen Schweizerschokolade!

Endlich, endlich, nach langen vier Jahren voll Bangnis, im Herbst 1918, ging dieser die Erde umfassende Krieg zu Ende. Und es geschah, dass in den Ländern, die es verspielt hatten, die Kaiser-, König- und Fürstenthrone und Thrönlein, die auf Granit gebaut schienen, zusammenbrachen wie Kartenhäuser. Und es geschah, dass in Russland, wo ein einziger Mann, der Zar, absolut über ein gewaltiges Reich geherrscht hatte, eine neue Gesellschaftsordnung, unter entsetzlichem Blutvergießen, entstand oder immer noch im Entstehen ist, und dass auch die ehemaligen Kaiser- und Königreiche bis hinein in die Türkei volkstümlichere, demokratische Verfassungen erhielten. Aber als auch wir mit der Welt aufatmeten, verloren wir durch das von einem Generalstreik veranlasste Militäraufgebot während einer bösen Grippezeit, zu unserm großen Leidwesen, ein halbes Heer junger Leute. Die Eisenbahnen fuhren nicht mehr, und die meisten Fabriken und andere Großbetriebe standen still. Es schien aus der erzwungenen Ruhe und der Lahmlegung des Verkehrs ein gefährlicher Aufruhr gegen die bestehende Landesverfassung und die Gesetze und Gesellschaftsordnung hervorgehen zu wollen. Also musste ein Teil unserer jungen Soldaten ausrücken und die bedrohten Städte und Gegenden besetzen. So wurde die Ordnung aufrecht erhalten, der Generalstreik rasch abgebrochen. Aber die heimtückische Grippe, welche unsere Truppen überfiel, forderte, wie gesagt, viele Opfer.

Alsdann aber kam das Merkwürdige, dass sich die Völker, nach einem grauenhaften Ringen in Blutströmen, zu einem Völkerbund zusammenfanden, der nun die hohe, die heilige Verpflichtung übernahm und die fast unmöglich scheinende Aufgabe, die Welt künftig von Krieg abzuhalten und die Völker zu Frieden und Wohlergehen zu führen.

Dieser Völkerbund, der nun seit seinem Bestand schon oft segensreich gewirkt und sogar neue Kriege verhindert hat, tagt in unserer Schweiz in Genf, und von ganzem Herzen wollen wir sagen: Gott segne dich, und er helfe dir zum guten Ziele!

Wir Schweizer aber haben allen Grund, Gott für unsere so glückliche Erhaltung im Weltkrieg zu danken. Wir haben aber auch die hohe Pflicht, den andern Völkern, denen wir während des schrecklichen Krieges glückhaftes Eiland waren, ein Vorbild im Guten zu sein, ein Leuchtturm für alle Zeiten.